厦门大学中外合作办学研究中心中外合作办学质量工程系列丛书

中外合作办学
知识共享影响因素研究

Research on the Influencing Factors of Knowledge Sharing of Chinese-Foreign Cooperation in Running Schools

陈慧荣　著

厦门大学出版社
XIAMEN UNIVERSITY PRESS
国家一级出版社
全国百佳图书出版单位

图书在版编目（CIP）数据

中外合作办学知识共享影响因素研究 / 陈慧荣著
. -- 厦门：厦门大学出版社，2024.6
（厦门大学中外合作办学研究中心中外合作办学质量
工程系列丛书）
ISBN 978-7-5615-9209-0

Ⅰ . ①中… Ⅱ . ①陈… Ⅲ . ①高等教育-国际合作-
联合办学-资源共享-研究-中国 Ⅳ . ①G649.2

中国国家版本馆CIP数据核字(2023)第233902号

责任编辑	曾妍妍
美术编辑	李夏凌
技术编辑	朱　楷

出版发行　厦门大学出版社

社　　　址	厦门市软件园二期望海路 39 号
邮政编码	361008
总　　　机	0592-2181111　0592-2181406(传真)
营销中心	0592-2184458　0592-2181365
网　　　址	http://www.xmupress.com
邮　　　箱	xmup@xmupress.com
印　　　刷	厦门市金凯龙包装科技有限公司

开本	720 mm×1 000 mm　1/16
印张	20.5
插页	4
字数	350 千字
版次	2024 年 6 月第 1 版
印次	2024 年 6 月第 1 次印刷
定价	88.00 元

本书如有印装质量问题请直接寄承印厂调换

厦门大学出版社
微信二维码　　厦门大学出版社
微博二维码

序 言

▶▶▶

　　2003 年国务院颁布的《中外合作办学条例》第三条明确提出："国家鼓励引进外国优质教育资源的中外合作办学"，这给中外合作办学提供了法规依据。然而，人们关于什么是"外国优质教育资源"，它在中外合作办学活动中的地位和作用是什么等问题，理解不一样；对如何引进优质教育资源，见解各不相同。时值我在境外高校开展访问和研究，这些访问和研究使我对一些关键性问题有了明确的答案。在此基础上，我在 2007 年第 5 期《教育研究》发表《中外合作办学中优质高等教育资源的合理引进与有效利用》，文章指出"合理引进与有效利用国外优质高等教育资源是提高高等教育中外合作办学水平与质量的关键"，首次提出"合理引进""有效利用"这在后来有着重要影响的八个字，并对引进和利用过程进行比较深入的剖析，提出体现规律性的原则性意见和实际操作层面的具体建议。当时我指导的硕士生刘志平对这篇文章也有贡献，发表时我们一起署名。厦门大学率先在全国成建制培养中外合作办学研究方向博士生和硕士生。在一级接着一级的博士生和硕士生中，许多学生根据个人兴趣，结合研究重点难点，在优质教育资源的引进、消化、吸收、融合、创新等方面选题；20 多届毕业生的中外合作办学学位论文已经形成系列，富有影响。陈慧荣博士就是其中的优秀代表之一。

　　陈慧荣老师攻读博士学位期间，在我面向博士生开设的"中外合作办学专题研究"课程中，对"中外合作办学知识共享影响因素"进行了初步汇报，最终确定以此为自己的博士论文选题，并在之后的探索中不断凝练、深入和细化。她围绕这一研究问题，运用量化和质性研究相结合的混合研究方法，系统研究了中外合作办学知识共享的个人因素、组织因素、知识因素、共享途径、信息技术因素及这些因素之间的相互关系,在理论探究、方法创新、研究结论等方面进行了探索,不仅体现了一个年轻学者提出并回答学术问题的勇气和担当,也彰显了她对学术应有的志趣和情怀。本书是在她的博士论文基础上修改完成的。

本书充分反映了陈慧荣老师对中外合作办学重要问题的深入思考,具有较强的创新性和较高的学术价值。一是为中外合作办学共享优质教育资源提供了一个新视角。以中外合作办学知识共享这一问题为"切入点",从学理上系统分析了中外合作办学影响因素及其之间相互依赖、共生互惠、融合创新的关系,为中外合作办学共享优质教育资源的关键点提供了视角。二是为中外合作办学共享优质教育资源提供了新框架。中外合作办学不是为了堆积教育资源,教育资源的有效利用也不是中外教育资源的简单相加,而是需要中外合作办学机构、项目和设立、举办中外合作办学机构、项目的高校及相应的教师与组织管理者有计划、有组织的推进和协同努力。三是为中外合作办学机构、项目高质量发展提供了新构想。没有真正共享、共建、共创优质教育资源,中外合作办学的高质量发展就无从谈起。中外合作办学的高质量发展需要共享世界优质教育资源,但也离不开"中国特色"。中外合作办学作为中国教育事业的组成部分,必须扎根中国大地办学。本书对中外合作办学知识共享影响因素的研究,也可为办好"中国特色""世界一流"的具有重要国际影响力的高等教育提供参考。

陈慧荣老师毕业后在西北工业大学任职,继续从事中外合作办学研究,在学术界崭露头角,展现了深厚的理论基础和雄厚的学术潜力。期待她不断有新的、高质量的学术精品问世。

是为序。

林金辉

于厦门大学海韵园科研 2 号楼

厦门大学中外合作办学研究中心

2024 年 5 月 22 日

目　录

第一章 绪 论

▶▶▶

全球知识经济的发展使世界各国(地区)之间的联系越来越紧密并迈向全球共享时代。[①] 知识成为经济、社会发展的动力和基础,并发挥越来越重要的作用,是个人、组织、国家决胜的关键。[②] "共享"是我国必须坚定不移予以贯彻的发展理念之一,也是各领域发展成果分配和发展方式的完善与创新。[③] 2021 年,我国共享经济市场交易规模约 4540 亿元,从市场结构上看,知识技能领域在共享经济的七个领域中排名第三,是共享经济增长最快的领域。教育是我国共享发展市场巨大、民生关切、痛点明显的重点领域。[④] 然而,学界对高等学校知识共享这一"新风口"的研究还不足。中外合作办学作为我国高等教育组成部分,是跨境教育在我国的主要实现形式,其本质是基于共享发展理念,引进世界优质教育资源,以开放发展推动我国教育改革。知识共享是中外合作办学的基础,是中外合作办学机构、项目能否持续健康发展的重要支撑。中外合作办学是我国高等学校知识共享发展的实践者和先行者,研究其知识共享相关问题,对我国高等教育高水

---

① 张国清,何怡.欧盟共享发展理念之考察[J].浙江社会科学,2018(7):28-36,156.

② 阿尔温·托夫勒.第三次浪潮[M].朱志焱,潘琪,译.北京:生活·读书·新知三联书店,1983:3.

③ 李炳炎,徐雷.共享发展理念与中国特色社会主义分享经济理论[J].学习论坛,2017(6):28-33.

④ 国家信息中心分享经济研究中心,中国互联网协会共享经济工作委员会.中国分享经济发展报告(2022)[EB/OL].[2022-12-26].http://www.sic.gov.cn/archiver/SIC/UpFile/Files/Default/20220222100312334558.pdf.

平开放发展具有重要的现实意义。

第一节 中外合作办学知识共享
影响因素的研究背景

中外合作办学从举办之始就承担着引进外方优质教育资源,促进我国教育改革的使命。[①] 不论是否使用了"共享"一词,"共享"一直是中外合作办学的核心关键词。知识共享是中外合作办学发展的实践基础,同样是高等教育理论研究的关注点之一。如何引进国外优质知识资源,如何利用好中、外方知识资源,一直是中外合作办学关注的焦点问题,也是困扰中外合作办学实践发展和理论研究的问题。

一、知识共享是中外合作办学"合作关系"持续健康发展的基础

中外合作办学作为跨境教育的"中国模式""儒家模式",通过强大的国家政策驱动力和相对严格的审批、监管来运行,是我国参与教育全球治理的方式之一。[②] 中外合作办学推动我国高等教育国际化变革,是通过参与中外合作办学学者的知识交流、共享发生的。[③] 中外合作办学国际教师为我国教育教学带来其所在国(地区)教育经验、知识的同时,也被我国的思想观念、教育理念、教学方式方法影响着,并最终间接或直接影响其所在国(地区)的教育发展。[④]

---

① 瞿振元.做好新时期中外合作办学,打造高等教育发展的重要增长极:在第七届全国中外合作办学年会开幕式上的讲话[M]//林金辉.中外合作办学:提质增效、服务大局、增强能力.厦门:厦门大学出版社,2017:31-34.

② SIMON M. Higher education in east Asia and Singapore: rise of the confucian model[J]. Higher education,2011(5):587-611.

③ DAVID P. The need for context-sensitive measures of educational quality in transnational higher education[J]. Teaching in higher education,2011(6):733-744.

④ TROY H,MARK M,PARIKSHIT B,et al. Cultural differences,learning styles and transnational education[J]. Journal of higher education policy & management,2010(1):27-39.

　　知识共享是中外合作办学机构、项目知识传承、创新和应用的起点，也是其自身发展的基础。《国家中长期教育改革和发展规划纲要（2010—2020 年）》提出要"办好若干所示范性中外合作学校和一批中外合作办学项目；探索多种形式利用优质教育资源"。① 《关于做好新时期教育对外开放工作的若干意见》（以下简称《意见》）提出要"建立成功知识共享机制，重点围绕国家急需的自然科学与工程科学专业建设，引进国外优质资源，全面提升合作办学质量"。② 2017 年全国教育工作会议报告指出，要"全面发挥中外合作办学辐射作用，深化对国内教育教学改革推动作用"。③ 2018 年，全国教育大会指出"要扩大教育开放，同世界一流资源开展高水平合作办学"。④ 2019 年，《中国教育现代化 2035》提出要"开创教育对外开放新格局。提升中外合作办学质量"。⑤ 2020 年，教育部等八部门印发《关于加快和扩大新时代教育对外开放的意见》，提出加大中外合作办学改革力度，支持高校加强与世界一流大学和学术机构的合作。⑥党的十九届五中全会明确了"建设高质量教育体系"，到 2035 年"建成教育强国"的宏伟目标。⑦ 党的二十大报告提出了"推进高水平对外开放"要求，并进行了战略部署。2023 年 5 月，习近平总书记在主持二十届中共中央政治局第五次集体学习时强调，要完善教育对外开放战略策略，有

---

　　① 国家中长期教育改革和发展规划纲要（2010—2020 年）[EB/OL].[2023-06-19]. http://www.gov.cn/jrzg/2010-07/29/content_1667143.htm.

　　② 中共中央办公厅、国务院办公厅印发《关于做好新时期教育对外开放工作的若干意见》[EB/OL].[2023-06-19]. http://www.gov.cn/HOme/2016-04/29/content_5069311.htm.

　　③ 教育部.教育部长陈宝生：全面发挥中外合作办学辐射作用[EB/OL].[2023-06-19].http://www.jsj.edu.cn/n2/7001/12107/941.shtml.

　　④ 张烁.坚持中国特色社会主义教育发展道路 培养德智体美劳全面发展的社会主义建设者和接班人[N].人民日报,2018-09-11.

　　⑤ 中共中央、国务院印发《中国教育现代化 2035》[EB/OL].[2023-06-19].http://www.gov.cn/zhengce/2019-02/23/content_5367987.htm.

　　⑥ 教育部等八部门印发意见 加快和扩大新时代教育对外开放[EB/OL].[2023-06-19]. http://www.moe.gov.cn/jyb_xwfb/s5147/202006/t20200623_467784.html.

　　⑦ 中国共产党第十九届中央委员会第五次全体会议公报[EB/OL].[2023-06-19]. https://www.gov.cn/xinwen/2020-10/29/content_5555877.htm.

效利用世界一流教育资源和创新要素,使我国成为具有强大影响力的世界重要教育中心。①

2010 年以后,我国逐渐围绕中外合作办学独特的办学形式、外方合作高校所在国(地区)教育特殊性,尝试构建中外合作办学知识共享机制。如表 1-1 所示,我国成立中国高等教育学会中外合作办学研究分会、中外合作大学联盟、中外合作办学机构院长联席会等知识共享组织,定期举办全国中外合作办学年会、中外合作大学校长论坛、中外合作办学非法人机构院长联席会,分享合作办学过程中好的做法,探讨教育教学、共同治理过程中的实践问题,并共同寻找解决方案。随着中外合作办学精细化发展的需求,我国以外方合作高校所在国(地区)教育特殊性为出发点,成立了中德、中英、中法、中俄、中澳合作办学联盟;从中方合作高校所在省份合作办学的办学需求出发,成立了陕西省高等教育学会中外合作办学分会、河南省中外合作办学机构联盟、黑龙江省中外合作办学高校联盟。

表 1-1 中外合作办学知识共享平台发展情况表

类型	名称	时间	发起单位
以合作办学形式为依据	中国高等教育学会中外合作办学研究分会	2016	厦门大学
	中外合作大学联盟	2014	西交利物浦大学
	中外合作办学机构院长联席会	2014	东北财经大学
以外方合作高校所在国(地区)为依据	中德合作办学高校联盟	2017	上海理工大学
	中英合作办学机构联盟	2019	浙江大学
	中法合作办学发展联盟	2019	北京航空航天大学
	中俄合作办学高校联盟	2019	江苏师范大学
	中澳合作办学联盟	2019	华东理工大学
以中方合作高校所在省份为依据	陕西省高等教育学会中外合作办学分会	2018	陕西省教育厅
	河南省中外合作办学机构联盟	2022	河南省教育国际交流协会
	黑龙江省中外合作办学高校联盟	2023	哈尔滨工程大学

① 习近平主持中央政治局第五次集体学习并发表重要讲话[EB/OL].[2023-08-27].https://www.gov.cn/yaowen/liebiao/202305/content_6883632.htm.

以上中外合作办学共享组织本质上属于松散的社会网络组织,其核心目标是分享知识,构建和发展中外合作办学话语体系,共同向社会和政府发出声音,增强中外合作办学对国家高等教育改革发展的影响力,为国家高等教育改革发展建言献策,把教学实践经验向外传递,供国内其他高校参考。以上中外合作办学共享组织、联盟一是每年定期举办中外合作办学专题会议、论坛,分享、探讨、解决联盟成员在合作办学过程中的共同问题并提出应对方案;二是凝聚会员力量,增强中外合作办学机构、项目之间的交流沟通并增进共识。然而,以上中外合作办学共享组织的参与者大都是相关中外合作办学机构、项目领导,其一线组织工作人员和教师并没有参与分享知识,所谓的知识共享某种程度上是权力的交换、依赖和平衡。① 中外合作办学知识共享体现着其资源引进、分配及应用过程中的"生产关系",是中外合作办学机构、项目作为组织参与知识共享的基础,也是解决中外合作办学自身发展不足的关键。

二、中外合作办学质量提升及内涵建设的现实需求

截至 2022 年底,我国经审批机关批准设立、举办的本科及以上中外合作办学机构、项目 1403 个。② 当前我国中外合作办学已经由规模的扩大、外延的发展转入到了质量提升、内涵建设的新阶段。③ 引进优质教育资源,尤其是优质知识资源,为我国教育改革发展提供经验和探索,提高我国教育国际竞争力,是中外合作办学的核心使命和焦点。④ 我国对中外合作办学引进、利用优质知识资源的要求,随着我国教育体制机制改革的要求不断深化。改革开放 40 多年来,我国经济改革先后经历机制变

① EMERSON R M. Power-dependence relations[J]. American sociological review,1962(1):31-41.
② 教育部审批和复核的机构及项目名单[EB/OL].[2023-09-19]. https://www.crs.jsj.edu.cn/index/sort/1006.
③ 吴文英.积淀中外合作办学发展内生力量[N].中国教育报,2023-01-12.
④ 王奇.加强管理 依法规范 促进上海中外合作办学健康发展[J].教育发展研究,2002(9):47.

革、体制转型、制度构建三个历史阶段,确立并完善了社会主义市场经济体制。① 和经济改革步伐相一致,我国高等教育改革在起步探索、重点推进、整体推进和全面深化四个阶段中不断推进。

随着我国经济社会及教育改革的深化,我国对中外合作办学地位和作用的认识也在不断深入。中外合作办学定位从"对中国教育事业的补充"②转变为"中国教育事业的组成部分"③;办学目的从"有条件、有选择地引进和利用境外于我有益的管理经验、教育内容和资金"④,转变为引进优质教育资源,促进我国高等教育改革,"培养我国急需的国际化人才,逐步走出一条有中国特色的中外合作办学道路"⑤;对外方合作办学主体的规定从"境外机构、个人"⑥"外国法人组织、个人以及有关国际组织"⑦转变为"外国教育机构"⑧。随着我国综合国力及教育实力的增强,我国不再追求"共享本体"即引进资源规模,转而关注引进资源质量,以及外方合作高校的承诺程度。⑨

然而,优质知识资源的引进、利用,依然是中外合作办学高质量发展的掣肘。一是中外合作办学对优质知识资源的引进不足。"优质"既是绝对的,也是相对的概念。能够从水平或结构上和我国举办高校相关学科专业形成补充的教育资源,都被认为是优质教育资源。从"绝对性"标准

---

① 赵凌云,冯兵兵.中国经济改革 40 年的阶段、成就与历史逻辑[J].中南财经政法大学学报,2018(5):3-11,162.

② 教育部.中外合作办学暂行规定[N].中国教育报,1995-01-26.

③ 中华人民共和国中外合作办学条例[EB/OL].[2023-08-27].http://www.gov.cn/test/2005-06/29/content_10930.htm.

④ 教育部.关于境外机构和个人来华合作办学问题的通知[EB/OL].[2023-08-27].http://www.gdjyw.com/jyfg/22/law_22_1013.htm.

⑤ 蔡铁峰.中外合作办学:从规模扩张转向质量提升[N].人民日报,2015-04-24.

⑥ 教育部.关于境外机构和个人来华合作办学问题的通知[EB/OL].[2023-08-27].http://www.gdjyw.com/jyfg/22/law_22_1013.htm.

⑦ 教育部.中外合作办学暂行规定[N].中国教育报,1995-01-26.

⑧ 中华人民共和国中外合作办学条例[EB/OL].[2023-08-27].http://www.gov.cn/test/2005-06/29/content_10930.htm.

⑨ YANG R. Transnational higher education in China: contexts, characteristics and concerns[J]. Australian journal of education, 2008(3):272-286.

看,我国引进世界知名高校及学科知识资源比例不高,与引进"世界一流"和"国际知名"知识资源的预期还有一定距离。从"相对性"标准看,中外合作办学引进能够和我国举办高校现实水平"有效匹配、优势互补"的特色学科、专业、课程资源有限。[①] 相反,引进国外低质知识资源在某种程度上成为我国部分高校实现国际化办学的一种策略。[②] 二是中外合作办学对引进知识资源的利用不足。长久以来,中外合作办学仍专注于达到"量"的"引进"标准,强调引进课程的"原汁原味",忽略了本土创造性。中外合作办学单纯"引进"并不能完全适应我国教育发展需要,需要真正落实到办学实践中才能培养具有全球视野和家国情怀的国际化人才。三是中外合作办学知识资源的引进、利用"脱节"。中外合作办学作为知识组织,更多关注知识的囤积,而不是如何推动知识的共享、合作,这也制约了其知识传承、创新和应用,不仅无法推进我国人才培养质量的提升,反而成了"教育不公平""质量低下"的代名词。因此,中外合作办学如何在有效引进、利用知识资源的同时实现知识传承、创新和应用,构建起行之有效的共享系统,成为学术研究和实践领域共同关注的课题。

三、中外合作办学机构、项目共享知识的实践困境

中外合作办学机构、项目知识整合、应用的成效需要通过并贯穿于其组织管理人员和教师等行动主体的知识共享意愿、行动中。当前中外合作办学机构、项目教师,尤其是组织管理人员拥有较高的知识共享意愿,然而,这种共享意愿在转化为共享行动时却存在诸多实践困境。

宏观层面,中外合作办学作为我国高等教育事业组成部分,一样肩负着立德树人、培养社会主义建设者和接班人的根本任务,一样面临着以提高质量为中心的教育改革发展任务。然而,中外合作办学过于强调其办学独特性,和我国教育整体改革发展联系不紧密;引进学科专业集中在经济类、管理类、工程类,对我国急需、稀缺资源引进力度不够;师资队伍建

---

① 林金辉,刘志平.中外合作办学中优质高等教育资源的合理引进与有效利用[J].教育研究,2007(5):36-39,50.

② 张海笔,才宇舟.合作办学引进国外优质教育资源的适配过程分析[J].辽宁经济,2014(10):52-55.

设和课程引进屡破红线。① 中外合作办学审批、监管、评估等各个环节都和我国本土高等教育的监管、评估是割裂的,导致其无法在深入共享知识的基础上创造知识。深入、实质的知识共享是中外合作办学调整结构、补齐短板的必然选择。

中观层面,中外合作办学和其举办高校存在"两张皮现象"。中外合作办学举办高校自身定位、优势不同,其实行中外合作办学的具体战略、举措也不同。一些高校引进、融合、创新优质教育资源,并以此促进了本校相关学科专业的发展和国际化水平;而有些高校中外合作办学定位不清晰,课程、师资引进尚不能达到最低要求,不但没有促进本校学科专业发展和教育改革,反而成为举全校之力"帮扶"的对象;相当一部分高校并没有将中外合作办学机构、项目纳入学校整体发展战略当中,而将其仅仅视为创收项目。以上问题成为摆在知识共享发展面前的障碍,违背了设立或举办中外合作办学机构、项目,促进本校学科专业建设及学校改革创新的初衷。

微观层面,中外合作办学是在中外合作高校共享现有知识资源基础上,合作实现知识创新。中外合作办学教师和组织管理人员的知识共享是保持中外高校"合作"关系高质量发展的基础。然而,这种"合作"关系为我国高校共享外方高校知识带来机遇的同时,也因为其人员的混合、不同办学目标的整合、共同语言的缺乏、知识资源提供的责任边界不清等问题增加了中外合作办学知识共享的复杂性。如何整合中外方教师、组织管理人员,推动他们基于知识资源的整合、应用,从不同角度建立共识,推动"合作"关系随着中外合作办学实践的发展制度化,共同的产出、创造就非常重要。这就要求中外合作办学机构、项目教师、组织管理人员集中于特定的、动态发展的目标,实现知识的传承、创新和应用。然而,中外合作办学什么知识可以共享,谁来共享,如何共享,还存在诸多边界不清、责任不明、程序混乱的实践困境。

---

① 瞿振元.做好新时期中外合作办学,打造高等教育发展的重要增长极:在第七届全国中外合作办学年会开幕式上的讲话[M]//林金辉.中外合作办学:提质增效、服务大局、增强能力.厦门:厦门大学出版社,2017:31-34.

第二节　中外合作办学知识共享
影响因素的研究意义

中外合作办学机构、项目是其知识共享的重要制度平台、载体。中外合作办学本身的知识特点在很大程度上制约着其组织管理人员和教师的知识共享方式和程度。知识传承、创新与应用是中外合作办学的职能和使命,本书引入知识视角,认为中外合作办学组织管理人员和教师的高质量知识互动、共享是其可持续发展的关键所在。中外合作办学应当拓宽、完善现有知识资源引进及利用路径,建立教师和组织管理人员更好的知识流动和知识共享机制。本书聚焦中外合作办学知识共享这一基本问题,探究以下问题:(1)中外合作办学知识共享的内涵是什么,有什么特征?(2)中外合作办学知识共享的关键影响因素是什么?(3)中外合作办学知识共享的影响因素是如何相互作用的?(4)中外合作办学机构、项目如何改进其知识共享?

基于以上问题,本书以本科及以上中外合作办学机构、项目教师和组织管理人员知识共享为视角,探索目前"中外合作办学"这一特定关系、背景下的知识共享影响因素问题,分析中外合作办学知识共享的内涵、特征、影响因素及其相互关系,以寻求推进中外合作办学高质量、可持续发展的路径。对该问题进行深入探索,具有以下意义:

一、理论意义

本书以知识作为元要素,从中观层面研究中外合作办学机构、项目组织管理人员和教师的知识共享影响因素及其关系,对于探索中外合作办学质量提升理念、路径,推动我国高等教育理论发展具有一定意义。

（一）丰富、深化高等学校知识共享的理论研究

高等学校知识共享相关理论是指导其知识共享实践发展的理论依据,也是中外合作办学知识共享实践发展的重要理论依据。当前,高等学校、中外合作办学知识共享理论研究和我国高校知识共享实践发展处于割裂状态,理论研究"用不上,不够用"的情况依然存在,这对我国高等学

校知识共享理论体系构建和高等教育理论研究都是缺憾。本书从管理学、教育学、社会学、经济学等多学科视角研究中外合作办学知识共享影响因素及其关系,不论对深化中外合作办学知识共享的认识,还是对丰富高等学校知识共享理论研究,乃至对促进中外合作办学和国内外高等教育改革发展及对话交流路径的构建,都具有重要意义。

(二)探讨中外合作办学知识共享的路径

虽然引进、共享国外优质教育资源是中外合作办学的基础,但是关于中外合作办学机构、项目层面究竟是如何共享知识,什么因素影响其知识共享行为等问题,还没有专门、系统化的研究。近年来,中外合作办学质量提升和内涵建设的新时代要求,对深入探究中外合作办学知识共享提出了迫切要求,亟须厘清为什么要知识共享、共享什么知识、谁来共享、如何共享。研究中外合作办学知识共享影响因素及其关系,在此基础上探究推动中外合作办学知识共享的优化路径,推动中外合作办学和国内外教育形成有效对话机制,助力教育强国建设。

(三)探讨新时代中外合作办学质量建设路径

跨境教育举办成功与否,取决于举办国家(地区)是否构建了适合本国(地区)经济社会和教育改革发展的跨境教育质量保障体系。质量建设是跨境教育的世界性和历史性问题,没有世界通用的保障模型,不同的国家(地区)有不同的跨境教育质量保障模式。作为跨境教育在我国的主要实现方式,中外合作办学质量建设既要遵循跨境教育质量的普遍要求,也要符合我国高等教育的质量基准。中外合作办学质量建设水平,除了受到我国政策法规影响之外,也取决于其能否回应、能在多大程度上回应我国经济社会和教育改革发展对其提出的合理需求。中外合作办学知识共享水平直接影响其质量水平,探索中外合作办学知识共享影响因素及其相互关系,是探索其质量提升的现实选择和重要途径。

二、实践意义

本书通过实证调研中外合作办学组织管理人员和教师的知识共享现状,希望中外合作办学实践者能够有效推动其所在机构、项目的知识共享水平,进而提升中外合作办学的办学质量。

（一）推动中外合作办学知识共享走深走实

本书通过对中外合作办学机构、项目教师和组织管理人员展开问卷调查和半结构化访谈，运用验证性因子分析、结构方程分析、访谈内容编码分析、案例分析等方法，验证、探索中外合作办学知识共享的影响因素及其作用关系，挖掘其知识共享现状、存在问题以及现实困境，在微观层面能够提高中外合作办学机构、项目一线教师和组织管理人员的知识共享意愿，在课程开发、设计、实施中，能真正扎根我国本土需求，融合中外教育特色优势；在中观层面能够推动中外合作办学机构、项目从组织层面改善知识共享的物理、文化、心理环境，实现中外方合作高校"组件性资源"的有效融合，进而促进我国本土高校教育教学改革；在宏观层面能够为中外合作办学事中监管提供有效路径，完善中外合作办学全链条监管机制，推动中外知识资源共享走深走实，助力实现教育强国建设。

（二）改善中外合作办学知识共享的现状

中外合作办学不仅是一种办学形式，还是中外高等教育机构共享知识，遵循知识增长方式和教育教学规律，将知识、教学、教材、教师、评价整合进课程体系的办学方式。中外合作办学知识资源的"块状组合"使得合作各方按各方的方式表达，导致教师缺乏主人翁意识和归属感，也造成其办学质量低下。本书希望能够推动中外合作办学构建具体可操作的知识共享平台，扎根我国教育发展需求，切实调动中外合作办学知识共享主体的积极主动性，明确共享本体的特征，提高共享客体的共享愿望和机会，从而能够真正实现中外合作办学自身质量提升，推动中外合作办学在促进我国经济社会和教育改革发展方面发挥有效作用。目前，对中外合作办学知识共享问题的研究还处于零散的起步阶段，本书从中外合作办学知识共享影响因素及其关系这一问题出发，尊重知识创造规律，针对中外合作办学知识共享中存在的问题和现实困境，探讨中外合作办学知识共享机制构建策略。

第三节 核心概念界定

概念是事物本质的表达，是认知思维体系中最基本的构筑单位。概念的精准诠释是科学研究的基础性前提。本书在"知识及其分类""知识共享"这两个概念界定基础上分析中外合作办学知识共享影响因素及其相互关系。

一、知识及其分类

自古以来,对知识及其分类的研究一直是哲学研究的关键问题。知识本身的复杂性决定了对其定义的难度。知识是一个相对的概念,具有多维特性,是单一性和复合性、实体性与过程性、静态与动态的统一。20世纪 60 年代,知识作为一种资源的概念随着哲学研究的兴起而出现。已有研究从不同的学科背景出发,基于三个维度,对知识进行了定义:一是基于一定的本体论、认识论和方法论来认识知识;二是关注知识建构的背景;三是关注知识对人的洞察力的依赖。这些定义将对知识的探究和人及其所处的环境联系起来,认为知识存在、体现在人的思想和行动中,是人的体验、价值观、背景信息和洞察力的流动组合。在组织中,知识不仅嵌入在文档或储存库中,还体现在组织实践、规范、流程当中。"知识"概念由于其无形和模糊的特性而难以理解,给知识下定义极其困难却又不能回避。在此基础上,本书认为知识是人的对象性关系和实践的积极成果,是人的脑力和实践活动对人与人,人与自然、社会现象、关系及规律的认识,以及在此基础上形成的实践和理论总和。

根据其能否表征和转移,知识可分为显性知识(explicit knowledge)和隐性知识(tacit knowledge)。[①] 显性知识可正式和系统地编纂、表达和传播,包括明确的事实、公理命题和符号。隐性知识通常深深植根于人的行动和经验中,是非语言化的、直观的和不明确的,表现在包括信仰、心理模型的认知维度,适用于特定情况的技术诀窍的技术维度,在社会互动和团队关系中建构并嵌入组织内部的社会维度。[②] 迈克尔·波兰尼(Michael Polanyi)是西方学术界最早对隐性知识及隐性认识与科学研究

---

① NONAKA I. A dynamic theory of organizational knowledge creation[J]. Organization science,1994(1):14-37.

② LAM A. Embedded firms, embedded knowledge: problems of collaboration and knowledge transfer in global cooperative ventures[J]. Organization studies,1997(6):973-996.

进行系统的探讨和分析的学者。他使用吉尔伯特·赖尔（Gilbert Ryle）对于"知其然（know that）"和"知其所以然（know how）"[①]的区分,认为隐性知识不是一个单独的知识范畴,而是和显性知识相生相伴的（如图 1-1）,显性知识是由隐藏的隐性知识来支持的。[②] 随后,弗里德里希·奥古斯特·冯·哈耶克（Friedrich August von Hayek）、斯腾伯格（Robert J. Sternberg）等人又分别从法理学、经济学[③]、心理学[④]对知识分类进行了研究。

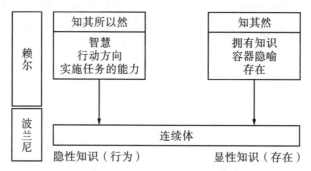

图 1-1 吉尔伯特·赖尔和迈克尔·波兰尼的知识分类

资料来源:阿肖克·贾夏帕拉.知识管理:一种集成方法:2 版[M].安小米,等译.北京:中国人民大学出版社,2013:42.

野中郁次郎（Ikujiro Nonaka）和竹内弘高（Hirotaka Takeuchi）否认隐性知识和显性知识都是知识不可分割的组成部分的观点,认为显性知识和隐性知识是两种不同类型的知识。尽管存在这种区别,两种知识是可以相互转换和作用的,这种在个体之间的知识转换过程是相互补充的。并提出了隐性知识和显性知识的社会化（socialization）、外显化（external-

————————

　　① ALAN R W, WILLIAM L. Gilbert Ryle: an introduction to his philosophy[J]. Philosophical quarterly, 1982(12):88.

　　② JASIMUDDIN S M, KLEIN J H, CONNELL C. The paradox of using tacit and explicit knowledge: strategies to face dilemmas[J]. Management decision, 2005(1):102-112.

　　③ HAYEK F. The use of knowledge in society[J]. American economic review, 1945(4):519-530.

　　④ 罗伯特·斯腾伯格.成功智力[M].吴国宏,等译.上海:华东师范大学出版社,1999:25-28.

ization)、综合化(combination)和内在化(internalization)四个转换过程,即 SECI 知识螺旋转化模型。[①] 如图 1-2 所示,SECI 模型认为知识创新是在一定社会交往的情境和过程中完成的,将知识转化模式视为一个有机整体,并揭示了知识从观念理性转化为实践理性、从精神力量转化为物质力量、从个体到组织的结构上升过程,创造了一个评估知识管理绩效的工具。[②] 知识在这种转换中才能表征、实现和确证其力量。[③] 这被黑格尔称为"理性的狡猾"或"理性的机巧与力量"的知识运用和转化能力,不仅仅是知识的来源和原材料,其本身就是一种特殊的知识。[④] 这种理性不甘于其自身

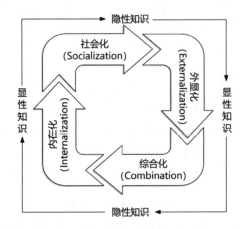

图 1-2　SECI 知识螺旋转化模型图

资料来源:NONAKA I,TAKEUCHI H. The knowledge-creating company:how Japanese companies create the dynamics of innovation[M]. New York:Oxford university press,1995:196-201.

---

① NONAKA I,TAKEUCHI H. The knowledge-creating company:how Japanese companies create the dynamics of innovation[M]. New York:Oxford university press,1995:196-201.

② 夏甄陶.知识的力量[J].哲学研究,2000(3):3-12,79.

③ 卡尔·马克思,弗里德里希·恩格斯.马克思恩格斯文集:第八卷[M].中共中央马克思恩格斯列宁斯大林著作编译局,编译.北京:人民出版社,2009:198.

④ ALLEE V. The knowledge evolution[M]. Washington:butter-worth-heinemann,1997:80-154.

发展过程,却正好实现了其目的。①

二、知识共享

按照《现代汉语词典》解释,"共享即共同享用、共同享有"。② 从词语释义可以看出,共享可以是动作、行为、活动,是共享主体将某一事物的某种性质与他人共同拥有的活动、过程、行为。知识管理领域将知识视为一种无形的资产,可以在人与人的互动中进行交换。"知识共享"是从知识管理中逐步演化出来的概念。知识共享涉及个人和组织两个层面,是个人、组织获取、转换、应用和保护知识的策略和过程,目的是将个人经验和知识转移成组织资产和资源,并使其产生并持续改善组织竞争优势。知识分工的细化、知识问题的复杂化和知识管理的科学化共同推动知识共享成为一个独特的研究对象,其重要性得到了学术界和实践领域的普遍认同,知识共享主题也成为众多研究关注的焦点。

知识共享在理论研究中还没有严格统一的界定。由于知识本质的复杂性和知识活动的开放性,不同专家学者对知识共享的内涵理解也很难形成一致的看法,采用的术语也不统一,如知识交易(knowledge transaction)、知识转移(knowledge transfer)、知识交换(knowledge exchange)、知识散播(knowledge distribution)、知识学习(knowledge learning)、知识沟通(knowledge communication)等词都被用来表达知识共享的内涵。不同的术语共同表达了知识共享的内涵,即知识共享是转移或传播知识的过程。这一过程涉及组织及其成员对知识的收集、吸收和应用。对知识共享概念的探索是一个不断深入的过程,没有一个适合所有情况或组织的知识共享过程。知识共享的初期研究聚焦于信息技术对知识转移的作用,期望通过搭建畅通的信息平台,从而使无序的知识有序,有序的知识有用。然而,信息技术仅为知识共享提供必要的技术支撑,其自身并不

---

① 黑格尔.小逻辑[M].贺麟,译.北京:商务印书馆,1980:396.
② 中国社会科学院语言研究所词典编辑室.现代汉语词典[M].北京:商务印书馆,2013:457.

能够增加知识共享意愿。① 并非所有个人和组织都愿意将其知识与他人或组织分享。因此,知识共享的研究重点逐渐从早期的共享技术实现问题转变为侧重对共享行为本身的理论研究。

根据研究对象分类,知识共享主要有个体和组织知识共享两个层面。个体知识共享是指个体将知识作为个人获得竞争优势的关键资源,经过共享主体的知识外化和共享客体的知识内化,双方获得"进阶知识"的过程。② 从互动学习视角看,知识共享是共享主体协助共享客体发展有效行为能力的创造学习过程;③从知识重构过程看,知识共享是共享主体和客体间联系和沟通的过程,这个过程中双方都实现了对共享本体,即知识的重构。④ 在组织知识共享层面,已有研究从两种路径探究知识共享。一种路径是将组织作为知识共享活动的主体,认为知识共享是通过技术媒介进行的知识转移⑤,是知识从一个组织转移或散布到其他组织的活动⑥,是知识通过正式或非正式渠道在组织内扩散的过程⑦,是共享主体和共享客体之间的联系和沟通过程⑧,是通过共享手段推动共享主体的

① WHITE R S. Working knowledge: how organizations manage what they know [J]. The journal of technology transfer,2001(4):396-397.

② MCADAM R, MCCREEDY S. The process of knowledge management within organizations: a critical assessment of both theory and practice [J]. Knowledge and process management,1999(2):101-113.

③ SENGE P. Sharing knowledge: the leader's role is key to a learning culture[J]. Executive excellence,1997(11):17-19.

④ HENDRIKS P. Why share knowledge? the influence of ICT on the motivation for knowledge sharing[J]. Knowledge & process management,2015(2):91-100.

⑤ LEE J N. The impact of knowledge sharing, organizational capability and partnership quality on IS outsourcing success[J]. Information & management,2001(5):323-335.

⑥ BOSTROM R P. Successful application of communication techniques to improve the systems development process[J]. Information and management,1989(5):279-295.

⑦ LEIDNER D E. Review: knowledge management and knowledge management systems: conceptual foundations and research issues[J]. MIS quarterly,2001(1):107-136.

⑧ MARKS P, POLAK P, MCCOY S, et al. Sharing knowledge[J]. Communications of the acme,2008(2):60-65.

知识外化和共享客体的知识内化,实现组织知识增值和创新的活动[1],是为了实现知识价值转移、增值进行的知识交易方式[2]。另一种路径是将组织视为共享情境,侧重研究组织内的知识共享行为,这又回到了个体知识共享层面。[3] 知识共享研究的这一分类在一定程度上反映了知识共享主客体的身份影响其共享动机和行为。与土地、劳动力等其他传统资源相比,知识在一定程度上分配和共享,就会成为公共产品。

根据研究方式分类,已有知识共享相关研究主要基于以下三个视角:一是过程视角。这一研究视角将知识本身作为研究对象,侧重研究知识转移、共享的过程,以及知识在这一过程中的属性变化。二是结果视角。该视角重视建立在共享主体的知识外化和共享客体的知识内化基础上的知识共享成效,关注原有知识通过共享产生的溢出效应,认为知识共享的目的就是将共享主体的知识传递给更多共享客体,从而与共享客体共同拥有并创造新的知识。三是行为视角。这一视角关注知识共享主体和客体的行为及活动,认为个人及团队、组织是知识的主要载体,共享载体的相关因素影响知识共享过程和结果。

本书通过对知识共享内涵的提炼,认为知识共享是通过一定的共享载体和方式,共享主体知识外化和共享客体知识内化的连续、互动过程,旨在追求个人、组织知识效用最大化,持续改进个人、组织的竞争优势。

第四节 国内外文献述评

彼得·德鲁克(Peter Drucker)在《后资本主义社会》一书中将知识定义为基本的经济资源。自此,知识作为影响组织获得全球性竞争优势的

---

① 林东清,李东.知识管理理论与实践[M].北京:电子工业出版社,2005:26.

② SIMARD A. Knowledge markets: more than providers and users[J]. The IPSI BDG transaction on advanced research, 2013(2):3-9.

③ VAN DEN HOOFF B, DE LEEUW VAN WEENEN F. Committed to share: commitment and CMC use as antecedents of knowledge sharing[J]. Knowledge & process management, 2004(1):13-24.

决定性因素,得到了学术界和实践领域的广泛关注。高等学校是知识传承、创新和应用的关键结合点和文化转型的重要催化剂。[①] 知识传承、生产、分配和应用是高等学校的基本活动、主要使命和竞争优势,[②]是高等学校人才培养、科学研究和社会服务的重要源泉。知识管理(knowledge management)是高等学校实现办学目标,从既定知识管理程序受益,进而实现竞争性发展的价值工具。[③] 作为影响知识管理计划成功与否的主要知识管理过程[④],知识共享一直是高等学校发挥竞争力的重要途径、核心环节和支柱[⑤]。高等学校教师通过研究和教学在知识和知识产权的生产、再利用中发挥着关键作用。[⑥] 信任、知识共享文化和动机是组织内知识共享的重要推动因素。[⑦] 创造适当的环境和文化,推动高等学校、学者之间自由分享知识对高等学校这一关键性知识组织的有效运行至关重要。[⑧] 从高等学校的性质来说,知识共享是其制度文化所固有的,然而,

---

① HOWELL K E, ANNANSINGH F. Knowledge generation and sharing in UK universities: a tale of two cultures? [J]. International journal of information management. 2013(1):32-39.

② BELLO O W, OYEKUNLE R A. Attitude, perceptions and motivation towards knowledge sharing: views from universities in Kwara State, Nigeria[J]. African journal of library, archives & information science, 2014(2):123-134.

③ PRAHALAD C K, HAMEL G. The core competence of the corporation[J]. Harvard business review, 1990(3):79-91.

④ FULLWOOD R, ROWLEY J, DELBRIDGE R. Knowledge sharing amongst academics in UK universities[J]. Journal of knowledge management, 2013(1):123-136.

⑤ RAMAYAH T, YEAP J A L, IGNATIUS J. An empirical inquiry on knowledge sharing among academicians in higher learning institutions[J]. Minerva, 2013(2):131-154.

⑥ SEONGHEE K, BORYUNG J. An analysis of faculty perceptions: attitudes toward knowledge sharing and collaboration in an academic institution[J]. Library & information science research, 2008(4):282-290.

⑦ IPE M. Knowledge sharing in organizations: a conceptual framework[J]. Human resource development review, 2003(4):337-359.

⑧ SUHAIMEE S, BAKAR A, ZAKI A, et al. Knowledge sharing culture in Malaysian public institution of higher education: an overview[J]. Proceedings of the postgraduate annual research seminar, 2006(9):354-359.

与其他组织知识管理流程相比,高等学校知识共享更加复杂①,仍是一个研究不足的领域②。已有研究关注组织和个人知识共享的决定因素和激励、抑制要素③,但较少专门研究高等学校这一特定背景下知识共享影响因素及其作用关系。鉴于此,本书对高等学校这一背景下的知识共享及其影响因素进行综述。

一、国外知识共享和高等学校知识共享的研究

"中外合作办学"这一中国化的术语决定了国外对其知识共享的直接研究极少。但国外对知识共享、高等学校知识共享的相关研究,为研究中外合作办学知识共享影响因素及其关系提供了间接基础。

（一）知识共享内涵及影响因素

知识经济时代,知识资源是组织获得竞争力的关键因素,知识创造对各种组织都很重要。④ 为了在竞争中获得这一优势,不管是公共,还是私营部门,都将知识管理,尤其是知识共享提上战略议程⑤,选择、利用可用的工具和策略来系统地管理、存储和传播其知识。⑥ 文化因素直接、间接

① FULLWOOD R, ROWLEY J. An investigation of factors affecting knowledge sharing amongst UK academics[J]. Journal of knowledge management, 2017(5):1254-1271.

② AMAYAH A T. Determinants of knowledge sharing in a public sector organization[J]. Journal of knowledge management, 2013(3):454-471.

③ MCADAM R, MOFFETT S, PENG J. Knowledge sharing in Chinese service organizations: a multi case cultural perspective[J]. Journal of knowledge management, 2012(1):129-147.

④ NIELSEN C, CAPPELEN K. Exploring the mechanisms of knowledge transfer in university-industry collaborations: a study of companies, students and researchers[J]. Higher education quarterly, 2014(4):375-393.

⑤ RAGAB M A F, ARISHA A. Knowledge management and measurement: a critical review[J]. Journal of knowledge management, 2013(6):873-901.

⑥ WANG S, NOE R A. Knowledge sharing: a review and directions for future research[J]. Human resources management review, 2010(2):115-131.

影响高等学校的制度文化和知识共享行为,是知识共享研究中的核心问题。[①] 为了从知识管理计划中获得预期的收益,组织管理者必须致力于鼓励知识共享行为并建立知识共享所需的适当文化。[②]

1.知识共享内涵

已有研究从不同视角出发,尝试对知识共享进行定义,但知识共享仍然是备受研究者和实践者争议的主题,这种争议主要取决于研究者和实践者所处的环境和立场。[③] 实践环境中的知识共享是在个人或组织之间交换或传播显性或隐性信息、思想、经验或技术[④],是"在一种情况下获得的知识如何适用或不适用于另一种情况"的问题[⑤],是组织内或组织间为实现组织目标而分享工作相关知识的行为[⑥],目的是通过分享程序性知识,帮助他人解决组织内的问题。[⑦] 知识交换、知识转移也是已有研究中和知识共享互换使用的词语。然而,知识交换涉及知识贡献者和知识搜索者两方,而知识转移仅指知识跨组织而非个人之间的移动。[⑧]

---

① KUKKO M. Knowledge sharing barriers in organic growth: a case study from a software company[J]. International journal of engineering business management, 2013 (24):18-29.

② MCADAM R, MOFFETT S, PENG J. Knowledge sharing in Chinese service organizations: a multi case cultural perspective[J]. Journal of knowledge management, 2012(1):129-147.

③ NIELSEN C, CAPPELEN K. Exploring the mechanisms of knowledge transfer in university-industry collaborations: a study of companies, students and researchers[J]. Higher education quarterly, 2014(4):375-393.

④ WANG S, NOE R A. Knowledge sharing: a review and directions for future research[J]. Human resources management review, 2010(2):115-131.

⑤ NIELSEN C, CAPPELEN K. Exploring the mechanisms of knowledge transfer in university-industry collaborations: a study of companies, students and researchers[J]. Higher education quarterly, 2014(4):375-393.

⑥ YI J L. A measure of knowledge sharing behavior: scale development and validation[J]. Knowledge management research & practice, 2009(1):65-81.

⑦ AMAYAH A T. Determinants of knowledge sharing in a public sector organization[J]. Journal of knowledge management, 2013(3):454-471.

⑧ WANG S, NOE R A. Knowledge sharing: a review and directions for future research[J]. Human resources management review, 2010(2):115-131.

2.知识共享影响因素

知识管理能够在知识经济中创造竞争优势。已有相关研究从技术、组织和个体行为的角度分析了知识共享影响因素。[①] 早期的知识共享研究关注信息技术等硬件问题,后来的研究逐渐关注有利于知识共享的文化、动机、管理支持、激励因素和组织结构等软性问题,认为与知识共享技术相关研究相比,个体、组织的行为要素与知识共享的目标关系更紧密。

(1)技术因素

已有研究广泛使用信息技术(information technology)、信息系统(information system)、知识管理系统(knowledge management system)等相关术语来探讨知识共享问题,[②]认为技术因素和个体、组织需求的匹配是促进知识共享的重要途径,信息技术支持和基础设施保障是知识管理中的第二重要因素。[③] 然而,在缺乏信任、文化、组织氛围和领导支持等因素的情况下,信息技术和知识管理系统无法单独实现有效的知识共享,[④]对技术不切实际的期望、缺乏对系统和技术工具的培训,以及系统和技术可用性和设计不佳,会导致信息技术工具和知识管理系统对知识共享产生不利影响。[⑤] 适当、可靠且易于使用的信息技术能够促进知识共享,而由功能不足或管理议程主导的效率较低的信息技术可能成为知识共享的障碍。因此,组织在实践中应该在选择用户友好的信息技术方面发挥积极作用,以确保技术和组织现有文化相匹配。[⑥]

---

① YI J L. A measure of knowledge sharing behavior: scale development and validation[J]. Knowledge management research & practice, 2009(1):65-81.

② SEBA I, ROWLEY J, DELBRIDGE R. Knowledge sharing in the Dubai police force[J]. Journal of knowledge management, 2012(1):114-128.

③ TSAI M T. Understanding IT professionals' knowledge sharing intention through KMS: a social exchange perspective[J]. Quality & quantity, 2013(5):2739-2753.

④ SIDDIQUE M C. Knowledge management initiatives in the United Arab Emirates: a baseline study[J]. Journal of knowledge management, 2012(5):702-723.

⑤ RIEGE A. Three-dozen knowledge-sharing barriers managers must consider[J]. Journal of knowledge management, 2005(3):18-35.

⑥ KANAAN R, GHARIBEH A. The impact of knowledge sharing enablers on knowledge sharing capability: an empirical study on Jordanian telecommunication firms [J]. European scientific journal, 2013(9):237-258.

（2）组织因素

个人和组织因素分析主导了已有知识共享研究。组织过程、文化、结构、战略、激励系统等因素影响知识共享程度。等级制组织的知识囤积通常比较严峻，因此，分解层级结构是推动知识共享的关键因素，横向组织管理结构可以创造开放性沟通空间，推动组织成员分享知识。① 正式和非正式的垂直组织结构，以及横向组织结构可以增强知识共享行为；拥有多样化和异质性知识的组织成员互动可以提高组织创新能力；非正式的个人关系和社交网络也可以促进组织成员学习和共享知识。② 全球化将学习视为一种连接和网络形成过程，其核心原则就是在网络中掌握知识，组织的知识共享就是构建知识网络和社区，推动其成员在参与、对话、讨论、观察和模仿中，以协作的方式利用、创造和分享知识。③

支持性的组织文化是知识共享的关键性先决条件。组织文化由组织建筑、行为模式、规则、语言和仪式等可见的外部文化符号，以及隐藏在组织成员行为中的共同价值观、规范、信念、感知、思维等不可见的心理文化共同构成。组织文化是组织如何组织自己的方式，不仅能够整合其成员的日常活动以实现组织目标，还能帮助组织很好地适应外部环境。④ 信任文化是创造和维持知识交换关系的重要因素。如果没有信任，组织成员就会囤积他们的知识和经验。信任关系影响知识共享氛围、兴趣，而组织领导在创造和领导特定类型的组织文化中发挥重要作用。组织文化和

---

① BARTLETT C A, GHOSHAL S. Beyond strategic planning to organization learning：lifeblood of the individualized corporation[J]. Strategy & leadership，1998(1)：34-39.

② TSAI M，CHENG N. Programmer perceptions of knowledge sharing behavior under social cognitive theory[J]. Expert systems with applications，2010(12)：8479-8485.

③ CHATTI M A，JARKE M，FROSCH-WILKE D. The future of e-learning：a shift to knowledge networking and social software[J]. International journal of knowledge and learning，2007(4)：404-420.

④ OLIVER S，KANDADI K R. How to develop knowledge culture in organizations？：a multiple case study of large distributed organizations[J]. Journal of knowledge management，2006(4)：6-24.

领导力是硬币的两面,组织共享文化通过领导表现得以加强或者减弱。[1]

（3）领导力因素

创新型领导关注组织成员的互动和沟通、强调组织凝聚力建构,对推进有效的知识共享具有促进作用[2];以身作则的领导能有效鼓励其追随者在特定任务上的主动共享行为;赋权型领导能调动组织成员知识分享动力、提高工作绩效、促进共享文化变革[3]。组织成员间的信任关系影响隐性知识共享,领导和组织成员之间的信任影响组织知识共享行动和组织绩效,领导能够提高组织成员彼此分享知识的意愿,从而提高组织绩效。[4] 领导参与知识共享能够提高组织成员的敬业度,支持和培育组织知识共享文化,增强组织成员之间的知识共享行为。[5] 缺乏领导支持和承诺的组织,其成员普遍认为他们缺少知识共享时间、信任文化、沟通媒介、知识共享文化、信息技术工具培训、工作保障,因此不愿意分享知识。[6]

（4）文化因素

文化在塑造个人、组织对知识管理和组织文化的态度中作用显著。[7]已有研究建立了影响知识共享行为的若干分析维度,主要包括信任、民族

① SCHWEITER J, GUDERGAN S. Leadership behaviors as ongoing negotiations and their effects on knowledge and innovation capabilities in alliances[J]. International journal of knowledge management studies, 2010(2):176-197.

② TSAI M T. Understanding IT professionals' knowledge sharing intention through KMS: a social exchange perspective[J]. Quality & quantity, 2013(5):2739-2753.

③ SIDDIQUE M C. Knowledge management initiatives in the United Arab Emirates: a baseline study[J]. Journal of knowledge management, 2012(5):702-723.

④ LEE P, GILLESPIE N, MANN L, et al. Leadership and trust: their effect on knowledge sharing and team performance[J] Management learning, 2010(4):473-491.

⑤ HEISIG P. Harmonization of knowledge management: comparing 160 frameworks around the globe[J]. Journal of knowledge management, 2009(4):4-31.

⑥ SEBA I, ROWLEY J, DELBRIDGE R. Knowledge sharing in the Dubai police force[J]. Journal of knowledge management, 2012(1):114-128.

⑦ TONG C, IP WAH TAK W, WONG A. The impact of knowledge sharing on the relationship between organizational culture and job satisfaction: the perception of information communication and technology practitioners in Hong Kong[J]. International journal of human resource studies, 2013(1):9-37.

文化、领导力、组织结构和组织学习。① 民族文化、制度、组织文化都是知识共享的影响因素。另外,组织的亚文化、组织氛围、团队文化和专业群体文化也影响知识共享。文化在不同组织层面的知识共享过程中发挥的作用不同,国家文化影响着企业、团体和个体层面的知识共享过程。② 不同国家(地区)文化对其组织的知识共享战略影响不同,个体价值观、文化偏好影响知识管理计划。③

民族文化差异也会影响当地组织成员知识共享行为。④ 虽然已有研究确实指出了民族文化对知识共享的一些影响,但是依然很难确定民族文化与知识共享行为之间的关系。多数商业和公共部门的知识共享相关研究是在西方国家、马来西亚进行的,也有部分研究涉及中东地区、非洲和南美洲。⑤ 此外,公共部门知识共享研究也是学术研究关注的领域,已有研究也涉及公共和私立部门的知识共享实践和民族文化之间的比较。

(5)共享途径

知识共享需要适当的机制来确保共享过程的有效性。面对面分享是分享知识的典型途径,可以得到及时反馈。与其他形式的分享途径不同,面对面分享不会导致对意义的误解,因为共享的知识通过肢体语言、面部表情和语调传达,超越了语音信息。⑥ 面对面分享主要涉及隐性知识共

---

① MAGNIER-WATANABE R, SENOO D. Shaping knowledge management: organization and national culture[J]. Journal of knowledge management, 2010(2):214-227.

② MCADAM R, MOFFETT S, PENG J. Knowledge sharing in Chinese service organizations: a multi case cultural perspective[J]. Journal of knowledge management, 2012(1):129-147.

③ ARDICHVILI A, MAURER M, LI W, et al. Cultural influences on knowledge sharing through online communities of practice[J]. Journal of knowledge management, 2006(1):94-107.

④ LI X, MONTAZEMI A R, YUAN Y. Agent-based buddy-finding methodology for knowledge sharing[J]. Information & management, 2006(3):283-296.

⑤ KANAAN R, GHARIBEH A. The impact of knowledge sharing enablers on knowledge sharing capability: an empirical study on Jordanian telecommunication firms [J]. European scientific journal, 2013(9):237-258.

⑥ MESMER-MAGNUS J R, DECHURCH L A. Information sharing and team performance: a meta-analysis[J]. Journal of applied psychology, 2009(7):535-546.

享,个体面对面接触增强隐性知识的分享,提高工作效率,提供解决方案,节省时间。[①] 最丰富的知识共享途径能够提供知识共享主客体、任务和社会情境所需的一系列能力,每种途径都有自己的弱点,没有最有效的共享途径。[②] 信息技术克服空间和时间障碍,作为面对面分享的替代方案,通过聊天、视频等同步方式,电子邮件、论坛、博客等异步方式,能够增强显性知识的共享。[③] 信件、手册、公告等纸质或电子的书面文件可以促进显性知识的单向和双向分享,从而改善人际关系。书面分享的有效性取决于知识表达的清晰度、准确性和物理特征。[④]

(二)高等学校知识共享的必要性及影响因素

知识共享实践在不同背景下有所不同。有效的知识共享在知识密集型组织,如高等学校中发挥着关键作用,最大化智力资本使它们能够在全球化市场中获得竞争优势。[⑤] 知识是高等学校的投入和输出,与其他组织相比,高等学校在生产和传承知识方面保持了独特而鲜明的地位[⑥],是学术界分享知识、想法、见解的平台[⑦]。此外,高等学校对知识管理的积

---

① SALIS S, WILLIAMS A M. Knowledge sharing through face-to-face communication and labor productivity: evidence from British workplace[J]. British journal of industrial relations, 2010(2):436-459.

② DENNIS A R, VALACICH J S. Rethinking media richness: towards a theory of media synchronicity [M]//Proceedings of the thirty-second Hawaii international conference on system sciences. Maui, Hawaii,1999.

③ VONDERWELL S. An examination of asynchronous communication experiences and perspectives of students in an online course: a case study[J]. Internet and higher education, 2003(1):77-90.

④ RACITI M M, DAGGER T S. Embedding relationship cues in written communication[J]. Journal of services marketing, 2010(2):103-111.

⑤ GOH S K, SANDHU M S. The influence of trust on knowledge donating and collecting: an examination of Malaysian universities[J]. International education studies, 2014(2):125-136.

⑥ OMERZEL D G, BILOSLAVO R, TRNAVCEVIC A. Knowledge management and organizational culture in higher education institutions[J]. Journal for east European management studies, 2011(2):111-139.

⑦ TAN C N-L. Enhancing knowledge sharing and research collaboration among academics: the role of knowledge management[J]. Higher education, 2016(4):525-556.

极态度还能推动地方、区域向知识经济过渡,加强知识共享,改进教育计划,从而提高自身的整体表现。①

1.高等学校知识共享必要性

高等学校的整体结构、领导类型和组织文化等特征使得其与大多数其他组织不同。② 学术自由和自治是高等学校的传统和显著特征。③ 然而,撰写提案、技术转让等活动不再是高等学校外围、无用或次要的任务,高等学校的职能、责任、功能并不完全能够独立存在,而是相互依赖。高等学校的期望、社会满意度、出版物、同伴压力强化了教师和组织管理人员的知识共享行为。④ 高等学校作为文化混合体的一部分,其教师和组织管理人员的专业文化、背景,学习实践和策略,会影响知识传播和创造。⑤ 高等学校显示出独特的不同于其他部门的领导力及其类型⑥,其领导层通过以身作则的方式支持、促进其教职员工之间的知识融合、分享,建构共享环境,并影响学者和教职员工之间的知识共享水平。⑦ 高等学校同时存在学术领导和行政管理领导这两种独特的领导类型⑧,但这两

---

① AMAYAH A T. Determinants of knowledge sharing in a public sector organization[J]. Journal of knowledge management,2013(3):454-471.

② FULLWOOD R,ROWLEY J,DELBRIDGE R. Knowledge sharing amongst academics in UK universities[J]. Journal of knowledge management,2013(1):123-136.

③ CRONIN B. Knowledge management, organizational culture and Anglo-American higher education[J]. Journal of information science,2000(3):129-137.

④ FULLWOOD R,ROWLEY J,DELBRIDGE R. Knowledge sharing amongst academics in UK universities[J]. Journal of knowledge management,2013(1):123-136.

⑤ SEONGHEE K,BORYUNG J. An analysis of faculty perceptions:attitudes toward knowledge sharing and collaboration in an academic institution[J]. Library & information science research,2008(4):282-290.

⑥ ALTBACH P. Knowledge and education as international commodities[J]. International higher education,2015(10):79-98.

⑦ WANG S,NOE R A. Knowledge sharing:a review and directions for future research[J]. Human resources management review,2010(2):115-131.

⑧ YIELDER J,CODLING A. Management and leadership in the contemporary university[J]. Journal of higher education policy and management,2004(3):315-328.

类领导都很少尝试全面的知识管理和知识共享计划。[①]

知识就是力量,需要分享才能使它增值,知识传承、创新和应用是衡量高等学校的标准之一。[②] 尽管高等学校的使命是产生和传播知识,知识共享是其存在的必要条件,然而,分享知识并不是高等学校所有教师及其组织管理人员的自愿行为,知识囤积是其普遍做法。[③] 不愿意通过院系分享知识可归因于缺乏保护个人知识资产的制度和政策,学术和研究人员的个人主义特质[④],学术部门的复杂性,以及学者对学科而不是对组织的忠诚。[⑤] 高等学校的竞争性,以及为了获得有竞争力的工作而不断发表的需求是阻碍其学者之间知识共享的因素。然而,高等学校组织管理人员和教师之间分享一般知识和专业知识越来越成为其必不可少的要求。[⑥] 为了鼓励组织管理人员和教师分享知识,高等学校尝试使用知识管理系统,实施相关知识共享奖励措施,为有共同研究兴趣的教师创设协作的共享环境,促进有限知识的共享和创新[⑦],从知识资本中获取最大收

① GOH S K, SANDHU M S. The influence of trust on knowledge donating and collecting: an examination of Malaysian universities[J]. International education studies, 2014(2):125-136.

② HALL H. Principles of knowledge management: theory, practice, and cases[J]. Journal of the American society for information science & technology, 2009(2):430-432.

③ CHENG M Y, HO J S Y, LAU P M. Knowledge sharing in academic institutions: a study of multimedia university Malaysia[J]. Electronic journal of knowledge management, 2009(7):313-324.

④ SEONGHEE K, BORYUNG J. An analysis of faculty perceptions: attitudes toward knowledge sharing and collaboration in an academic institution[J]. Library & information science research, 2008(4):282-290.

⑤ FULLWOOD R, ROWLEY J, DELBRIDGE R. Knowledge sharing amongst academics in UK universities[J]. Journal of knowledge management, 2013(1):123-136.

⑥ SEONGHEE K, BORYUNG J. An analysis of faculty perceptions: attitudes toward knowledge sharing and collaboration in an academic institution[J]. Library & information science research, 2008(4):282-290.

⑦ RAHMAN M S, OSMANGANI A M, DAUD N M, et al. Knowledge sharing behaviors among non-academic staff of higher learning institutions[J]. Library review, 2016(2):65-83.

益,在全球教育市场中保持竞争力。①

2.高等学校知识共享的影响因素

学者的共享意愿、态度、意图和其知识共享行为直接相关。② 高等学校对人、组织、技术的关注,是其充分利用知识共享力量的重要着力点。

(1)个人因素

高等学校的发展水平取决于其学者的智力资本及其在动态环境中的生存和成长能力。③ 高等学校是高深知识的开发者、用户和载体,也是新知识的生成者、学习者,他们需要认识并回应其在社会中不断变化和挑战的角色。教师性别、专业背景影响其学术习惯,包括其知识共享行为;另外,他们的信任、个人态度、动机、情感承诺、主观规范、个人期望,以及知识与权力之间的关系也是影响高等学校知识共享活动的重要个体因素。④ 教学经验是影响教师知识共享行为的因素,与工作 5~10 年的教师相比,工作不到 5 年的年轻教师和工作超过 20 年的高级教师更愿意分享知识。⑤ 在不信任的情况下,教师不太可能分享他们来之不易的知识和隐性经验,⑥因此缺乏信任是高等学校知识共享的

① SWART J, KINNIE N. Sharing knowledge in knowledge-intensive firms[J]. Human resource management journal, 2010(2):60-75.

② JOLAEE A, MDNOR K, KHANI N, et al. Factors affecting knowledge sharing intention among academic staff[J]. International journal of educational management, 2014(4):413-431.

③ TOIT A D. Knowledge management: an indispensable component of the strategic plan of south African universities[J]. South African journal of education, 2000(3):187-191.

④ ROSEMARY D, LISA L. Research and teaching cultures in two contrasting UK policy contexts: academic life in education departments in five English and Scottish universities[J]. Higher education, 2007(2):115-133.

⑤ BABALHAVAEJI F, KERMANI Z J. Knowledge sharing behaviour influences: a case of library and information science faculties in Iran[J]. Malaysian journal of library & information science, 2011(1):1-14.

⑥ NORULKAMAR U, HATAMLEH A. A review of knowledge sharing barriers among academic staff: a Malaysian perspective[J]. Sains humanika, 2014(2):87-91.

主要障碍①。对分享知识带来的对知识产权的不确定性的恐惧感，以及对因分享而威胁到自身晋升的担心，会阻碍学术研究人员的知识共享行为。② 一些教授专注于维持和扩展个人研究活动，提高个人形象，几乎没有时间配合其他人，也会影响其知识分享，上述因素在现有文献中通过不同背景下的相关研究进行了类似的验证。③ 另外，不同的文化对权力、知识和分享有特殊的态度，这也会影响教师的态度，这种关系还需要进一步研究。

(2)组织因素

高校知识创新在提供世界市场需要的知识方面具有很强的竞争力，越来越多的高校将知识生产，尤其是研究知识创新作为其制度方向的关键，而知识共享是推动知识创新的核心环节。已有研究中影响知识共享的组织因素主要包括：组织文化、氛围、亚文化、激励制度和管理支持。④ 由于知识作为一种公共产品的非排他性和非竞争性，知识囤积比共享更为普遍。"强迫参与"是高等学校知识共享的障碍，⑤物理空间安排，知识生产、创新的制度安排，组织奖励，教师的开放性以及囤积知识的成本效益问题是知识共享行为的重要预测因素，然而，教师认为他们的专业知识和技能之外的组织和管理能力经常被高校忽视。⑥

① GOH S K, SANDHU M S. The influence of trust on knowledge donating and collecting: an examination of Malaysian universities[J]. International education studies, 2014(2):125-136.

② CHENG M Y, HO J S Y, LAU P M. Knowledge sharing in academic institutions: a study of multimedia university Malaysia[J]. Electronic journal of knowledge management, 2009(7):313-324.

③ WANG S, NOE R A. Knowledge sharing: a review and directions for future research[J]. Human resources management review, 2010(2):115-131.

④ KANAAN R, GHARIBEH A. The impact of knowledge sharing enablers on knowledge sharing capability: an empirical study on Jordanian telecommunication firms [J]. European scientific journal, 2013(9):237-258.

⑤ RIEGE A. Three-dozen knowledge-sharing barriers managers must consider[J]. Journal of knowledge management, 2005(3):18-35.

⑥ AMIN S H M, ZAWAWI A A, TIMAN H. To share or not to share knowledge: observing the factors[C]. Humanities, science & engineering, IEEE, 2012:12-21.

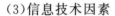

（3）信息技术因素

与其他领域知识共享的文献相比,高等学校知识共享的信息技术因素代表性不足,对影响高等学校知识共享活动的技术相关因素的研究较少。① 对信息技术和高等学校知识共享关系的研究发现,选择互联网来分享显性知识是高等学校研究人员的主要共享途径,信息技术的有效使用可以成为高等学校教学和学习改革、转型的推手;②而其教师和组织管理人员的信息技术素养、对使用信息技术犹豫不决的态度是他们不通过信息技术来分享知识的原因。③ 信息技术作为一种知识共享工具和途径,其有效性还要通过对高校文化、教育教学等其他因素的研究来进一步验证。已有研究没有全面考虑影响高等学校知识共享实践的信息技术因素,虽然这些因素在其他领域在一定程度上已经得到了很好的研究,但这些决定因素与高等学校知识共享的影响之间的关系还需要进一步研究。

（4）文化因素

文化因素,即民族文化、组织氛围、学术文化、信仰、亚文化和团队文化、语言和性别等因素影响学者参与知识管理和知识共享活动的决定。④但知识传播方法、信任以及知识共享在高等教育机构中的内外部影响等因素依然需要进一步探索。⑤ 特定学术社区的文化是通过其周围的区域或民族文化来被了解和认可的,因此必须将它们视为许多单一而不是同

---

① ALOTAIBI H, CROWDER R, WILLS G. Investigating factors for e-knowledge sharing amongst academics' staffs[J]. Proceedings of the 6th international conference on information, process, and knowledge management, 2014.

② WANG S, NOE R A. Knowledge sharing: a review and directions for future research[J]. Human resource management review, 2010(2):115-131.

③ NIELSEN C, CAPPELEN K. Exploring the mechanisms of knowledge transfer in university-industry collaborations: a study of companies, students and researchers[J]. Higher education quarterly, 2014(4):375-393.

④ TILAK J. Higher education in south Asia: crisis and challenges[J]. Social scientist, 2015(2):43-59.

⑤ BABALHAVAEJI F, KERMANI Z J. Knowledge sharing behaviour influences: a case of library and information science faculties in Iran[J]. Malaysian journal of library & information science, 2011(1): 1-14.

质化的实体,这也影响知识的被认可和转移。[①] 学术知识转移通常是高等教育国际化的讨论主题。[②] 因为在这种情境下,知识"不是从单一的文化要素中产生,而是在不同的文化环境中以不同的方式获得应用"。[③] 知识共享在某种程度上是由文化提供的,也正是由于文化的这种多样性,高等教育国际化困难重重。以非洲为例,即使跨越整个非洲大陆也难以形成一般的学术文化。通常,这种学术知识提供者主要是发达国家,而发展中国家仅仅是文化的消费者、接收者。[④] 在知识商品文化之外自由获取信息的背景下,发展中国家在知识共享内容、途径选择上都受文化的影响。[⑤] 此外,发展中国家的国际化战略作为影响知识转移的重要依据,也是影响其知识共享的一个问题。深入研究影响高等学校教师之间知识共享的因素,有助于高等学校采取适当的策略来管理其知识资产,提高知识创新绩效。

二、国内高等教育资源和中外合作办学知识共享的研究

　　教育资源的国际共享是高等教育国际化的构成要素。[⑥] 中外合作办学作为我国教育国际化的重要形式,从举办之始就承担着共享外方优质教育资源、促进我国教育改革的使命,知识共享是其办学的基础。然而,

　　① NISTOR N, DAXECKER I, STANCIU D, et al. Sense of community in academic communities of practice: predictors and effects[J]. Higher education, 2015(2): 257-273.

　　② TEICHLER U. The changing debate on internationalization of higher education [J]. Higher education, 2004(1):5-26.

　　③ WAMBOYE E, ADEKOLA A, SERGI B S. Internationalization of the campus and curriculum: evidence from the US institutions of higher learning[J]. Journal of higher education policy and management, 2015(4):385-399.

　　④ TEFERRA D, ALTBACH P G. African higher education: challenges for the 21st century[J]. Higher education, 2004(1):21-50.

　　⑤ TRIVELATO L F, GUIMAN G. Packaging and unpackaging knowledge in mass higher education: a knowledge management perspective[J]. Higher education, 2011(4): 451-465.

　　⑥ 陈学飞.高等教育国际化的宏观考察[M]//第三届中国科学家教育家企业家论坛论文集,2004:79.

针对中外合作办学知识共享的专门研究并不多,也不系统。与"中外合作办学知识共享"直接相关文献有限,但关于中外合作办学其他主题的研究,从不同视角、运用不同方法对"中外合作办学知识共享"进行了零散的研究,为本书综合、系统、深入研究中外合作办学知识共享影响因素提供了重要支撑;与"教育资源共享"的相关研究也为本书研究中外合作办学知识共享影响因素提供了研究基础。因此,本书从"高等教育资源共享研究"和"中外合作办学知识共享研究"两个主题分别进行综述。

(一)高等教育资源共享相关研究

目前我国对高等教育资源共享的研究在数量上还比较少,这在一定程度上说明当前学术界对我国高等教育资源共享的问题的关注不够。已有研究主要是从高等教育资源共享的内涵、内容、模式或途径、原则、问题及对策、理论支撑、运行机制七个方面展开的。

高等教育资源共享是一定区域内,教育部门打破其应有高等教育资源使用的现有界限,实行有限范围的共同享用。[①] 已有研究主要从两条路径探究了高等教育资源共享问题:一条路径是从实践出发,对讲座资源[②]、教学资源[③]、创新创业教育资源[④]、开放课程[⑤]、优质课程[⑥]、精品课程[⑦]、网络教育资源[⑧]等某一类教育资源的共享问题进行具体研究;另一条路径是从理论出发对高等教育资源进行分类,认为高等教育资源主要

---

① 何洪涛.赣州市高等院校教育资源共享模式的研究[D].南昌:南昌大学,2007:56.

② 任珂.论区域高校讲座资源的共享路径[J].教育评论,2014(3):24-26.

③ 陈洪,陈明学.高校实践教学资源共享策略探讨[J].黑龙江高教研究,2014(10):156-158.

④ 张海生,黄利利.大学城创新创业教育资源共享联盟探析[J].中国高校科技,2017(5):83-86.

⑤ 贾义敏.国际高等教育开放课程的现状、问题与趋势[J].现代远距离教育,2008(1):31-34,30.

⑥ 卢先和.教学研讨推动优质课程教育资源共享[J].科技与出版,2008(5):54-55.

⑦ 王娟,孔亮.精品资源共享课建设研究:知识资产的视角[J].电化教育研究,2014(12):68-73.

⑧ 侯建军.网络教育资源建设与共享[J].中国远程教育,2004(23):32-34.

可分为人力、物力和无形资源①,或分为软件、硬件、信息等资源②。高等教育资源共享即上述资源在"所有权"属性不变的情况下,其"使用权"在特定人员、组织,或区域内共同享用。高等教育资源共享的实现需要遵循系统性、开放性、公平与效率性、问责性等原则。③ 另外,高等学校资源共享还应坚持育人优先、效益和特色原则。④

随着国家改革开放和高等教育自身的改革创新的深入,我国逐渐探索出了以高等学校为中心,高校与政府间合作、校地合作、校企合作和校际合作等四种资源共享模式。⑤ 1985 年《中共中央关于教育体制改革的决定》实施以来,我国通过高校合并采取同质化发展措施以缓解外部环境压力,⑥通过中外合作办学构建我国突破常规教育方式和教育学习界限的资源共享模式⑦,通过举办独立学院整合社会力量和公立高校部分资源,使得高等教育资源在社会中得以更充分的共享⑧。20 世纪 90 年代,我国开始以"独立与共享"为核心理念兴建大学城,强调高校自主管理、市场机制协调、社会共同参与。⑨ 目前,我国已经成立了以教育部直属高校为主体的九校联盟(C9 联盟)、卓越大学联盟、北京高科大学联盟、高水平行业特色大学优质资源共享联盟;以工业和信息化部直属高校为主体的

① 任磊.高校教育资源共享的开放式教学模式的研究[J].高等函授学报(自然科学版),2010(5):19-21.

② 骆泽敬,陆林.基于大学城教育资源共享的开放式教学模式构建研究[J].教育理论与实践,2009(21):8-10.

③ 西广明.高等教育资源共享原则与策略研究:以效率为视角[J].江苏高教,2009(4):40-43.

④ 贾让成,林麒,陶燕丽,等.高教园区教学资源共享机制设计与分析[J].教育科学,2002(2):34-37.

⑤ 王成端,叶怀凡,程碧英.高等教育资源共建共享:基于成渝经济区现状的考察及思考[J].中国高教研究,2017(2):48-53.

⑥ 吴越,卢晓梅.政治系统理论视野中的高校合并决策[J].现代大学教育,2012(4):24-29.

⑦ 贺书霞.基于无边界高等教育理论的教育资源多元供给体系探析[J].当代教育科学,2014(11):32-35,64.

⑧ 商亚坤.北京高等教育资源共享问题研究[D].北京:中国地质大学,2008:17.

⑨ 胡蓉.我国大学城的资源共享问题研究[D].武汉:华中科技大学,2006:8-13.

G7联盟(国防七校);以省属高校为主体的中西部"一省一校"国家重点建设大学(Z14)联盟、全国九所地方综合性大学协会、全国地方高水平大学联盟、应用技术大学(学院)联盟等;以全国范围内具有较高知名度与影响力的政法院校组成的立格联盟;还成立了武汉七校联合办学、重庆市大学联盟、秦皇岛高校联盟、大别山革命老区高校联盟、汉江流域大学联盟、长安联盟、长三角高校合作联盟等区域高校联盟、全国文理学院联盟等其他高校联盟。① 我国形成了社会、学校、社会团体和个人等多元主体参与的、学习形式灵活高效的高等教育资源供给体系,这些高等教育资源共享形式是特定阶段高等教育资源共享的交换器、调整关系的缓冲器与提供信息的服务器。

　　高等教育资源共享过程中仍存在问题,如高等教育资源共享的拉动力不足;民办教育发展滞后,资源共享的带动效果不明显;共享资源的浪费现象严重,资源共享难度较大;教育资源共享没有形成规模效应,效果尚未全面显现;②共享意识不足、共享资源分配不协调、体制壁垒阻碍共享融合。③ 这些问题的制约因素主要是高等教育资源共享的内在动力不足,现行高等教育资源管理模式封闭,共享主、客体之间的匹配度不高,高等教育"象牙塔"文化和社会心理上存在隔阂。④ 针对以上问题,已有研究认为要树立高等教育资源共享观念,增加共享发展的内动力;⑤构建高等教育资源共享协调机制;完善高等教育资源共享制度等问题解决

　　① 吴越.中国高校联盟运行机制研究:基于多案例的分析[D].武汉:华中科技大学,2011:89.

　　② 刘丽萍.探索高校教育资源共享的新模式:以河南省高校为例[J].教育探索,2014(9):74-76.

　　③ 王成端,叶怀凡,程碧英.高等教育资源共建共享:基于成渝经济区现状的考察及思考[J].中国高教研究,2017(2):48-53.

　　④ 刘佳慧,王杜春.黑龙江省高校教育资源共享的意愿与影响因素分析:基于对四所"211"院校教师和学生的调查[J].继续教育研究,2017(6):10-13.

　　⑤ 江笑笑,李惠萍,张婷,等.护理专业整合校外教育资源的模式研究[J].中国卫生事业管理,2018(2):137-139.

策略①。

　　近年来我国对高等教育资源共享问题的研究取得了不少进展,这对于盘活高等教育资源存量,实现高等教育资源优化配置具有重要意义。然而,高等教育资源共享不仅仅是物力、信息资源的共享。高等教育发展历程中积累的教育理念、教育改革创新经验、办学模式、管理模式、人才培养模式等无形资源也是高等教育区别于其他领域的核心资源。如何促进这些无形资源的共享发展,是需要进一步研究的课题。另外,我国目前对高等教育资源共享的内容尚未达成共识,对高等教育资源共享的基本问题,如概念界定、构成要素等仍有争议,这既说明高等教育资源共享的复杂性,也说明我们对高等教育资源共享的研究还有待进一步深入。

　　(二)中外合作办学知识共享相关研究

　　虽然知识共享是中外合作办学的历史使命和办学基础,但是我国对中外合作办学知识共享的专门研究却非常少,研究主题主要涉及中外合作办学知识共享的必要性、层次、意义、困境和对策五个方面。

　　1.知识共享的必要性

　　中外合作办学的目的是利用中外合作办学机构、项目产生的知识转移效应,"倒逼"、推动我国设立、举办高校,以开放促改革,提高办学国际化水平和教育质量,最终提升我国教育的整体水平。这种推动、促进作用的有效发挥,是建立在中外合作办学机构、项目真正共享了中外优质教育教学资源,并创造出能够操作的本土化国际化教育资源基础上的。但是在实践领域,部分高校对合作办学的认识还存在偏差,仅仅将其视为赚钱的手段;一些高校没有从学校长远发展考虑,将中外合作办学和本校人才培养、科学研究有效融合。在研究领域,如何动态、系统、全面地推进中外合作办学机构、项目的知识转移和共享效应,还缺乏深入的研究;②中外

　　① 洪涛.人才培养视域下高校资源共享研究[J].黑龙江高教研究,2017(3):156-158.

　　② 鲁永恒,赵淑英,胡爱荣,等.浅谈我国高校中外合作办学重点知识转移与知识共享[J].经济师,2010(3):121-122.

合作办学外语教师资质水平参差不齐，缺乏有效管理机制；[①]中外合作办学存在一定程度的重复办学现象，招生和收费有失规范。[②] 目前，我国对中外合作办学知识资源引进、使用的研究，关注较多的仍是教材、教辅材料、课程等知识资源的"准入"标准、程序，以及出国率、升学率、就业率等可量化的"办学结果"。然而，对如何使用、整合、共享所引进、投入的知识资源，关注不够。更有甚者，部分中外合作办学非但没有引进、利用外方教育资源，反而还丢掉了我国本土高等教育的特色和优势，在合作办学过程中对中外双方教育资源"囫囵吞枣""买椟还珠"，成为我国高等教育发展的隐患。中外合作办学的质量不仅仅依赖于引进了什么，还取决于如何整合、共享中外教育资源，在此基础上形成独特的教育内容、标准和经验。知识共享是中外合作办学过程变量的关键依托点。从一定程度上说，中外合作办学知识共享的水平和质量，决定了其办学质量。如何推动中外合作办学真正能够共享中外优质教育资源，形成独特的办学特色，并能推动我国传统教育的改革创新，还需要研究。[③]

2.知识共享的层次及意义

中外合作办学引进国外优质教育资源，促进了中西方文化交流与往来，缩短了中西文化差距；和我国教育资源优势互补，实现了国际教育资源共享；扩大了举办高校的国际知名度，并获得了相应的社会和经济收益。[④] 新时代，中外合作办学要"提质增效、服务大局、增强能力"，就必须要"发挥中外合作办学辐射作用，深化对国内教育教学改革推动作用"。[⑤] 中外合作办学知识共享有四个层次：一是促进中外合作办学机构、项目所

[①] 祖艳凤.中外合作资源共享与外语教师发展研究：以广东省引进与融合国际师资培训资源为例[J].内蒙古师范大学学报(教育科学版),2016(8):69-71.

[②] 曾慧娟,李博伟."五大发展理念"与高校改革发展的关系研究[J].高等财经教育研究,2017(3):1-3,8.

[③] 张静,潘磊.中外合作办学专业背景下国外优质教育资源的使用、开发和共享研究[J].轻工科技,2017(1):152-153.

[④] 博迪.引进优质教育资源推动教育国际化的发展进程[J].前沿,2006(7):82-83.

[⑤] 教育部.坚定不移办好中国特色社会主义教育 以优异成绩迎接党的十九大胜利召开：2017 年全国教育工作会议召开[EB/OL].[2023-08-27].http://www.moe.edu.cn/jyb_xwfb/gzdt_gzdt/moe_1485/201701/t20170114_294864.html.

在高校教育教学改革;二是提高中外合作办学提质增效、服务大局的能力;三是促进我国教育改革创新;四是和世界共享中外合作办学经验,为我国参与全球教育治理和教育国际规制的制定,提供好的国际合作机制和鲜活经验。[①] 中外合作办学辐射作用的发挥,需要中外合作办学探索出独特的人才培养和科学研究模式、经验,并在此基础上构建相应的分享机制来保障。

3.知识共享的困境

中外合作办学知识共享在实践中还存在很多障碍。目前,中外合作办学知识共享还存在以下困境:一是中外合作办学项目、机构协议都有时限性,对于管理团队来说,很容易造成短视效应,缺乏长期性发展规划;二是对中外合作办学作用认识不一致,导致中外合作办学机构、项目被边缘化和低质化,不被其举办高校纳入主流学院行列;[②]三是理论研究无法满足、服务中外合作办学实践发展;[③]四是知识共享意识淡薄,引进知识资源缺乏统一管理和整合;五是经济利益驱动明显,知识共享实效大打折扣;[④]六是受中外合作办学成本控制影响,不能系统化引进外方课程,引进知识资源的系统性和完整性大打折扣。[⑤] 总体来说,这些困境主要是理念认同、体制机制和对等资源的共享困境。[⑥] 优质教育资源对我国、对世界来说都是稀缺性资源,这些教育资源的共享需要知识产权和法律的约束。[⑦] 因此,如何在合理合法的前提下,最大程度地合理引进利用知识

① 林金辉.新时代中外合作办学的新特点、新问题、新趋势[J].中国高教研究,2016(12):35-55.

② 夏建中.非独立设置中外合作办学机构管理体制初探:以浙江科技学院中德工程师学院为例[J].浙江科技学院学报,2015(5):345-349.

③ 鲁永恒,赵淑英,胡爱荣,等.浅谈我国高校中外合作办学重点知识转移与知识共享[J].经济师,2010(3):121-122.

④ 高海燕,李学颖.海河教育园区高职院校中外合作办学资源共享问题和对策研究[J].天津商务职业学院学报,2013(4):37-39.

⑤ 阮劭.中外合作办学中远程教育的资源共享与个性化学习的思考[J].高等继续教育学报,2017(2):49-52.

⑥ 毕文健.区域现代职业教育联盟建设的策略研究[J].教育探索,2016(11):40-45.

⑦ 张静,潘磊.中外合作办学专业背景下国外优质教育资源的使用、开发和共享研究[J].轻工科技,2017(1):152-153.

资源,是中外合作办学知识共享需要解决的困境。

4.知识共享的建议

已有研究从某一课程、专业的微观角度,或从合作办学项目、机构的中观角度,对中外合作办学知识共享提出了很多建设性的建议。在和外方合作高校知识资源共享方面,我国依托中外合作办学机构、项目,可派遣教师赴外方合作高校参加培训学习,让他们参与到外方合作高校相关学科与专业建设中,实现教学资源共享;[①]以"一带一路"为契机,依托中外合作办学经验,通过课内、课外、校外、国外"四课堂"协同育人机制,共享课程建设,为我国教育"走出去"提供经验借鉴;[②]构建共享联盟,服务国家战略,推动举办学科、专业国际化发展。[③] 这些举措可以为我国教育经验"走出去"提供路径。在国内知识共享方面,我国可通过中外合作办学,建立多主体共建、共享、共赢的协同育人机制,创新人才培养模式;以育人贡献为主导、行业引领为核心、区域发展为目标,面向产业需求培养高素质应用型人才;[④]构建基于中外合作办学的就业预警信息共享机制。[⑤] 也有研究者从区域发展或教育园区发展对中外合作办学知识共享提出了建议。例如针对京津冀地区中外合作办学发展不均衡问题,研究者建议成立"京津冀中外合作办学高校联盟""京津冀中外合作办学学科联盟""京津冀中外合作办学教师共享中心",从而促进三地中外合作办学教育资源共享,带动教育协调发展。[⑥] 高教园区中外合作办学知识共享

① 鲁永恒,赵淑英,胡爱荣,等.浅谈我国高校中外合作办学重点知识转移与知识共享[J].经济师,2010(3):121-122.

② 李瀚曦."一带一路"战略引领下中外合作办学项目的思考[J].经贸实践,2017(18):316.

③ 赵卓.中俄艺术设计教育共享型平台建设研究[J].美术教育研究,2017(21):160,162.

④ 霍英,丘志敏.地方高校国际化软件技术人才的协同育人:以韶关学院与澳大利亚联邦大学合作办学为例[J].计算机教育,2015(5):33-36.

⑤ 王焕.基于中外合作办学的高职院校毕业生就业动态预警机制研究[J].产业与科技论坛,2017(13):262-263.

⑥ 董俊,刘慧.京津冀协同发展背景下中外合作办学高层次人才共享路径研究[J].农村经济与科技,2016(10):163,178.

要充分发挥产业集聚效应,实现集团化和品牌化发展;筹划建立优秀教师资源库,实现人力资本共享;引入"有偿共享"机制实现资源共享,寻求效益的最大化;整合优秀生源,实现联合培养。[①] 在推进粤港澳大湾区建设背景下,要积极引入优质教育资源,促进资源共享,建设"小而精、开放式、国际化"的特色学院。[②] 中外合作办学非法人机构和相关学科专业在教育硬件和师资队伍建设方面实现共享可以节省资源,但是这种共享需要学校层面的共享机制来有效协调非法人机构和相关学科专业所在学院或相关职能部门的关系和权益分配问题。另外,还要学校层面的重视,促使相关利益主体形成合力,并给予政策倾斜和资源保障,以期实现中外合作办学非法人机构对所在高校改革的推动作用。[③]

还有研究者从师资培养、图书馆资源共享、教学资源共享方面提出了共享建议:其一,师资培养方面,实现中外合作办学资源共享,构建以政府为主导的外语教师卓越发展有效机制;[④]共建师资库联盟、教师发展中心,实现人才"共引共建共培共用";构建学科专业共建共享平台、人才培养模式及课程共建共享平台;[⑤]建立知识联盟以共享校外优秀资源。[⑥] 其二,教学共享方面,要运用网络教学这个共享式的教学环境,启发和引导学生进行自主学习和协作学习。[⑦] 其三,图书馆资源共享方面,由于中外合作办学机构、项目大多在中方合作高校的新校区,这就为其和中外方合

---

① 高海燕,李学颖.海河教育园区高职院校中外合作办学资源共享问题和对策研究[J].天津商务职业学院学报,2013(4):37-39.

② 孙淳.粤港澳大湾区建设背景下广佛同城高等教育合作研究[J].顺德职业技术学院学报,2018(1):85-90.

③ 夏建中.非独立设置中外合作办学机构管理体制初探:以浙江科技学院中德工程师学院为例[J].浙江科技学院学报,2015(5):345-349.

④ 祖艳凤.中外合作资源共享与外语教师发展研究:以广东省引进与融合国际师资培训资源为例[J].内蒙古师范大学学报(教育科学版),2016(8):69-71.

⑤ 李光旭,丁明君,陈隆泽.网络教学对中外合作办学教育模式的启示[J].吉林省教育学院学报(中旬),2015(6):67-68.

⑥ 王桂敏,夏海贤,杨丽杰.中外合作办学框架下青年教师能力体系构建及其培养机制[J].理论界,2011(12):177-178.

⑦ 李光旭,丁明君,陈隆泽.网络教学对中外合作办学教育模式的启示[J].吉林省教育学院学报(中旬),2015(6):67-68.

作高校的资源共享增加了难度。鉴于此,已有研究认为要构筑特色性馆藏特点,大力挖掘中外方优质文献资源,更新信息服务设施、引进新技术;资源建设要依托举办高校进行;保持交流沟通的渠道畅通;图书馆自动化管理系统的统一。[①]

三、对已有研究的述评

高等学校是典型的知识型组织,其组织管理人员和教师如何共享显性和隐性知识,直接影响高校创新能力提升。[②] 高等学校知识共享在最近十年来得到了较多关注和研究。本书试图通过系统的文献综述获得有关高校知识共享的系统认知,为研究中外合作办学中观层面的知识共享提供借鉴。

综合上述研究,可以得出以下结论:第一,知识共享是知识创新、增值的基础,当个人、组织合作并能够交换知识时,知识共享就发生了。第二,知识是高等学校最重要的竞争优势资源,也是加强创新的关键。分享知识是高等学校的一个有效的绩效积木,它在高等学校的知识创新增强中起着关键作用。第三,组织间的知识共享意味着组织知识的增加,而不必增加能源或成本。第四,人们越来越认识到知识共享对知识创造、组织学习和绩效成就的重要性。第五,信息系统的有效运用可促使出版性知识短时间内在世界范围内得到共享和利用。第六,个人、组织的知识共享需要一定的激励,创设一定的环境。

(一)对高等学校知识共享影响因素的探索比较分散

信任倾向和共享动机是高校知识共享的关键性基础,直接影响高校知识共享行为。[③] 组织文化对于促进学术人员之间的知识共享虽然重

---

① 魏玮.中外合作办学院校图书馆信息资源建设策略[J].兰台世界,2016(11):81-84.

② FULLWOOD R, ROWLEY J, DELBRIDGE R. Knowledge sharing amongst academics in UK universities[J]. Journal of knowledge management, 2013(1):123-136.

③ NORULKAMAR U, HATAMLEH A. A review of knowledge sharing barriers among academic staff: a Malaysian perspective[J]. Sains humanika, 2014(2):87-91.

要,但是仅靠积极的组织文化并不会促进学术界的知识共享。[①] 积极的文化营造、共享动机的激发、有效的信息技术手段和工具的运用等其他行为因素相互补充,共同推动高校组织管理人员和教师的知识共享行为。[②]相关的跨文化研究表明,对文化特征的关注是高校推动其组织管理人员和教师开展有效的知识共享的密切关注点。

高校人才培养、科学研究和社会服务离不开其知识传承、创新、应用。尽管知识共享对高校至关重要,但高校对其知识管理的过程重视程度不足,造成"折扣的结果"。高校组织管理人员和教师知识共享态度、行为是高校办学质量的重要预测因素。他们对失去知识权力的判断,以及分享知识能否确保他们在高校或者所在学科专业领域的地位和价值的认识,影响他们的知识共享态度。现阶段,高校研究及实践领域对知识共享的理解还是分散的,缺乏结构化、系统化探索高校知识共享问题的专门研究,既影响了高校理论研究和实践探索领域对知识共享的深入探索,进而也影响了中外合作办学知识共享的更多可能性。本书在综述一系列可能影响高等学校背景下知识共享行为的更广泛的个体、组织和技术因素的基础上,研究中外合作办学机构、项目组织管理人员和教师的知识共享影响因素。

(二)对高等学校知识共享影响因素作用关系的研究有限

组织知识共享需要通过组织成员来实现。组织和个人社会网络是组织和个人捕获、选择知识,实现知识转移、共享的重要途径。组织、人、制度、技术等要素组成复杂、动态的知识共享体系。[③] 从复杂网络来看,知识共享是现实和虚拟空间的人、组织共同组成可以实现知识整合、创造、

① NISTOR N, DAXECKER I, STANCIU D, et al. Sense of community in academic communities of practice: predictors and effects[J]. Higher education, 2015(2): 257-273.

② RIEGE A. Three-dozen knowledge-sharing barriers managers must consider[J]. Journal of knowledge management, 2005(3):18-35.

③ REYNOLDS K M, THOMSON A J, KOHL M, et al. Sustainable forestry: from monitoring and modelling to knowledge management and policy science[J]. Overview, 2007:Ⅷ-ⅩⅤ.

使用以及共享的复杂适应系统。[①] 已有文献从三个维度对知识共享影响因素作用关系进行了构建,认为知识库及其交互空间两个要素构成了知识共享机制[②];知识共享是知识和人、组织[③],或知识网络、人际交流网络和技术网络[④]共同组成的复合系统,知识共享的各影响因素相互补充、相互关联、相互制约[⑤],具有开放性、动态性、自我调控性的特征[⑥]。从知识流动视角看,知识共享影响因素作用关系包含了众多既是生产者,又是消费者的知识个体、组织,他们为知识流动奠定了基础,是知识共享的基本要素。[⑦] 知识生产者、消费者、分解者共同构成了促进知识循环流动的共享机制。[⑧] 从种群生态学方面看,知识生态系统是具备相同知识能力和目标,并积极分享资源的人员组成的知识种群[⑨],是知识演化、分布、竞争、分享的活动[⑩],是知识资源、服务、创新的协同系统[⑪],还是为实现价值的

---

① POLACEK G A, GIANETTO D A, KHASHANAH K, et al. On principles and rules in complex adaptive systems: a financial system case study[J]. Systems engineering, 2012(4):433-447.

② 谢守美.企业知识生态系统的稳态机制研究[J].图书情报工作,2010(16):99-102.

③ 崔金栋,徐宝祥.产学研联盟中知识生态系统演化机理研究[J].自然辩证法研究,2013(10):68-73.

④ 曾建丽,刘兵,梁林.科技人才生态系统的构建研究:以中关村科技园为例[J].技术经济与管理研究,2017(11):42-46.

⑤ 崔金栋,徐宝祥.产学研联盟中知识生态系统演化机理研究[J].自然辩证法研究,2013(10):68-73.

⑥ 曾建丽,刘兵,梁林.科技人才生态系统的构建研究:以中关村科技园为例[J].技术经济与管理研究,2017(11):42-46.

⑦ 蔺楠,覃正,汪应洛.基于 Agent 的知识生态系统动力学机制研究[J].科学学研究,2005(3):406-409.

⑧ 施世兴,陈国宏,蔡彬清.基于阶层线性模型的知识共享行为机制研究:以事业单位为例[J].科技管理研究,2018(2):139-147.

⑨ 田庆锋,常镇宇.基于生态范式的知识管理架构研究[J].科学管理研究,2006(6):65-68,73.

⑩ 赵卫兵.基于 DICE 模式的知识生态体系构建[J].情报科学,2015(7):30-34.

⑪ 吴士健,刘国欣,权英.基于 UTAUT 模型的学术虚拟社区知识共享行为研究:感知知识优势的调节作用[J].现代情报,2019(6):48-58.

基于知识网络的知识交流创造过程。还有研究者对高校知识共享机制进行了探究,认为高校知识生态系统是以科研和教学为中心,实现知识的生产、加工、传递和创新的机制。[①] 个人、环境、知识、技术以及知识服务等要素相互影响和作用,共同影响高校知识共享行为,并使得高校教师的知识共享在时间、空间上趋于复杂。[②]

以上研究从"知识生态"构建出发,研究了某一类型知识共享影响因素的作用关系。知识共享是高等学校知识生态的一个环节或是组成部分,其能否、如何在中外合作办学知识管理中发挥作用,还需要专门研究。

(三)中外合作办学知识共享研究和高等学校知识共享研究对话空间有限

中外合作办学的本质就是引进外方教育资源,推进我国教育改革创新,中外合作高校的知识共享是其办学的基础。中外合作办学机构、项目知识共享是其知识管理、办学质量的关键活动。然而,我国更关注外方合作高校知识、人力资源准入,在中外合作办学评估等事前、事后监管等方面,对中外合作办学机构、项目如何整合、利用中外合作高校资源,尤其是知识资源这一过程的重视度不足。

第一,国内外对中外合作办学的研究对话空间有限。国外研究主要基于研究者对其所在国(地区)在中外合作办学机构、项目工作的管理人员或教师访谈进行,是从输出国角度来研究中外合作办学法规政策、质量保障、存在问题等。国内学者更多是从保护我国教育主权视角出发,研究中外合作办学法规政策、质量监管、学科专业设置等问题。中外合作办学是中外双方高等学校实质性合作的产物,知识资源的互依性是其办学的基础,中外双方高校应基于平等对话机制来研究解决合作中的问题。目前,国内外对中外合作办学的研究都是基于各自国家的立场来进行的,可对话的空间有限。

第二,中外合作办学研究和我国教育研究对话有限。中外合作办学

---

① 张海涛,张丽,孙学帅,等.高校知识生态系统的环境分析和系统构建[J].情报科学,2012(8):1167-1172.

② 张海涛.建构主义学习理论的教学实践反思[J].山西大学学报(哲学社会科学版),2010(6):72-76.

涉及法律、政治、经济、管理等多学科问题,目前中外合作办学相关研究或从中外合作办学法人机构、非法人机构、项目办学形式出发,或从高职高专、本科、研究生办学层次出发,对中外合作办学法律问题、税务问题、管理类问题涉及有限。最为重要的是,虽然中外合作办学是我国教育事业的组成部分,但是我国教育理论研究对其涉猎不多。中外合作办学是我国高等教育和其他国家(地区)高等教育对话、合作的具体模式,然而,对其相关主题的研究尚处于在理论研究上被排除在"正统"高等教育理论研究之外的情况。"引进优质教育促进我国教育改革发展"还停留在口号上,没有被纳入研究视野。中外合作办学研究期刊论文多,核心研究不多,研究的着眼点过于分散,缺少系统把握,呈现出"只见树木不见森林",脱离我国高等教育总体发展而自说自话的状态。

如何让作为我国教育事业组成部分的中外合作办学真正促进我国教育改革创新是现实问题。因此,本书选取中外合作办学知识共享这一选题,探析中外合作办学知识共享的影响因素及其作用关系,以期促进中外合作办学在中外教育真实、有效地开展对话的基础上,共享中外教育资源。

(四)研究视角、研究方法呈现多元化特点

已有相关研究从教育学的学科视角研究了中外合作办学知识共享问题。此外,还有学者从法学、管理学、社会学、经济学、统计学、史学等角度来研究高等学校知识共享和中外合作办学知识共享,研究视角较为广泛,呈现出多元化的特点。

研究方法呈现量化研究和定性研究相结合的趋势。在高等教育资源共享、高等学校知识共享及中外合作办学知识共享三个主题的研究中,定性研究居多,量化研究比例明显偏低,但是量化研究,量化、质性两者结合研究的比例呈现逐年递增的趋势。这说明,随着中外合作办学的快速发展和研究工作的不断深入,理论研究由注重内在特质、属性和机理的研究阶段,逐步进入强调状态测度、统计分析和发展规律的研究阶段,且这种趋势还将继续演进。

(五)已有研究限制和未来研究

本书虽然使用多个数据库来检索知识共享的相关研究,但遗漏相关文献的可能性仍然存在。尽管如此,本书涵盖了知识共享研究的重要性和代表性研究,对现有知识共享研究的全面搜索及综述有助于确定未来的研究领域。大多数知识共享的研究是在欧美和日本进行的,虽然这些研究对该地区有利,但其他国家和地区也需要进一步投入知识共享领域的研究,这对发展中国家的高等学校知识创新体系至关重要。国家与高校之间的关系可能是影响知识共享的重要观测点,这还需要进一步研究,以了解不同文化如何影响其他国家和地区的知识共享实践。另外,虽然大多数关于高等学校知识共享的研究都集中在教师的观点上,但是学术领袖、学术管理人员、行政管理人员和政府官员的因素也需要进一步研究。

从文献综述内容可以看出,目前关于中外合作办学知识共享这一主题的专门、系统研究少之又少,这进一步反映了中外合作办学和我国传统教育对话的缺失。我国中外合作办学研究主题、内容反映了中外合作办学"重审批轻管理"的现状。我们引进资源是为了促进本国教育的发展,既不能"全盘否定",也不能"完全照搬",如何让中外合作办学促进我国教育改革创新成为现实,这需要合作举办中外合作办学的中外高校在平等对话基础上,利用双方知识资源的互补、相依性,将知识共享走深走实,并在此基础上构建出能够实现其办学使命的共享机制,盘活中外教育资源,进而实现一定的知识创新。因此,需要对中外合作办学知识共享这一问题加以专门研究。

第二章　中外合作办学及其知识共享内涵、特征

▶▶▶

　　知识共享是中外合作办学的基础,它贯穿于中外合作办学机构、项目的治理结构设计、学科专业设置、知识配置及生产等过程。中外合作办学的行政审批程序决定了中外合作办学机构、项目可以引进哪些合法的知识,哪些知识可以在共享中变为公共知识。中外合作办学知识共享既与我国合作办学举办高校对知识的需要有关,也与知识自身的内在逻辑直接相关。

第一节　中外合作办学及其组织关系、形式

　　中外合作办学自身的独特办学形式不仅决定了其人才培养的模式,还直接决定着其以知识共享为核心的知识管理模式。

一、中外合作办学及其形式

　　教育国际交流与合作伴随着我国现代高等教育百年发展历史,在不同时期有不同表现形式,为我国当前的高等教育开放发展提供了历史借鉴。

　　(一)中外合作办学概念解析

　　中外合作办学是我国经济社会改革开放和教育体制机制改革进入深层次发展阶段,我国教育对外交流与合作不断深入的表现形式。1983年中德合办的南京建筑职业技术教育中心的成立开启了改革开放以来中外

合作办学的先河。[①] 1995 年原国家教委颁布的《中外合作办学暂行规定》推动中外合作办学逐步进入规范发展阶段。2001 年我国加入 WTO 后，我国政府按照教育服务贸易承诺，进一步规范中外合作办学。2003 年国务院出台《中外合作办学条例》（以下简称《条例》），2004 年教育部颁布《中外合作办学条例实施办法》，进一步规范中外合作办学。本书采用《条例》中对"中外合作办学"做的法规性定义，即"外国教育机构同中国教育机构在中国境内合作举办以中国公民为主要招生对象的教育机构的活动"。[②]

中外合作办学"合作"的要求，从行政法规层面，消除了外国教育机构在我国独立学术交付和单方面管理中外合作办学机构、项目的可能性，并要求中外合作高校都要实质性参与合作办学过程并做出贡献。"中国合作伙伴"是外国教育机构在我国开展跨境教育，即设立、举办中外合作办学机构、项目的法律要求。对"中国公民"的强调明确了我国"进口"外国教育的目的，即培养人才以满足我国需要。我国对中外合作办学"合作""中国合作伙伴"的要求，表明中外合作办学不论要达到什么样的目的，它都必须借助并通过中外合作高校的知识共享来完成。

虽然我国对重新界定"中外合作办学"概念的呼声越来越高，认为《条例》界定的概念界限模糊，但这不是本书能解决的问题。因此，本书仍采用《条例》中对中外合作办学做的法规性定义。考虑研究的可行性原则，本书只对本科及以上中外合作办学机构、项目进行研究，故本书中所指的中外合作办学机构、项目均指我国高等学校本科及以上中外合作办学机构、项目，以下不再具体说明。

（二）中外合作办学形式

目前，中外合作办学具体形式包括：一是具有独立法人资格的高等教育机构，如宁波诺丁汉大学、上海纽约大学、深圳北理莫斯科大学等；二是不具有独立法人资格，依托中方合作办学高校的中外合作办学机构，例如西北工业大学伦敦玛丽女王大学工程学院、厦门大学创意与创新学院等；

---

① 田正平.中外教育交流史[M].广州：广东教育出版社，2004：1249.
② 中华人民共和国中外合作办学条例[EB/OL].[2023-09-13].http://www.gov.cn/test/2005-06/29/content_10930.htm.

三是依托中方合作办学高校举办的中外合作办学项目。不同的办学形式反映了中外方合作高校的不同参与程度。按照《条例》规定,中外合作办学机构应当与相应层次和类别的外国教育机构共同制订教育教学计划,颁发中国学历学位证书或外国学位证书。

根据我国教育部教育涉外监管信息网"教育部审批和复核的机构及项目名单"数据(见表 2-1),截至 2023 年 4 月 27 日,我国由教育部审批和复核通过的本科及以上具有独立法人资格的中外合作办学机构 11 个(详见表 2-2),不具有独立法人资格的中外合作办学机构 192 个,中外合作办学项目 1296 个。从我国举办高校来看,占我国全部本科院校的 38.15%,共 475 所本科院校举办了中外合作办学机构、项目。其中,36 所一流大学建设高校设立、举办中外合作办学机构、项目共 140 个,71 所一流学科建设高校设立、举办中外合作办学机构、项目 202 个,分别占我国本科及以上中外合作办学机构、项目总量的 9.34% 和 13.48%。从学科专业分布来看,目前本科及以上中外合作办学机构、项目涉及 11 个学科,举办专业最多的学科是工学和管理学,而法学、文学、历史学举办数量较少。[①] 从区域分布看,除西藏之外的省(区、市)均有本科及以上中外合作办学机构、项目。

表 2-1 本科及以上中外合作办学机构、项目
(含内地与港澳台地区合作大学机构、项目)数目统计表

省(区、市)	机构	项目	省(区、市)	机构	项目
北京	13	81	湖南	2	40
上海	20	87	陕西	10	32
天津	4	35	山西	1	3
重庆	3	34	黑龙江	3	66
江苏	24	112	辽宁	15	59
浙江	17	80	吉林	5	73

---

① 陈慧荣.中外合作办学学科结构与产业结构的平衡性研究[J].高校教育管理,2019(1):90-97.

续表

省(区、市)	机构	项目	省(区、市)	机构	项目
广东	17	36	湖北	7	71
海南	7	13	广西	1	23
福建	7	32	云南		22
山东	16	98	贵州	2	16
江西		29	甘肃	1	4
四川	7	29	内蒙古		9
安徽	1	26	宁夏		3
河北	6	47	新疆		2
河南	14	133	青海		1

表 2-2　具有法人资格的中外合作办学机构(含内地与港澳台地区合作办学机构)分布表

机构名称	设立年份	终止年份	省(市)	中方高校	外方高校(含港澳台)
长江商学院	2002	2052	北京	汕头大学	李嘉诚(海外)基金会
宁波诺丁汉大学	2005	2055	浙江	万里学院	诺丁汉大学
北京师范大学—香港浸会大学联合国际学院	2005	2035	广东	北京师范大学	香港浸会大学
西交利物浦大学	2006	2056	江苏	西安交通大学	利物浦大学
上海纽约大学	2012	2042	上海	华东师范大学	纽约大学
昆山杜克大学	2013	2029	江苏	武汉大学	杜克大学
温州肯恩大学	2014	2064	浙江	温州大学	肯恩大学
香港中文大学(深圳)	2014	2044	广东	深圳大学	香港中文大学
深圳北理莫斯科大学	2016	2066	广东	北京理工大学	莫斯科国立罗蒙诺索夫大学
广东以色列理工学院	2016	2066	广东	汕头大学	以色列理工学院
香港科技大学(广州)	2022	2052	广东	广州大学	香港科技大学

在上述 1296 个本科及以上中外合作办学项目及 203 个机构中,涉及

外方合作高校共 771 所。从这些高校所在国(地区)分布情况看,排名第一的是美国(25.27%),然后依次是英国(20.91%)、澳大利亚(10.23%)、俄罗斯(8.63%)、韩国(6.41%)、法国(5.16%)、德国(4.80%)。

中外合作办学的发展和我国教育对外开放相关政策息息相关。当政策以支持鼓励为主时,机构、项目数量快速增长;当政策收紧时,机构、项目数量急剧下降。作为我国高等教育领域应对全球化发展的国际化策略之一,40 多年来,中外合作办学作为我国教育事业组成部分,在拓展我国高等教育国际合作与竞争空间、推动我国高等教育办学体制、创造新的人才培养机会的同时,也为我国高等教育发展提供了新的文化空间和关系模式,影响了我国高等教育机构的组织结构和社会合法性。然而,这种变化并不是一个机械过程,而是由中外合作办学行动主体推动的,这样的合作办学并不意味着中外高等教育在相互竞争、合作的问题上达成了共识。2018 年 6 月,教育部印发《关于批准部分中外合作办学机构和项目终止的通知》,依法终止 234 个本科及以上中外合作办学机构和项目。[①] 这些终止的中外合作办学机构、项目在挑战我国高等学校传统的组织管理和学术发展。中外合作办学的持续运行依赖于中外合作高校在合作关系上的有效投入和互动,并在以沟通、对话、合作为基础的"共享"中巩固伙伴关系。

二、中外合作办学的组织间关系

中外合作办学是中外两个或多个高校合作产生的"组织间组织",其目的是整合这些高校资源,尤其是知识和人力资源,促进我国教育发展。中外合作办学机构、项目是我国法律法规规定的实现这一目的和效益最大化的制度化平台、过程和系统。中外合作办学在其发展过程中形成了以下三种关系模式:一是单边关系,即主要由合作高校的一方建立、影响或约束另一方,另一方不承担对等责任和义务。例如通过第三方代理平台举办的部分中外合作办学项目,"其名义上的外方合作高校根本不知道

---

① 教育部.教育部办公厅关于批准部分中外合作办学机构和项目终止的通知[EB/OL].[2023-09-18].http://www.moe.gov.cn/srcsite/A20/moe_862/201807/t20180705_342056.html.

它在中国还有一个办学项目",这一类中外合作办学项目只是"名义上的合作",实质是单边关系。还有一种情况是我国完全复制外方合作高校组织管理知识及相关学科专业课程等学术性知识,造成我国引进、复制外方知识资源的生产流程,对我国本土高等教育优势和特色利用不足。二是双边关系,即中外合作高校共同参与、承担、影响中外合作办学机构、项目发展,并做出贡献。这种关系模式规定中外合作高校交互、支持、合作的角色、责任、权利,这种双边关系可以转化为中外合作办学机构、项目的组织核心能力,促进合作双方共同开发新知识。三是供应链关系,即中外合作高校简单地同意在"形式协议"约束下以最大利益进行合作。

中外合作办学的合作关系是由契约边界来定义的,契约边界降低了中外合作高校丧失竞争优势的风险。中外合作办学具体关系表现如下:

(一)政府及中外合作高校的关系

部分中外合作办学机构是通过国家、政府间协定来合作来设立的,涉及不同政府之间、政府机构与教育机构之间、两国高校之间的合作。中外合作办学关系主体的增多,公共资金的使用以及治理权利重叠的关系,使得这些中外合作办学机构的关系更复杂。还有部分中外合作办学是地方政府和中外合作办学高校的关系,外方政府不参与。这类办学机构受到我国地方政府和我国设立、举办高校关系,两国合作高校之间关系的影响,往往地方政府是这种合作关系的发起人和推动者,并会派代表参与这类合作办学机构的治理过程。

(二)中外合作高校的关系

由我国高校发挥办学自主权,和外方合作高校建立正式合作协议,合作设立、举办的中外合作办学机构、项目,是中外合作高校之间的关系。这一关系模式在合作办学中形成两种形式:一种是中外合作高校共同规划、制定发展战略、目标,共同制定发展方案,双方都提供支持资源;一种是我国合作办学高校主导,外方合作高校很少参与或者几乎不参与组织管理及教育教学方案的制定,只按照协议提供教育资源,不实质性参与合作机构、项目的组织管理。

中外合作办学的组织间关系某种意义上也是其最基本的知识管理制度基础,决定了其存在的依据、所处的地位,以及存在的内在合法性。不同的合作关系形式会推动建立不同的组织结构,从而产生不同的知识共享方式。中外合作办学的组织合法性必然影响其知识传承、生产的结构和质量。

三、中外合作办学组织形式

中外合作办学如果没有自己的组织阵地就难以持续发展。根据《条例》及其实施办法，以及具体的合作关系模式，中外合作办学机构、项目形成了以下实体或非实体的组织形式：

（一）法人机构组织形式

具有法人资格的中外合作办学机构实行董（理）事会领导下的校长负责制。其董（理）事会组成人员主要有三部分：地方政府工作人员、外方合作高校相关人员、中方合作高校相关人员。董（理）事会作为联系政府、中方高校和外方高校的"枢纽"，通过合作办学协议、章程等相关制度来规定彼此的角色、责任、权力和利益。然而，治理主体的增加，会影响其知识共享的能力，也会使知识共享变成权力博弈。

（二）非法人机构组织形式

不具有法人资格的中外合作办学机构实行联合管理委员会领导下的院长负责制。联合管理委员会由中外合作高校分管国际交流与合作的校级领导、举办学科专业相关的双方二级机构领导以及中外合作办学非法人机构院长等成员组成，以合作举办的学科专业来构建关系，商定共享内容、方式。

（三）中外合作办学项目组织形式

中外合作办学项目举办过程中，外方举办高校较少参与项目的开发，仅输出课程服务或支持，通常不参与、决定项目的组织管理。中方举办高校也因其自身的组织架构对项目有不同的安排。如表2-3所示，中外合作办学项目在实践中主要有六种组织形式，并以此形成了不同的组织结构。我国举办的1296个本科及以上中外合作办学项目中，有55.42％的合作办学项目是由合作举办专业相近、相同专业所在学院负责具体实施。这部分合作办学项目和我国举办高校学科、专业资源整合度高，组织管理人员和教师的知识共享程度较深。有35.28％的项目由我国举办高校的国际/海外（教育/交流/合作/联合）学院负责具体实施。这些项目中方举办高校将其和该校来华留学、国际合作与交流工作统筹进行。通常，这些实施单位大部分只有组织管理工作人员和语言课程教师,专业课程教师需要向举办专业所在学院进行"借调",因此,这部分合作办学项目在实际运行中,教师的知识共享程度较低。3.62%的中外合作办学项目由中方举办高校根据外方合作国(地区)专门设立新的二级机构,设立项目管理委员会,在管理委员会领导下进行制度设计、组织架构安排和人员配备。这部分项目从制度、组织和人员上保障了知识共享的深度。个别的中外合作办学项目并入中方合作高校设立的法人、非法人机构,其组织管理、教学、研究知识共享深度较高。3.16%的中外合作办学项目是由其中方举办高校为其设立独立运行机构。这些机构和中方合作高校基于某种"利益"构成连接,但其具体运行管理、教育教学由该独立机构实施,其知识共享的更多驱动力来自"利益"。个别研究生层次中外合作办学项目由中方合作高校挂靠在其教务处、研究生处等职能部门,组织管理由挂靠职能部门负责,但教学、研究工作由举办专业所在学院辅助。因此,此类合作办学项目办学中的知识共享行为并不多。

表 2-3　中外合作办学机构、项目(含内地与港澳台地区合作
办学机构、项目)组织形式情况表

类型	组织形式	数量
法人机构	理(董)事会领导下的校长负责制,组织结构各机构自主设计	11
非法人机构	挂靠中方合作高校,独立运行;联合管理委员会领导下自主设计	4
	中方合作高校的二级学院;联合管理委员会领导下自主设计	188
项目	由合作举办专业相近/相同专业所在学院负责具体运行	720
	国际/海外(教育/交流/合作/联合)学院负责运行	457
	中方合作高校针对举办项目所在国(地区)新设二级机构	47
	并入中方高校设立的非法人/法人机构	21
	中方高校针对其所有合作举办项目设立独立运行的附属机构	41
	中方高校将举办项目挂靠在教务处、研究生处等职能部门	10

　　中外合作办学的组织形式不仅涉及育问题,还涉及其设立、举办高校的知识传承、创新和应用问题。中外合作办学经历了起步探索阶段(1978—1994 年)、快速发展阶段(1995—2002 年)、调整中发展阶段

（2003—2009 年）、质量提升阶段（2010—2015 年）四个发展阶段，进入提质增效、服务大局、增强能力阶段（2016 年以后）。[①] 伴随这一发展阶段，我国对中外合作办学的原则立场呈现出"限制开放—谨慎开放—促进开放—扩大开放"的特征。"办好若干所示范性中外合作学校和一批中外合作办学项目；探索多种形式利用优质教育资源"[②]，"建立成功知识共享机制"，成为新时期中外合作办学的发展要点。

第二节 中外合作办学知识及其类别、特征

知识参与并构成中外合作办学的办学基础、依据，直接决定其知识传承、创新和应用的过程和结果。

一、中外合作办学知识

我国的知识分类思维影响了学术制度建设。我国对高等教育知识的研究是与高校功能联系在一起的，弱化知识分类架构是我国传统文化模式中存在的问题。[③] 中外合作办学知识从来源上存在于两种或两种以上的语言、文化和表达形式中，同样具有"知识"的性质和特征，是中外合作办学机构、项目存在和可持续发展的基础和动力。

中外合作办学知识从其自身可编码性转移机制、获取和积累方式、收集和分配潜力三个关键区别分为显性知识和隐性知识两个类型。隐性知识是复杂的、高度个体化的、隐含的、难以与其他人共享的，在社会互动和

① 林金辉.中外合作办学的规模、质量、效益及其相互关系[J].教育研究,2016(7)：39-43.

② 国家中长期教育改革和发展规划纲要（2010—2020 年）[EB/OL].[2023-09-23].http://www.gov.cn/jrzg/2010-07/29/content_1667143.htm.

③ 许美德.中国大学 1895—1995：一个文化冲突的世纪[M].张晓军,译.北京：教育科学出版社,2000：126.

团队关系中建构并嵌入组织内部。^① 中外合作办学机构、项目成员可编纂、可转移的知识越多,共享的可能性就越大。^②

二、中外合作办学知识分类

　　未经分类的杂乱无章的知识并不能发挥重要作用,也不能使组织成员有效利用。学科专业知识不仅是知识门类的划分,也是高等学校组织划分的依据。中外合作办学作为我国高等教育的组成部分,其知识划分也是在这一框架下进行的。根据知识在高等学校功能中发挥的不同作用,高等学校主要有两类知识:学术性知识和组织性知识。^③ 学术性知识的传承、创新和应用是高等学校的主要职能,而组织性知识是指其累积和创造的整体管理经验、知识,是支持高等学校实现职能的必须知识。^④ 高等学校的两类知识都以显性和隐性的形式存在,是了解高等学校如何在复杂组织中工作的动态过程,而不是组织核心能力的稳定属性。

　　中外合作办学是我国高等教育的组成部分,其知识从来源角度主要有三种:分别是中外双方合作高校根据合作协议投入的学术性知识和组织性知识,所举办的中外合作办学机构、项目生产的新知识。借鉴绪论中对"知识"概念的分析,高等学校知识分类,本书对中外合作办学知识的探析,如表 2-4 所示,本书将中外合作办学知识分为四种类型:显性学术性知识、隐性学术性知识、显性组织性知识和隐性组织性知识。

---

① LAM A. Embedded firms, embedded knowledge: problems of collaboration and knowledge transfer in global cooperative ventures[J]. Organization studies, 1997(6):973-996.

② KOGUT B, ZANDER U. Knowledge of the firm and the evolutionary theory of the multinational corporation[J]. Journal of international business studies, 1993(4):625-645.

③ ELENI C S. Knowledge management in research universities: the processes and strategies[EB/OL].[2023-06-24].https://files.eric.ed.gov/fulltext/ED477439.pdf.

④ COUKOSSEMMEL E. Knowledge management in research universities: the processes and strategies[J]. Canadian journal of administrative sciences, 2003(4):270 - 290.

表 2-4　中外合作办学机构、项目知识及其类型表

知识类型	显性知识	隐性知识
学术性知识	人才培养方案,教材,课程大纲,教学幻灯片,评估方案,教学、学习辅助材料等	学科、专业核心知识,教师教学风格,教学策略,课程开发、设计经验,教学质量评估等
组织性知识	管理制度、程序,发展计划,质量保障规章制度,数据库,财务程序等	管理经验、文化、惯例,组织文化,组织管理经验,支持、吸引和留住顶尖人才的卓越研究等

尽管中外合作办学四种类型的知识之间存在差异,但是这四种知识互相依赖并相互作用,是中外合作办学发挥关键职能的综合资产。

(一)学术性知识

中外合作办学显性学术性知识主要包括中外方合作高校根据合作协议投入使用,以及中外合作办学机构、项目合作开发的教科书、课程大纲、教学幻灯片、教学辅助材料等。这些知识是可以进一步分化和发展的[①],主要服务于中外合作办学机构、项目组织功能实现,是其传承和发展显性知识的关键内容和工具[②]。隐性学术性知识更多是从经验中获得,并嵌入在教师个人的心理模型和技能组合中,是中外合作办学教育教学实践的基础。这类知识主要包括学科、专业的核心知识,教师对教学方法的适当理解以及对学生学习方式的准确感知,使用和改进知识传承、创新和应用的能力,评估教学、科研效果的方法、技术,保障教学质量的知识等方面。[③]

学术性知识具有学科"范式",为特定学科领域的知识传承、创新和应用提供模型及思维模式。学术性知识以学科范式为基础建构起各学科理

---

①　TRIVELATO L F, GUIMAN G. Packaging and unpackaging knowledge in mass higher education: a knowledge management perspective[J]. Higher education, 2011(4): 451-465.

②　TEICHLER U. The changing debate on internationalization of higher education [J]. Higher education, 2004(1): 5-26.

③　TRIVELATO L F, GUIMAN G. Packaging and unpackaging knowledge in mass higher education: a knowledge management perspective[J]. Higher education, 2011(4): 451-465.

论体系,各学科之间的范式一般具有不可通约性,使得其知识内容有清晰的边界,特定的领域空间,并逐渐实现了专门化。[①] 学术性知识因其"范式"对其学习者进行细致、周密的训练,通过知识内部的专业化建立起了强有力的界限,拒绝共同体外界力量的干预。[②] 知识的学科化、专业化直接反映该学科的进步程度和内在品质。然而,问题本身的复杂化需要多学科协同来解决,高度发达的学科知识使得其学科壁垒难以突破,从而走向封闭。

中外合作办学基于学科专业引入、共享中外合作高校知识资源,其本身也是一个学习、融合、创新的过程。这一过程还包括在引进、使用中外合作高校知识过程中所创造的新的知识。这些知识积累于教师对中外合作办学实践的归纳、认识过程,既明确又隐藏在他们的日常行为当中,是意识和无意识的结合;是个人、组织从具体办学实践中所得,而不是通过话语推理、观察或反思信息后获得的。如何沟通中外合作高校学术知识,构建起可以不断地评价和吸收新的知识、经验和信息的框架,是中外合作办学可持续发展的基础。

(二)组织性知识

中外合作办学组织性知识是中外合作办学机构、项目成员在其运行过程中,系统总结、概括影响该机构、项目运行、发展的集体理解和经验,进而发展出来的能够区别对待具体、特定工作情境的理性认识和技能等。[③] 中外合作办学组织性知识有两类:一类是国家教育行政部门对中外合作办学机构、项目的一般性管理知识,例如相关的法律、条例以及相关的管理制度、程序等嵌入在组织惯例中的知识;[④]一类是存在于具体的

① 托马斯·库恩.科学革命的结构[M].金吾伦,胡新和,译.北京:北京大学出版社,2003:9-10.

② 麦克·扬.知识与控制[M].谢维和,朱旭东,译.上海:华东师范大学出版社,2002:67.

③ TSOUKAS H, VLADIMIROU E. What is organizational knowledge? [J]. Journal of management studies,2010(7):973-993.

④ BONTIS N, CROSSAN M M, HULLAND J. Managing an organizational learning system by aligning stocks and flows[J]. Journal of management studies,2002(4):437-469.

中外合作办学机构、项目实践中的组织性知识,例如管理制度、程序,发展计划,质量保障规章制度,数据库,财务程序等。① 虽然对组织性知识的分类尚未达成共识,但人们普遍认为组织性知识具有显性和隐性的维度。显性组织性知识是指在组织实践、程序和惯例中可编码的客观化知识。② 因此,中外合作办学显性组织性知识反映在组织政策、业务计划、数据库中,也反映在组织惯例和非正式程序中③,或应用于关键业务流程,被组织内部成员所熟知。隐性组织性知识随着时间的推移而发展,并通过经验得到积累。它黏稠、模糊、复杂。④ 中外合作办学隐性组织性知识包括组织管理知识、组织文化和经验等。

知识可以引进、转化,但如果不加以吸收、整合、融合,其潜在价值就无法实现。从中外合作办学知识构成体系来看,组织性知识的框架结构边界模糊,因其具体的办学形式,中外合作高校的契约性关系及具体的知识、人力、物质资源配置而有所不同,具有开放性和发展性,没有形成稳定的"范式",渗透性强。组织性知识与中外合作办学机构、项目日常工作经验、内容相互渗透,对其学习者、实践者具有较强的社会化作用。由于组织性知识结构较弱,架构松散,组织成员对其理解往往会出现不同的意见,这有可能扩大组织成员的差异,对于中外合作办学机构、项目而言,就需要在整合的理念上达成高度的共识。

---

① WILLEM A, BUELENS M. Knowledge sharing in public sector organizations: the effect of organizational characteristics on interdepartmental knowledge sharing[J]. Journal of public administration research and theory,2007(4):581-606.

② LI X, ROBERTS J. A stages approach to the internationalization of higher education? the entry of UK universities into China[J]. The service industries journal,2012(7):1011-1038.

③ LAM A. Embedded firms, embedded knowledge: problems of collaboration and knowledge transfer in global cooperative ventures[J]. Organization studies,1997(6):973-996.

④ LAU A K W, KONG S L S, BARK E. Research advancement on intellectual property strategy: implications for China under globalization[J]. Journal of science & technology policy in China,2012(1):49-67.

三、中外合作办学知识特征

如前所述,中外合作办学组织管理人员和教师的来源的多样性决定了其组织成员的异质性。这种异质性不仅表现在中外合作办学机构、项目组织成员和教师的人口统计学特征中,也表现在他们的知识、能力、态度等方面,还表现在他们在任务、关系取向方面。他们的学历与专业背景、职业背景以及组织地位等是影响组织知识异质性的指标。[①] 中外合作办学机构、项目组织成员由知识、技能各异但又相互依赖的组织管理人员及教师共同构成。其组织成员的异质性会提升组织知识的多样性,增加组织的知识资源量,提高组织绩效;提升组织对外部环境的适应性,进而推动组织稳定性与产出效率。但是,随着组织和团队的发展,这种异质性和组织绩效均会降低。[②]

（一）异质性

从管理学角度来说,中外合作高校投入的异质性知识资源共同构成了中外合作办学机构、项目的核心资源和竞争优势。虽然中外合作办学知识从来源和构成上体现了其丰富性和多样性,能够开阔举办高校的办学视野,拓宽其社会网络,推动举办高校教育教学的改革创新,提升组织管理人员和教师的国际化交流水平、积极性和创造力,但这种异质性也可能反向影响举办高校的发展和产出,引发合作办学机构、项目的组织机能失调,增加组织管理人员和教师的沟通难度和成本。从不同的研究视角和理论基础出发,对知识异质性的研究会有不同结论。信息加工理论认为知识异质性能够推动组织成员的创新能力,扩大视野,增加知识量;社会网络理论认为知识异质性能够提高组织潜在价值。

（二）相依性

中外合作办学试图依托中外知识相互补充、依存的视角来探索知识

---

① MILLIKEN F J, MARTINS L L. Searching for common threads: understanding the multiple effects of diversity in organizational groups[J]. The academy of management review, 1996(2):402-433.

② CHANG W J. Differential effects of knowledge diversity on team innovation: an agent-based modeling[C]. ICIMTR, Malacca, Malaysia, 2012(5).

创新。中外合作办学机构、项目组织成员、教师构成的多样性和知识的异质性共同决定其知识构成的相依性。即中外合作办学机构、项目任务的完成依赖于其设立、举办高校之间的合作关系以及知识本身的依赖关系,中外合作高校不可能单独完成其全部工作,而是需要其中外组织管理人员和教师的互相合作和共享。中外合作办学知识相依性会随着其发展、成熟而逐渐降低。中外合作办学知识相依程度的高低影响其知识共享的频率、深度,但这种相依程度过高或过低都会影响其组织管理人员和教师知识共享过程中的冲突。

中外合作办学组织结构设计影响其知识相依性程度。整合、融合中外知识是中外合作办学机构、项目的基本活动。中外合作办学举办高校虽然引进了外方合作高校的学术性知识和组织性知识,然而,以上知识还仅仅是"组件性知识",如何将中外高校的学术性知识系统地整合、融合在一起,并使其发挥有效的作用,是中外合作办学需要解决的关键性问题。这种整合、融合是中外合作办学机构、项目及其设立、举办高校如何动态协调合作办学资源、人员,将分散的知识有效连结,形成符合其合作办学目标的有用知识的过程和活动,是评价中外合作办学组织有效性的基础和核心,是中外合作办学知识共享的最终表现。然而,中外合作办学的知识整合、融合结果不尽如人意,知识共享是造成这种结果的关键环节、过程。

第三节　中外合作办学知识共享内涵、层次、边界及特征

中外合作办学知识共享是其不断提炼、总结自身发展经验,发挥"鲶鱼效应",促进我国教育改革创新的新举措。[①] 作为跨境教育在我国的实现形式,中外合作办学是跨境教育的"中国模式""儒家模式",这种模式通过政府运用强大的国家政策驱动力和相对严格的审批、监管来运行。[②]

---

① 郭强.全面深化改革的路线图与时间表[J].科学社会主义,2015(3):15-18.

② SIMON M. Higher education in east Asia and Singapore: rise of the confucian model[J]. Higher education,2011(5):587-611.

中外合作办学经验得到了国内外的关注，一些机构、项目也在我国教育改革创新中发挥了重要作用。我国的政治制度和思想观念影响着参与中外合作办学的国际教师教学风格[1]，这些国际教师又促进了外方合作国的教育国际化变革[2]。

中外合作办学是以学科专业知识为基石的教育教学活动，其人才培养、科学研究都是建立在学科专业知识基础之上的。中外合作高校知识配置、共享、创新的质量，直接决定中外合作办学的质量。我国也将"提升中外合作办学质量。……积极参与全球教育治理，深度参与国际教育规则、标准、评价体系的研究制定"，作为《中国教育现代化2035》的重要内容；并将"深入参与全球教育治理，有效防范化解风险，进一步提升教育对外开放贡献力和影响力"[3]，作为中外合作办学及其我国教育对外开放的工作要点。中外合作办学经过40多年的发展，客观上拥有了可供分享的资源，同时我国对中外合作办学知识有客观需求，这为中外合作办学知识共享提供了现实依据。

随着我国综合国力及教育竞争力的不断增强，引进外方资源的规模不再是我们追求的目标，我国对外方资源的水平、质量，外方合作教育机构做出承诺的程度，合作办学的水平及效益提出了更高要求。[4] 国内从理论研究和实践探索两个方面对中外合作办学经验进行研究或总结。理论研究方面，我国从经济学、教育学、管理学、法学等多学科的视角对中外合作办学模式、教学方法、课程建设、质量保障、考试招生、人才培养、治理监管等领域进行了研究。我国还成立了以中外合作办学为研究对象的研究平台，聚焦中外合作办学研究前沿，取得了一系列研究成果，为中外合

---

① TROY H, MARK M, PARIKSHIT B, et al. Cultural differences, learning styles and transnational education[J]. Journal of higher education policy & management, 2010 (1):27-39.

② DAVID P. The need for context-sensitive measures of educational quality in transnational higher education[J]. Teaching in higher education, 2011(6):733-744.

③ 教育部.加快和扩大新时代教育对外开放工作[EB/OL].[2023-09-26].http://www.moe.gov.cn/jyb_xwfb/gzdt_gzdt/moe_1485/201912/t20191213_411959.html.

④ YANG R. Transnational higher education in China: contexts, characteristics and concerns[J]. Australian journal of education, 2008(3):272-286.

作办学实践提供全局性和前瞻性的创新成果。实践方面,部分中外合作办学机构、项目的管理层负责人通过电视、报纸、网络等媒体向外界分享其所在机构、项目的办学经验;也有一些机构、项目通过自己的官方网站,及时向社会发布其办学相关信息;宁波诺丁汉大学建立中外合作大学研究中心,以探索该校办学中的实践困惑和理论疑难,并总结提炼该校办学经验;西交利物浦大学成立领导与教育前沿研究院,推动该校教育改革探索和实践,扩大该校影响力;上海纽约大学制定开放听课制度,为其他高校教师提供学习的机会;东北财经大学跨境教育研究中心整合该校国际化教育资源,提升该校国际化办学水平。这些知识共享平台的建立和运行,为本书开展中外合作办学知识共享问题的相关研究提供了重要实践基础。

一、中外合作办学知识共享内涵

知识是中外合作办学发挥竞争优势的关键驱动力。知识资产所有权是这种竞争优势的核心。中外合作办学知识共享是中外合作高校将知识作为一种资源或生产要素,使其"所有权"和"使用权"在时间和空间维度上实现一定程度的分离,分享知识"使用权",扩大其使用范围,提高其应用效率,最终实现中外合作办学目标的模式。中外合作办学机构、项目是按我国《条例》,基于中外合作高校合作办学协议,共享中外教育资源的教育教学活动。也就是说,中外合作办学所引进、投入、共享的知识"使用权"都是专门用于被分享的,也都是可以共享的。不论是从国家、高校,还是个人层面,中外合作办学的目的主要是有效地引进高等教育知识资源,将引进知识和我国高等教育需求战略性衔接,推动中外知识资源有效共享,并在这种共享中扩展我国高等教育国际化办学网络,提高我国高等教育质量,提升我国高校办学活力和创造力,推动我国教育开放发展。这种制度性安排一定程度上避免了我国教育和其他国家(地区)教育的偶然、零散互动,从而系统、高质量地推动我国教育发展。

中外合作办学知识既包括按照合作办学协议引进的学术性和组织性知识,也包括中外合作办学机构、项目及其设立、举办高校在办学过程中共同开发的知识。这些知识嵌入在中外合作机构、项目组织工作和教学研究工作流程、系统之中,是中外合作办学重要的知识资源和生产资料。

其"使用权"的共享,对我国参与国际教育治理,丰富传统高等教育治理体系,提升中外合作办学机构、项目及其设立、举办高校自身国际化办学水平,推动其相关组织工作人员及教师提升个人国际化组织管理水平和教育教学水平,都具有重要作用。知识共享是中外合作办学机构、项目创造新知识或更好地利用中外合作高校现有知识,应用和创造知识的方式。最重要的是,中外合作办学可以通过提取中外合作高校隐性和显性知识,将其转化为符合自身发展的显性知识,并将其解释、表达、编码、存储和共享,从而最大限度地提高中外合作办学机构、项目及其举办高校的组织和学术知识创造效率。

二、中外合作办学知识共享层次

中外合作办学知识共享的目的是中外合作高校基于互依、互补的知识,通过其组织管理人员和教师的沟通、理解形成新的知识。中外合作办学知识共享的意义在于通过和其他国家(地区)知识的相互作用,使得不同的思维方式和观点进行对话、交流,从而能够推动我国高等学校产生新知识、形成新思维、新方法。

中外合作办学知识共享是多层次的。根据知识共享的组织空间范围,本书将中外合作办学知识共享分为六个层次(见图2-1)。中外合作办学机构、项目行动主体个人之间的知识共享处于中外合作办学知识共享体系的最里层,参与知识共享的个人是知识共享主体、客体。其次是作为共享载体的中外合作办学机构、项目之间的知识共享。这一层次的知识共享体系包含了第一层次的知识共享体系。中外合作办学机构、项目组织间的知识共享离不开其组织管理人员和教师,但提供了不同层次和结构的知识共享平台,并在这种共享发展中形成有机知识生态系统。作为共享主体,中外合作办学机构、项目及其组织管理人员和教师将自身知识和其他中外合作办学机构、项目,中外高等学校,其他国家(地区)、区域和世界共享,形成教育经验、标准"出口";作为共享客体,中外合作办学又不断寻求共享世界、区域及其他国家(地区)更高水平的经验。

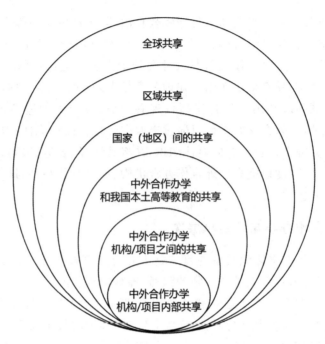

图 2-1　中外合作办学知识共享层次分布图

　　知识共享是通过知识在个体、组织之间的流动和交换得以实现的。中外合作办学知识的累积性决定了中外合作办学在世界、区域、国家(地区),中外教育层次的知识共享都以中外合作办学机构、项目内部组织管理人员和教师之间的知识共享为基础;中外合作办学"合作"办学性质也决定中外合作办学知识共享还必须包括中外合作高校之间的共享。因此,本书认为,中外合作办学知识共享应包含以下四个层面:一是中外合作办学机构、项目内部组织管理人员和教师的个人知识共享;二是中外合作办学机构、项目之间的组织知识共享;三是中外合作办学和我国本土高等教育发展的知识共享;四是把中外合作办学经验和世界其他国家(地区)共享。

　　中外合作办学知识共享体系中,不论哪个层面的有效知识共享,都依赖并取决于中外合作办学机构、项目组织管理人员和教师的知识共享。因此,本书只对上述中外合作办学知识共享的第一、第二层面进行研究。结合本书"中外合作办学"概念界定的相关说明,本书所指共享组织具体指本科及以上中外合作办学机构、项目,共享个体指上述共享组织的组织管理人员和教师。

三、中外和办学知识共享的边界

中外合作办学的知识共享既需要遵循知识的内在逻辑规则,还受到外在的社会因素影响。当前,关于高等学校知识共享的研究总是与其功能、职能联系在一起,对中外合作办学知识共享的研究亦如此,认为中外合作办学一方面基于政治论存在,其知识生产要满足国家需要;另一方面基于认识论存在,研究高深知识是其存在的目的。遵循知识内在发展逻辑的中外合作办学知识传承、创新、应用,才能真正符合国家发展需要。

(一)外在边界

我国和世界高校、学科知识发展的不平衡,不同国家(地区)知识系统之间的互补可能性,使得基于知识共享的合作办学成为现实。我国通过行政审批的方式规定本科及以上中外合作办学机构、项目知识引进的外在边界,以事前审查的方式对中外合作办学共享知识内容进行预先监管,确保所引进的知识都是可以共享的。中外合作办学是建立在中外合作高校合作协议基础上的。中外合作办学的知识共享是在中外合作高校的"契约"关系基础上才能进行。然而,受限于我国高等教育知识产权整体发展水平,中外合作办学知识产权估值需要综合知识形成成本、收益因素、供求变化、法律政策等多方面因素来进行,现在仍处于起步阶段。[①]中外合作办学知识产权投入结构复杂,既有"单方知识产权",又有"非单方知识产权"。"单方知识产权"即由中外合作高校分别提供学术性知识和组织性知识,归举办高校所有,仅供所合作的办学机构、项目使用。事实上所有办学者在办学申报过程中都没有对知识产权进行估价,且外方合作高校对合作协议中的知识产权安排比较敏感。[②]"非单方知识产权"即由中外合作高校合作、共同完成的教学科研合作成果的知识产权,由合

① 李淑瑞.高校知识产权价值评估的影响因素与体系构建[J].中国高校科技,2016(4):19-21.

② 李晓辉.中外合作办学:法律制度与实践[M].厦门:厦门大学出版社,2017:53-58.

作高校协商确定。

中外合作办学的宏观、中观和微观制度及其他一系列因素影响其知识共享。中外合作办学引入两个或两个以上的知识投入、生产者,从而尽可能消除知识最初具有的个性化、主观化特征,使得原来的知识在不断的对话、交流中得到完善,并产生新的知识。学术性知识是中外合作办学的重中之重。人才培养方案、课程清单直接体现、反映和决定中外合作办学究竟能否引进优质教育资源,尤其是学术性知识资源,是中外合作办学机构、项目能否获批的重要条件,也是中外合作办学知识共享的外在边界。实践中,中外合作办学知识共享边界因中外合作办学机构、项目合作高校对合作办学协议的兑现程度而有所不同。

（二）内在边界

知识本身的逻辑、范式等内在规则决定其共享方式,并对共享主、客体提出要求。知识内在互补性主要有"沿着时间"和"沿着空间"的两种互补表现。[①] "沿着时间"的互补性表现为一种知识替代另一种知识,即知识的进化;"沿着空间"的互补性即知识具有不可替代性,可以共同存在。中外合作办学知识共享围绕知识生产,同时向现代性、应用性的时间向度和分散化、网络化的空间向度延伸。[②]

中外合作办学作为学术性组织,其知识生产、共享和发展必须遵循知识本身的规律,学术性知识和组织性知识作为其核心资源,规定了中外合作办学知识后续的演进和发展路径。中外合作办学以学科、专业为依托,引进相应的学术性知识和组织性知识。其中学术性知识是相关专业、学科"所有成员都共同分享的知识问题、范畴、性质、结构、方法、制度及信念的整体"[③],"学科控制了学者结束训练以后的职业样式"[④]。因此,学术性知识共享的内在边界受知识本身"沿着时间"积累结果的影响。中外合作

---

① 卡尔·波普尔.通过知识获得解放[M].范景中,李本正,译.北京:中国美术学院出版社,1998:83.

② 蔡宗模,毛亚庆.高等教育全球化:逻辑与内涵[J].高等教育研究,2013(7):10-17.

③ 石中英.知识转型与教育改革[M].北京:教育科学出版社,2001:20-21.

④ 伊曼纽·华勒斯坦.开放社会科学:重建社会科学报告书[M].刘锋,译.北京:生活·读书·新知三联书店,1997:68.

办学力图以设立机构或项目的形式,实现知识"时间性""空间性"的互补,在遵循知识内在逻辑的前提下,共享主、客体突破自身的局限,在相互对话、理解基础上创造出新的知识,而不是将中外合作高校知识的简单相加或复制。知识本身的内在差异越大,知识共享引发的问题就越多,知识创新的可能性就越大,但共享的困难也就越大。

知识,尤其是学术性知识的内在逻辑根植于专业人员的头脑中,对其共享主、客体提出了专业性要求。中外合作办学机构、项目作为中外知识共享载体、平台和空间,将中外合作高校知识及相关组织管理人员和教师集合在一起,构成知识资本的"仓库",并为他们提供多种知识交流的方式和机会,开发他们的智慧和技能,以创造更多、更高质量的新知识。知识共享是这种创新的核心环节和途径,其中既有制度化、经常性的知识共享,也有非制度化的知识共享,但这种共享的深度取决于中外合作办学机构、项目是否聚集了相应学科领域中相当数量高水平的学者。

（三）内外边界的博弈

中外合作办学共享什么知识并不是完全由知识本身决定的。其内在边界是由合作办学相关学科专业教师共同决定的,而外在边界是由我国具体的经济、社会、教育制度决定的。中外合作办学通过引进外方知识,缩短知识创新周期,扩大知识交流范围,在一定程度上能够刺激、推动我国知识创新。这主要是针对显性知识而言。中外合作办学知识共享的边界和范围,是在其筹备、谈判过程中,由筹备、谈判者来对所分享的知识和其范围进行谈判。我国社会发展的整体状态,即政治、经济、文化制度直接决定了我国要不要实行中外合作办学,和谁合作办学,怎样合作办学,即引进谁的知识、什么样的知识,并由此决定了知识资源配置,最终形成中外合作办学知识的总体形态。然而,这种合作、共享也会使得一些短、平、快的知识"趁机而入",真正需要的学科专业知识却更加稀缺。

知识共享边界的博弈出现了两种分立态度。一种态度认为知识本身的逻辑和发展路径引起并反映了学科专业结构和文化的转变;另一种态度认为知识的发展在很大程度上是由于外在经济、社会、政治力量所驱动的。当前,前一种态度越来越被后一种态度所质疑、调整,认为知识发展的主要驱动力来源于外部,学科专业知识的不同发展态势是它们对外部变化的回应。中外合作办学不是简单地引进、复制、传播外方合作高校的学术性和组织性知识,如何将这些知识和我国高校的特色优势结合起来,根据知识的内在逻辑和外在需求,不断整合、融合成新的知识,是每一个中外合作办学机构和项目都需要回答的问题。

本书试图去进一步挖掘中外合作办学知识共享的外在边界和范围是如何确定的,但几乎所有中外合作办学机构、项目的管理人员,都是合作办学机构、项目审批之后才上任的,他们并不真正参与知识谈判。实践中,中外合作办学共享知识的边界和范围,有的是政府直接参与决定,有的是学校国际合作与交流部门来完成谈判,有的是由"专业化"的团队来操作。大部分合作办学机构、项目都存在知识引进的边界、范围落实不清的问题,从而导致无法实现共享,一些合作办学机构、项目,尤其是项目,其运行完全以中方高校原有知识体系作为教学内容,还要为了满足"合作"的形式来完成"外方知识"的安排。因为研究可行性问题,本书主要从中外合作办学知识共享外在边界进行研究。

四、中外合作办学知识共享特征

中外合作办学机构、项目由中外合作高校合作设立、举办,但其仍然是一个"具有自身发展特征的有机体",是"知识和科学、事实和原理、探索和发行、试验和思索的高级保护力量"①,也是一个中外学者共同体,其知识管理是一种专业活动。中外合作办学知识共享是在对引进外方资源开发和利用的层面上,通过组织管理人员和教师等个体之间相互接触和交流,合作办学机构、项目等组织之间建立紧密互利关系,互相交流信息资源,在沟通和协调的基础上促进显性和隐性知识的共享与转化,进而不断推进合作创新。中外合作办学知识共享的特征主要有:

(一)契约性

本书使用的"中外合作办学"概念是一个应用的法律概念,其内涵和外延的界定主要依据《条例》及其实施办法。中外合作办学有其自身存在的合法性以及法律依据,它一方面可以获得法律的保障,同时也可以从社会上吸取各种资源来维持自己的生存与发展。我国本科及以上中外合作

---

① 科尔.大学的功用[M].陈学飞,陈恢钦,周京,等译.南昌:江西教育出版社,1993: 2.

办学机构、项目是需要经过国家行政教育机关审批的国际化办学活动,其开设课程、引进教材都需要及时报审批机关备案。因此,本书中的中外合作办学知识共享是经由教育行政部门审批、备案,依据中外合作高校签署的合作办学协议行进的知识管理活动和过程。基于契约的中外合作办学知识共享为其组织管理人员和教师富有成效的知识共享、对话提供了自由、平等的合法性基础。中外合作办学机构、项目基于中外高校"合作"关系的知识共享由合作办学的共同的契约边界来定义,为中外知识跨越制度和地理空间的合法共享提供了保护,一定程度上避免了偶然、无序的合作、共享。然而,这种契约边界减少了合作高校丧失竞争优势的风险,也可能会减少知识共享和创造的潜力。

（二）平台化

知识共享总是在一定的环境中进行的。它不是纯粹的人脑工作机制,也不纯粹是知识体系的外在或者内在边界展开的过程,而是共享主、客体基于多元知识的理性交往活动,需要可以沟通的环境和载体。中外合作办学知识共享是在中外高等学校间合作关系基础上进行有组织的活动。中外合作办学机构、项目作为知识共享最基础的平台,为其组织管理人员和教师同行之间的知识交流、共享与互相批评提供了时空与人的聚合载体。不同的办学形式对中外合作高校具有不同的知识及人力资源配置要求,从而使得中外合作高校可以跨越时间和空间距离,实现制度化、规范化的共享发展,从而避免了中外高校之间的零散、无序交流。当前,中外合作办学机构、项目个人和组织层面的知识共享主要是其教师和组织管理人员基于具体的合作办学机构、项目进行的,其他层面的知识共享活动依赖于中外合作办学机构、项目共同组成的联盟等更大的平台,共享层次的扩大也反映了中外合作办学社会关系从双边到多边平台的演进过程。除物质平台之外,中外合作办学的知识共享还依赖于制度、文化平台。如何保证知识引进、公开、共享和创造的有效性,合理评价共享主、客体共享活动的有效性、可信性,是中外合作办学知识共享可持续发展的核心基础。本书从中观层面研究本科及以上中外合作办学机构、项目组织管理人员和教师基于合作办学机构和项目平台的知识共享影响因素。

（三）合作性

中外合作办学知识共享的价值标准是中外合作高校在"合作"传承、

创新与应用知识过程中,实现知识的增值和再创造,而不是简单的信息、知识交换,更不是移植、复制。如前文所分析,本书所指的中外合作办学知识共享是中外合作办学机构、项目组织管理人员和教师,依托合作办学机构、项目,充分利用中外合作高校教育教学资源,分享学术性知识和组织性知识,在此基础上实现中外教育资源融合创新的活动。这一知识共享是建立在中外高校"合作关系"基础上的。这种合作关系在创造新的教育机会的同时,也在塑造一种新的教育模式。这种结构、关系不是一劳永逸的,也不是完全的机械过程,而是由界定、翻译和传播这些思想、知识的组织、个体共同推动和产生的。中外合作办学机构、项目作为实现这一目标的中外高校合作组织,其教师及组织管理人员的知识共享既建立在这种合作关系基础上,又进而影响这种合作关系的走向。"合作关系"的质量和良性互动,是中外合作办学知识共享的基础,也是知识共享的直接结果。

第三章　中外合作办学知识共享的理论建构

▶▶▶

　　理论是研究者看待研究问题的基本立场,也是研究者分析问题的具体指导框架。"知识共享"这一问题还没有专门的研究理论,但已有研究从不同学科领域,运用不同理论,对这一问题进行了研究。因此,本书在综述已有研究理论基础上,运用共同治理理论,以 IPO 模型为基础,构建本书的分析框架。

第一节　知识共享相关理论

　　已有研究分别从经济学、社会学、社会心理学、计算机科学等学科视角,基于某一方面的理论对知识共享的不同主题进行了研究。然而,已有知识共享相关理论探讨主题较为分散,缺乏有效的整合。

一、知识共享理论基础

　　已有知识共享相关理论为本书搭建中外合作办学知识共享分析框架,研究中外合作办学知识共享影响因素及其相互关系提供了重要借鉴。

　　（一）经济交换理论

　　经济交换理论强调经济和社会交流在知识共享中的作用,认为外在经济利益是知识共享的动力,个体或组织理性的自我利益引导其知识共享行为。共享是参与者以合理的方式计算共享后可能产生的收益和成本,并且只有当奖励超过成本时才会进行共享。为获得、感知大于知识共享行为成本的经济收益,个体或组织将"出售"知识"使用权",因此,经济激励、个体或组织能感知的物质激励是推动其共享知识的重要推动力。然而,并不是基于经济交换的知识共享都是正向的:经济或物质激励对个体或组织的知识共享行为有积极的正面影响[①],有可能没有影响或影响不显著[②],甚至会产生负面影响[③]。与此同时,基于经济交换理论的知识共享研究也显示出以下问题:一是知识共享研究因不同地域、文化等背景具有差异性,经济、物质激励在不同文化的国家、组织中对知识共享行为产生的影响是不同的。二是知识共享的经济动机和共享效应之间作用大小和方向可能受到其他因素的影响。

(二)社会交换理论

从心理学和经济学衍生出来的社会交换理论为知识共享提供了另一个参考框架。社会交换理论基于经济学视角来考虑社会行为,但又区别于经济交换理论,该理论以有价值的事物(资源)的运动及社会过程为重点,强调内在激励在人际互动中的基础性作用,探究知识共享的价值观念或制度文化,关注知识共享的长期投资和回报,[④]认为知识共享是以知识为本体的交换互动,共享主体让渡知识使用权,获得一定的资源、价值,心理财富(如身份、地位与声望等),共享客体获得知识使用权,节省时间等其他成本消耗。"互惠"是基于社会交换理论研究知识共享的典型形式,也是知识共享的核心原则,它推动个体或组织在知识共享活动中产生责任、感激和信任,获得互惠和认同;预期的"互惠"关系影响共享态度,是个

① TADA M, YAMAGISHI M, KODAMA K, et al. Social capital and knowledge sharing in knowledge-based organizations: an empirical study[J]. Social science electronic publishing, 2007(1):29-48.

② PEYMAN A S, MAHDI H, MORTEZA A. Knowledge-sharing determinants, behaviors, and innovative work behaviors: an integrated theoretical view and empirical examination[J]. Adlib journal of information management, 2015(5):562-591.

③ BOCK G W, KIM Y G. Breaking the myths of rewards: an exploratory study of attitudes about knowledge sharing[J]. Information resource management journal, 2002 (2):14-21.

④ BLAU P M. Exchange and power in social life[J]. American sociological review, 1964(5):789-790.

体或组织扩展、维持和加强联结，并从这种联结中获得知识共享收获的有效手段。①

源于社会交换的知识共享所带来的社会收益可能不是即时的，也不好测量，还可能看不见、摸不着，却有价值，这也侧面解答了物质或经济激励无法促使知识共享的原因。② 另外，感知赞赏、地位和尊敬等声誉提升，获得认可、尊重，渴望被当作专家、伙伴，也是推动知识共享的影响因素。③ 社会交换理论是知识共享研究中应用最广泛，得到普遍认可的理论。

（三）社会资本理论

社会资本理论将人类行为定义为个人、行为和社会网络三元要素的动态、互惠、互动过程，认为社会资本是嵌入个体或组织关系网络中现有或潜在资源的总和④，是通过地位和个人关系网络获得的优势和资源。社会资本有结构、关系和认知三个维度。⑤ 利益关系是社会资本的基础和本质要素。个人、组织在对个人或组织整体利益追求和维护中形成稳定的关系。这种关系存在于组织的一切结构之间及活动领域，协调和信任是核心，是组织内部的社会资本发生作用的关键。社会资本理论为知识共享提供了两种视角：一方面，社会资本为个体或组织增加知识流动的深度、广度和效率提供物质和情感支持，进而影响知识共享行为，但不同

---

① BOCK G W, KIM Y G. Breaking the myths of rewards: an exploratory study of attitudes about knowledge sharing[J]. Information resource management journal, 2002 (2):14-21.

② CHEN S S, CHUANG Y W, CHEN P Y. Behavioral intention formation in knowledge sharing: examining the roles of KMS quality, KMS self-efficacy, and organizational climate[J]. Knowledge-based systems, 2012(4):106-118.

③ O'DELL C, GRAYSON C J. If only we knew what we know: the transfer of internal knowledge and best practice[M]. New York: Simon & Schuster, 1998:36.

④ NAHAPIET J, GHOSHAL S. Social capital, intellectual capital, and the organizational advantage[J]. Academy of management review, 1998(2):242-266.

⑤ CHIU C, WANG E T G, SHIH F, et al. Understanding knowledge sharing in virtual communities[J]. Decision support systems, 2011(3):1872-1888.

的社会资本维度对知识共享作用的形式不尽相同。[①] 另一方面,知识本质上也是社会资本,价值是其共享的前提,如果共享收益超过成本,知识共享行为将会继续。这种成本可能包括时间、精神上的努力和失去竞争优势,而福利可能包括物质和精神奖励。当知识估价过高时,可能会成为知识共享的约束。

社会资本理论强调社会网络的作用,揭示个体、组织不是孤立地工作、学习或分享知识,而是嵌入社会网络之中。当一个组织成立时,其成员不仅带来他们的知识、技能,还带来他们的社会关系,有效社会关系对组织知识创造和绩效提升有显著正向影响。[②] 从社会资本视角研究知识共享得到了普遍证实,但也面临新问题。一是社会资本作用可能随着知识工作的个性化趋势逐步淡化。拥有较高知识背景的个人可支配、利用更多的知识资源,与组织的关系也随之发生变化,他们的选择空间更大。二是基于社会资本的知识共享强调社会资本的工具性价值,个体或组织只在必要时才会对社会资本进行短期、功利性投资,从而使得知识共享一定程度上具有机会主义倾向和政治目的。[③]

(四)社会认知理论

由班杜拉(Bandura)提出的社会认知理论认为,个体行为是其认知和环境动态互动的结果,这为理解、预测个人行为和认知过程提供了理论框架(见图3-1)。基于社会认知理论,个体选择知识共享有三种情况:其一,个体对知识共享的内在认知影响其是否共享或以何种方式共享;其二,知识共享行为受到个体所处环境的影响;其三,个体所在环境会进一步影响个体对知识共享的认知。

越来越多的理论探究人们分享知识的外在动机,相对忽略了内在动机对知识共享的影响。社会认知理论认为外部激励不应该被视为知识共

---

① 孙晓雅,陈娟娟.服务型政府知识共享影响因素的理论研究:基于自我决定理论和社会资本理论[J].情报科学,2016(6):26-30,46.

② CUMMINGS J N, CROSS R. Structural properties of work groups and their consequences for performance[J]. Social networks,2003(3):197-210.

③ LIN C P. Gender differs: modelling knowledge sharing from a perspective of social network ties[J]. Asian journal of social psychology,2010(3):236-241.

享的主要动力,与经济奖励等外在奖励相比,声誉、反馈等内在奖励对支持知识共享具有支持作用。激励在知识共享中的重要性也引出了共享的内在动机这一核心概念,认为知识共享在很大程度上是由内在动机驱动的。社会认知理论认为个体、组织,行为和环境的持续相互作用构成人类行为,这种作用对研究知识共享行为具有解释力。[1] 自我效能、结果期待、个体或组织目标是该理论的核心概念,自我效能和结果期待是知识共享研究中最常引用的概念。个体或组织认为知识共享能为其带来益处时,会产生积极的共享态度。[2] 个体或组织对其知识共享行为是否能够提高组织绩效,以及对知识共享结果的信心,是影响知识共享行为和自我价值感的重要因素。另外,鼓励合作、创新的组织文化会推动知识共享行为发生,而过分注重个体业绩,不提倡个体或组织之间相互学习的氛围则阻碍知识共享。[3]

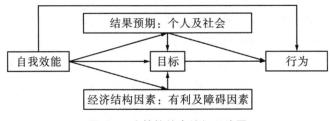

图 3-1　班杜拉社会认知理论图

(五)归因理论

海德(Heider)提出的归因理论是人力资源管理和社会心理学领域的重要激励理论。归因理论认为个体或组织一般遵循两大原则对其行为进

① BANDURA A. Social foundations of thought and action: a social cognitive theory[J]. Journal of applied psychology, 1986(1):158-169.

② BOCK G W, KIM Y G. Breaking the myths of rewards: an exploratory study of attitudes about knowledge sharing[J]. Information resource management journal, 2002 (2):14-21.

③ CHEN C J, HUANG J W. How organizational climate and structure affect knowledge management-the social interaction perspective[J]. International journal of information management, 2007(2):104-118.

行归因解释,即行为发生原因来自情境因素或其自身特点及所具有的条件。[①] 利他主义的个人和组织更愿意参与共享,而自私自利者对共享行为有负面影响。[②] 归因理论在一定程度上回答了个体或组织共享行为发生的内外部驱动力,为组织通过对个体或组织共享驱动力及共享行为的因果解释或推论,来预测、评价和激励知识共享行为提供了理论依据。

（六）理性行为理论和计划行为理论

任何行为在发生前都会受到一定意图的驱使,知识共享行为亦如此。理性行为理论及其扩展模型计划在探索个体或组织行为与其态度、信念、情感等心理因素之间的关系,预测行为意向方面领域占主导地位,被广为接受与采用。[③] 理性行为理论由菲舍比（Fishbein）和阿耶兹（Ajzen）于1975年首次提出。理性行为理论认为个体或组织的知识共享行为并不是无序的,而是基于知识共享相关信息的加工、分析和理性选择。行为态度和主观规范决定行为意向,进而决定行为决定。该理论也在知识共享行为研究中得到证实,知识共享态度及主观规范对共享意图具有正相关关系,而预期经济和物质收益对知识共享意图具有负面影响。[④]

然而,个体或组织行为不总是其理性权衡的决定,还受到其他因素的影响,而理性行为理论无法解释不完全由个体或组织意志控制的行为。因此,阿耶兹在1990年又在理性行为理论基础上增加感知行为控制这一变量[⑤],提出计划行为理论,认为个体或组织行为是其对感知到的行为控

① 时蓉华.现代心理学[M].上海:华东师范大学出版社,1989:235-243.

② 谢利·泰勒,利蒂希亚·安妮·佩普卢,戴维·西尔斯.社会心理学:第十版[M].谢晓非,等译.北京:北京大学出版社,2005:487-489.

③ STEPHEN S. Testing attitude-behaviour theories using non-experimental data: an examination of some hidden assumptions[J]. European review of social psychology, 2003(1):293-323.

④ BOCK G W, KIM Y G. Breaking the myths of rewards: an exploratory study of attitudes about knowledge sharing[J]. Information resource management journal, 2002 (2):14-21.

⑤ CONNER M, MCMILLAN B. Interaction effects in the theory of planned behaviour: studying cannabis use[J]. British journal of social psychology, 1999(2):195-222.

制和行为意图深思熟虑的计划结果(见图 3-2)。计划行为理论从信息加工角度阐释个体或组织的一般行为决策过程,为解释知识共享内在逻辑,分析知识共享行为提供了分析框架。个人、组织的知识共享态度、主观规范、感知行为控制决定其知识共享意向,进而决定知识共享行为。知识共享必须在充分理解个体或组织共享决策过程、共享利益基础上,营造共享文化和氛围。

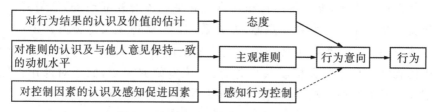

图 3-2 理性行为理论与计划行为理论图
注:实线箭头所指的关系为理性行为理论,加上虚线箭头构成计划行为理论。

理性行为理论和计划行为理论因其适用性和预测能力受到许多批评。例如,显性知识和隐性知识的共享需要不同的推动因素,信息技术的使用可以有效推动显性知识共享的有效性,而组织成员之间的互动可以改善隐性知识的共享。[①] 在计划行为理论中加入因果路径,将主观规范与态度联系起来,结果显示模型拟合显著改善。[②]

二、知识共享研究体系

已有知识共享相关研究基于不同学科背景、不同理论视角,将知识共享过程分为共享主体、共享客体、共享本体、共享载体、共享成效五个要素。

(一)知识共享要素

1.共享主体

① REYCHAV I, WEISBERG J. Bridging intention and behavior of knowledge sharing[J]. Journal of knowledge management,2014(2):285-300.

② CHANG M K. Predicting unethical behavior: a comparison of the theory of reasoned action and the theory of planned behavior[J]. Journal of business ethics,2017(16):1825-1834.

知识共享主体是共享知识资源的所有者。共享主体在一定内外部动机驱使下推动知识共享行为[1]，其内部动机聚焦于自我效能和互惠感知两个因素，这两个因素显著影响共享主体的知识共享态度、意图和行为，这也证实了理性行为理论在知识共享中的作用[2]。共享主体的自我效能和互惠感知显著正向影响其共享意愿[3]，通过知识共享获得、维持、提高共享主体在组织中的身份、地位，获得无形回报，是影响共享主体共享行为外部推动力量，即获得声誉和互惠是共享主体的外部动机[4]。另外，特定文化也会影响共享主体意愿，如关系、面子、集体主义等要素影响共享主体意愿；关系、集体主义心理促进共享主体共享意愿和行为，面子作为中国独特的现象则会抑制共享意愿。[5] 也有研究表明，面子对通用性知识共享具有积极影响，而对特殊性知识共享具有消极影响。[6]

2.共享客体

知识共享客体是共享知识资源的接受者。知识共享是双向互动、对话的过程，需要共享主客体共同完成。现有研究对共享客体的关注度不够，脱离共享客体研究知识共享是有局限性的。因此，关注、研究共享客体的共享机会、能力、意愿，是推动知识共享研究的迫切需要。知识传承的师徒关系中，导师给予学习和应用知识意愿强的学生更多的指导和更

① KANKANHALLI A，TAN B C Y，WEI K K. Contributing knowledge to electronic knowledge to electronic knowledge repositories：an empirical investigation[J]. MIS quarterly，2005(1)：113-143.

② MATIĆ D，CABRILO S. Investigating the impact of organizational climate, motivational drivers，and empowering leadership on knowledge sharing knowledge management[J]. Research & practice，2017(3)：431-446.

③ 张向先,郭顺利,李昆.新媒体环境下图书馆学科服务团队知识共享影响因素及实证研究[J].图书馆学研究,2017(13):50-58.

④ ZHANG X，LIU S，DENG Z. Knowledge sharing motivations in online health communities：a comparative study of health professionals and normal users［J］. Computers in human behavior，2017(5)：797-810.

⑤ 钟山,金辉,赵曙明.中国传统文化视角下高校教师教育博客知识共享意愿研究[J].管理学报,2015(11):1607-1613.

⑥ YAN Z，WANG T，CHEN Y. Knowledge sharing in online health communities：a social exchange theory perspective[J]. Information & management，2016(5)：643-653.

强的指导意愿。[①] 共享客体是否拥有共享时间、空间机会[②],其自身的共享动机、机会和能力[③],准备状态、吸收能力[④]等都是影响知识共享效果的重要因素。然而,即使共享客体拥有共享能力但没有共享意愿,也会使知识共享效果大打折扣;组织地位的共享客体拥有更多获取知识的机会。[⑤] 另外,共享客体熟练使用知识管理系统及其他相关信息技术系统,也能够降低其知识共享的时间和空间成本。[⑥]

3.共享本体

知识共享本体即所分享的知识本身。知识自身的属性影响共享效果。知识按其能否被表征可分为隐性和显性两类。[⑦] 已有研究更多关注显性知识共享,但隐性知识如何转化为显性知识,以及如何共享,仍然是知识共享乃至知识管理领域研究的重点、难点,也是至今仍然没有形成统一认识的问题。显性知识和隐性知识之间没有清晰的区分界限,知识本身具有完整性和系统嵌入性。[⑧] 隐性知识存在于共享主体和客体的经历

[①] ALLEN T D. Protege selection by mentors:contributing individual and organizational factors[J]. Journal of vocational behavior,2004(3):469-483.

[②] OLIVERA F, GOODMAN P S, TAN S L. Contribution behaviors in distributed environments[J]. Mis quarterly, 2008(3): 23-42.

[③] MACLNNIS D J, JAWORSKI B J. Information processing from advertisements:toward an integrative framework[J]. Journal of marketing,1989(4):1-23.

[④] LANE P J, SALK J E, LYLES M A. Absorptive capacity, learning, and performance in international joint ventures[J]. Strategic management journal,2010(12):1139-1161.

[⑤] 陈诚,廖建桥,文鹏.组织内员工知识共享过程研究:知识接收者视角[J].图书情报工作,2010(4):105-108.

[⑥] OLIVERA F, TAN S L. Contribution behaviors in distributed environments[J]. MIS quarterly, 2008(1):23-42.

[⑦] POLANYI M. The tacit dimension[M]. London:Routledge and Kegan paul, 1966:1-25.

[⑧] BIRKINSHAW J, NOBEL R, RIDDERSTRALE J. Knowledge as a contingency variable:do the characteristics of knowledge predict organization structure? [J]. Organization science,2002(3):274-289.

中而不是数据库中,这增加了知识的模糊性、复杂性[1],加大了知识共享的难度。另外,叙述性知识是知识的重要来源,但其非结构化特征和现有技术不兼容的特性使其共享难度大,如何将非结构化知识转化为结构化知识,也是未来知识共享研究要解决的关键问题。[2] SECI知识转化螺旋模型作为知识管理领域最为认同的知识转化模型[3],因其无法明确个人和组织性知识在隐性和显性方面的功能关系,不足以解释知识转换,因而不能作为组织性知识共享的理论和实践工具。因此,研究者提出知识转化的"5W1H转化模型"[4]、规则[5]、内在机制[6]等。

4.共享载体

知识共享具有情境依赖性。[7] 个人、组织需要基于一定的平台、载体来决定分享什么、和谁分享以及如何分享,即知识共享必须发生在特定的时间、空间或其他关系情境中。共享载体是共享主体、客体对话、交流的平台,是实现共享成效的物质基础,不同的共享载体会促成不同形式和内容的共享行为和成效。[8] 如图3-3所示,运行良好的共享载体能够有效地

① GALUNIC D C, RODAN S. Resource recombination in the firm: knowledge structures and the potential for schumpeterian innovation[J]. Strategic management journal, 2015(12):1193-1201.

② WANG W M, CHEUNG C F. A computational knowledge elicitation and sharing system for mental health case management of the social service industry[J]. Computer in industry, 2013(3):226-234.

③ NONAKA I, TAKEUCHI H. The knowledge-creating company: how Japanese companies create the dynamics of innovation[M]. New York: Oxford University Press, 1995:95.

④ 蔡宁伟,王欢,张丽华.企业内部隐性知识如何转化为显性知识?:基于国企的案例研究[J].中国人力资源开发,2015(13):35-50.

⑤ 万涛.隐性知识转化为显性知识的评价判断规则研究[J].管理评论,2015(7):66-75.

⑥ 商淑秀,张再生.基于社会资本视角的虚拟企业知识共享[J].中国软科学,2013(11):101-111.

⑦ 赵文军,谢守美.社会网络嵌入视角下的虚拟团队知识共享模型研究[J].情报杂志,2011(8):185-190,200.

⑧ DONATE M J, GUADAMILLAS F. An empirical study on the relationships between knowledge management, knowledge-oriented human resource practices and innovation[J]. Knowledge management research & practice, 2015(2):134-148.

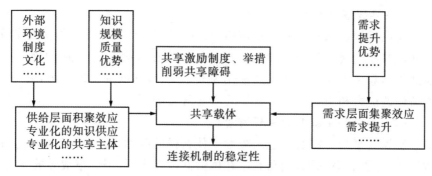

图 3-3　共享载体的研究框架图

将共享要素汇集在一起[1]，为共享主体、客体创建信任、规范、互惠的共享
环境，构建信任文化，促进共享主体和客体的共处和联系。信任既包括能
力信任也包括情感信任，能力信任的共享效果强于情感信任[2]，充满信任感
的共享氛围有助于建立共享主客体间的正面预期，减少共享风险，提高共
享意愿[3]。但是这种信任是建立在互惠基础上的，共享可以推动更大的互
惠，进而增强共享主客体之间的意愿。[4] 信任、主观规范会以间接或直接
的方式增强共享意愿[5]，互惠和主观规范是影响共享态度的直接因素[6]。

[1]　DAVENPORT T H, PRUSAK L. Working knowledge：how organizations man-
age what they know[M]. Boston：Harvard Business School Press, 1999:46.

[2]　LEVIN D Z, CROSS R, ABRAMS L C, et al. Trust and knowledge sharing：a
critical combination [EB/OL]. [2023-09-26]. http://pdfs. semanticscholar. org/37d0/
9a1944fd6016ec631a21d465fccc2f29b1e2.pdf.

[3]　LI J J, POPPO L, ZHOU K Z. Relational mechanisms, formal contracts, and
local knowledge acquisition by international subsidiaries [J]. Strategic management
journal, 2010(4):349-370.

[4]　ASELAGE J, EISENBERGER R. Perceived organizational support and psycho-
logical contracts：a theoretical integration[J]. Journal of organizational behavior, 2003
(5):491-509.

[5]　李卫东,刘洪.研发团队成员信任与知识共享意愿的关系研究:知识权力丧失与
互惠互利的中介作用[J].管理评论,2014(3):128-138.

[6]　BOCK G W, ZMUD R W, KIM Y G, et al. Behavioral intention formation in
knowledge sharing：examining the roles of extrinsic motivators, social-psychological
forces, and organizational climate[J]. MIS quarterly, 2005(1):87-111.

5.共享成效

无论是知识共享主体还是客体,实现业绩提升,提高个人能力是其参与知识共享的终极目标。知识共享成效体现在宏观社会层面、中观组织层面和微观个人层面。知识共享作为共享主、客体间的互助行为,对个人创新创造能力和组织业务绩效提升有显著影响。[①]

(二)知识共享激励和阻碍因素

知识共享行为需要一定的激励。什么样的激励条件能够促进共享主体愿意、能够分享知识,调动共享客体的共享需求,保证共享成效的实现,是知识共享研究的重点关注问题。为推动知识共享发生和保证共享成效的具体举措就是共享激励措施。共享激励也是一直伴随着共享其他要素研究的关键问题。所有关于知识共享的理论及共享体系构建的最终目的都是为要采取什么样的措施实现知识共享的成效提供依据。然而,共享激励只能从某一方面或者一定程度上促进共享行为,解决知识共享主、客体主观层面的问题,并不能从根本上解决知识共享的障碍。共享主、客体之间由于不同的知识基础而导致的沟通不畅等客观因素是制约知识共享不可忽视的因素,因此除正面激励措施之外,还需要探讨如何削减知识共享障碍。两者结合才能推动知识共享成效的实现。

(三)知识共享的研究框架

综合以上分析,本书总结、归纳国内外知识共享相关研究的分析框架。如图 3-4 所示,共享主体、客体、本体、载体、成效是知识共享的要素。知识共享研究一般遵循确定研究对象,提炼研究问题,在一定理论指导下,通过质性或量化研究收集数据,分析影响知识共享的影响因素及其作用机制。

三、对中外合作办学知识共享研究的启示

如表 3-1 所示,上述知识共享相关理论和知识共享研究体系从不同视角探究知识共享的机理和影响因素。然而,上述任何理论的单独运用都有局限性,个体或组织的知识共享行为是一个联动、综合的决策、行为

---

① 郑强国,秦爽.文化创意企业团队异质性对团队绩效影响机理研究:基于团队知识共享的视角[J].中国人力资源开发,2016(17):23-32.

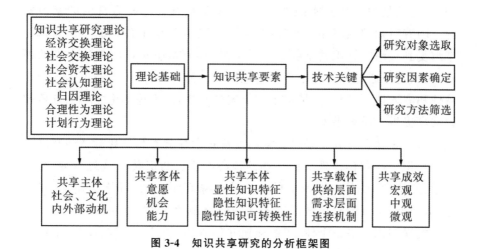

图 3-4 知识共享研究的分析框架图

过程,需要各种理论的相互补充、印证、借鉴和融合,进而形成一个知识共享体系,为知识共享理论研究和实践探索提供基础。

表 3-1 已有研究中知识共享的相关理论

理论	研究视角	基本观点
经济交换理论	经济交换视角	个体或组织是经济人,知识共享基于获得的经济收益大于成本
社会交换理论	社会交换视角	知识共享基于互惠、责任等因素及长期的人际关系互动
社会资本理论	社会网络视角	知识共享基于共同语言、相互认知和信任
社会认知理论	社会认知视角	知识共享是个体或组织、行为和环境相互作用的结果
归因理论	内向归因视角	知识共享是源于个体或组织的某些特质,如利他主义等
合理行动理论 计划行为理论	一般行为决策过程的视角	知识共享意图决定共享行为,共享态度、主观规范决定共享意图

研究中外合作办学知识共享影响因素及其作用关系,应该综合考虑上述理论在知识共享研究中的优点,形成系统的理论分析框架。知识共享的行为决策权掌握在组织和个体手中,不管是出于经济交换、社会交换

的目的,还是为了自我实现的需要,知识都被视为一种有价值的交换资源。随着对知识共享相关研究的深入,知识共享的内在推动因素、逻辑越来越受到关注。知识共享除交换价值外,还有情感价值等无法交换的因素,无法完全通过以上理论得到系统解释。另外,由于一些知识本身的隐藏性和嵌入性,其在一定情境下才能实现共享,但上述理论为本书分析知识共享提供了重要借鉴。

（一）中外合作办学知识共享的本质是中外教育知识的对话和交流

知识交换和转移是知识共享的核心本质。知识共享是集社会学、心理学、经济学、教育学等多学科聚焦的研究问题,研究者从交换论、互动论、沟通论、学习论和扩散论等不同的研究视角出发,探寻知识共享的本质。发现知识共享是个体、组织交换并创造知识的过程,进而实现个体知识向组织知识扩散[①];是隐性知识与显性知识的互动过程[②]。中外合作办学是在共享中外教育资源,利用双方优势,探索教育教学、科学研究和服务社会的新模式。但这个过程本质上是两种或两种以上文化背景制度下的教育的对话和交流,是我国高等学校从"单打独斗"逐渐转变为"联合式资源共享"的发展路径。明确了这一点,有助于我们采用更为恰当的共享发展理念和实践方式来做好新时代的中外合作办学。

（二）知识共享是中外合作办学知识管理的关键环节

不论从哪个理论视角研究知识共享问题,其实质都是个体、组织通过交换、对话的方式来实现、满足自我需求。中外合作办学的"国家审批机制"决定了其不是一项简单的高等学校自主办学行为,而是通过国家获取、吸收和交流知识,缩小知识差距的政策、战略。中外合作办学知识共享过程不仅需要通过国家开放的政策、制度来引进其他国家（地区）的最佳知识,还包括在我国教育基础上探索、开发新的知识,涉及在整个基于合作的教育组织中转移、保留和使用知识。中外合作办学知识共享的程

---

① TAN M. Establishing mutual understanding in systems design: an empirical study[J]. Journal of management information systems, 1994(4):159-182.

② CROSSAN, MARY M. The knowledge-creating company: how Japanese companies create the dynamics of innovation[J]. Journal of international business studies, 1997(1):196-201.

度是我国教育改革开放程度的重要体现,其共享什么、怎么共享的界限就是我国教育开放的界限。

"共享"是中外合作办学的历史使命和办学基础,也是其知识管理的重要环节。"合作"是中外合作办学知识共享的核心价值和关键词。中外合作办学机构、项目不是替外方合作高校传播知识,而是要和外方合作高校在学习、交流基础上实现融合创新,在共享发展中处理日益复杂的自身发展问题。中外合作办学机构、项目的知识共享还是其组织管理人员和教师获得、内化和重构知识的途径。从知识共享过程视角看,中外合作办学机构、项目组织管理人员和教师在共享中获得、重建、内化、创造知识,并在此过程中形成学习共同体,构建起以知识共享为特征的合作性文化,推动中外合作办学及其举办高校改进的空间和可能。

中外合作办学知识共享从宏观、中观、微观上来说,都是其如何处理中外教育知识的关系,构建什么样的知识交换、流动结构的问题。①

第二节　共同治理理论

现代组织的高效有序运行,不能没有治理。② 随着世界银行 1989 年首次使用"治理"一词以来,"治理"便被广泛地应用于社会科学研究之中。随后,非洲国家的治理危机、欧美国家的"政府瘦身"运动,共同推动了治理理论在社会领域的运用。20 世纪 90 年代西方政治学、管理学领域兴起的治理理论为本书分析中外合作办学知识共享提供了可借鉴的分析范式与理论框架。中外合作办学是我国高等学校寻求通过"合作"方式,将核心竞争力从外生论演化到内生论、从资源观过渡到知识观,是我国高等教育实现创新治理的重要举措,这种"合作共享"也是我国高等学校创新治理的新探索。

---

① AKDERE M,ROBERTS P B. Economics of social capital:implications for organizational performance[J]. Advances in developing human resources,2008(6):802-816.

② 埃利诺·奥斯特罗姆.公共事务的治理之道[M].余逊达,陈旭东,译.上海:上海三联书店,2000:78.

借助制度化的谈判达成共识是治理的典型逻辑。治理理论强调行动主体间的平等协商和自由参与,其作为一种新兴的理论范式,是构建共同治理的依据。政治领域的多元民主思潮、文化领域的后现代主义冲击、自由竞争的市场经济推动了治理理论的发展。资源依赖理论和网络自治理论则为治理主体之间在权力与资源上相互依赖和制衡的动态关系提供了理论支撑。基于以上理论,治理理论沿袭过程论和结果论两种路径逐渐演化为三类:一类将治理视为替代以科层制理论为基础的传统公共管理的新公共管理,核心是创造价值;一类将治理视为组织机构共同管理事务的网络化结构总和,核心是生产价值,合法性、透明性、责任性、法治性、回应性、有效性是其基本因素;一类将治理视为价值评估协调机制,力图通过制度化谈判达成互信和共识,促成组织多层次合作,核心是防止价值冲突和失灵。治理理论仍在发展之中,其广泛的研究空间为本书探讨中外合作办学知识共享问题提供了理论依据。

一、共同治理理论内涵

共同治理(shared governance)也叫共享治理。该理论超越管理范式,一是推动行动主体在对话和合作中了解和尊重彼此的需求和利益,培养维护组织健康持续发展所必需的合作意识。二是通过拓宽决策参与面来实现对权力分配的均等化与权力行使的共享化,形成决策民主化、沟通网络化、管理分权化的权力模式。这种“共享”不仅体现在行动主体的包容意识和伙伴关系中,还体现为行动主体的参与实施,有效弥补组织因等级化运行而发生衰减,其效果是防止行动主体在分享过程中的增权,伙伴关系是共同治理的核心内容。三是形成集体责任感。共同治理强调矫正伙伴关系中单方行动主体力量过强,建立所有行动主体对于组织共同利益的责任和承担责任的意愿、行动,以及通过共识形成决策的过程。四是促进建立在参与持续性合作行为所需的社会信任的基础上的多元文化理解。

共同治理试图修正传统管理模式的不足,强调追求集体理性和普遍利益基础上行动主体间的合作,力图通过分享权力、扩大参与范围、倡导平等对话来消除冲突。然而,实施共同治理依然面临许多问题:一是分权与责任的问题。共同治理不仅仅是一个新的管理组织,是对整个组织格局的重新认识,强调要实现组织有效管理中不同行动主体的定位、分工和角色。共同治理可以形成一种平等、合作、协商的互动关系,依靠行动主体彼此间的利益协调和相互博弈模糊彼此的权力界限和责任,从而达到共同的目的。因此,如果组织责任分担机制不完善,就会导致组织治理能力减弱和责任主体缺位,从而弱化共同责任。二是民主和效率的问题。"民主"强调组织各行动主体协商、选择和参与的程序公正,"效率"追逐组织在最短时间和最小投入情况下的价值最大化。如何处理二者关系,最大限度地发扬民主,仍然是组织实施共同治理所面临的问题。三是官僚制和后官僚制的问题。后官僚制强调法治、权责分明、程序公开透明,力图突破科层官僚制的专业化、权力等级和非人格化等特征,以及由此带来的自我膨胀趋势、过分刚性、技术统治倾向,构建组织行动主体间新的关系。然而,组织原有的组织制度、结构有其历史惯性,共同治理如何打破这种惯性,建立新的治理关系和制度,仍需要探讨。四是合作与竞争的问题。尽管共同治理理论强调合作、共享,以及行动主体协商达成共识,并将其作为理论基础。但共同治理理论对合作、信任的过度强调,也会造成组织行动主体创新意识衰竭和适应能力退化,如何处理这二者的关系,也是共同治理理论需要进一步回答的问题。

二、高等学校共同治理理论的发展

治理理论在高等教育领域得到更多关注,主要是基于以下原因:一是高等教育理论困境驱使。20 世纪 70、80 年代,社会科学出现一些范式危机,教育学者无法用既有范式来解释高等教育领域出现的诸多实践难题,而陷入理论困境。日益复杂的教育领域无法独自解决自身发展的一切问题,必须加强与其他相关领域的合作与协商来实现共同目标。二是现实社会推动。高等教育全球化,高等教育管理主体多元化,国家、市场、学者协调形式的失灵,教育民主化进程,政府削减公共开支、提高管理绩效改革共同推动了治理理论在高等教育领域的运用。

虽然高等教育领域很少提及"共同治理"这一理念,然而,高等教育实践的迅速发展,已经将这一理念逐渐转化成为现实。共同治理理论在高等教育领域的发展主要基于三个维度:一是从高等教育的宏观治理角度,认为共同治理是维护高等教育运行秩序的有效方式。市场经济条件下,高等学校需要调整自身与社会、政府的关系,其治理主体可以是公共机构、私人机构,或公、私合作的机构。① 二是从高等学校的中观治理角度,认为治理涉及高等学校权力分配、设计、制衡和评估②,是用以实现高等学校目标和理念的制度安排③。三是从高等学校的微观治理角度,认为应该推动高等学校学术组织,即学院治理。总体来说,高等学校治理可归纳为其外部治理和内部治理两个方面,需要处理好自身与社会、政府的关系,校、院、系三级规范运转问题,以及院系内部运行问题。共同治理的发展从不同角度切中了高等学校发展的问题要害,然而,如何让其在我国高等学校治理实践中可行、可操作,还需要更多探索。

中外合作办学是我国高等学校的一种办学形式,也是其组织结构的一部分,中外"合作"是其不同于其他高等学校的关键之处,但其仍然是我国教育的组成部分,人才培养、科学研究、社会服务依然是其价值、功能实现的出发点和落脚点。不论是中外合作办学机构,还是项目,其治理的框架并没有偏离治理理论和共同治理理论中的要点,不同之处仅在于治理主体不同而带来的其他制度、责任、权利等系列问题的不同。因此,共同治理理论适用于分析中外合作办学的治理问题,中外合作办学知识共享作为其治理问题之一,也适合用共同治理理论来分析。

三、与中外合作办学知识共享研究的适切性分析

回答共同治理理论对于中外合作办学知识共享问题是否适用的问题,是用共同治理理论分析中外合作办学知识共享问题的重要逻辑基础。共同治理理论所包含的建构性、结构性与中外合作办学知识共享的内涵具有内在契合性。

(一)对价值创造和建构的强调体现中外合作办学共同治理的共建性

中外合作办学的使命是引进外方教育资源,创造新的价值,推动我国高等教育改革。这种新的价值是中外高校合作建构的目标、结果和表现,

① 闵维方.高等教育运行机制研究[M].北京:人民教育出版社,2002:88.

② 席酉民,李怀祖,郭菊娥.我国大学治理面临的问题及改善思路[J].西安交通大学学报(社会科学版),2005(1):78-83.

③ 张维迎.大学的逻辑[M].北京:人民教育出版社,2002:88.

它经历了一个外在建构过程。① 即中外合作办学不是中外合作高校学术资源和组织资源的简单投放,而是它们基于交往、合作理性,在一定契约基础上共同创造、建构出来的。最大限度地创造共同价值是共同治理的逻辑起点与归宿。② 在创造共同价值这一点上,中外合作办学治理与共同治理范式达成一致。中外合作办学有效治理格局的打造需要政府教育部门、中外合作高校,以及中外合作办学机构、项目等各层行动主体就各自需要、期望、资源配置等问题达成共识,实现各行动主体在中外合作办学治理价值上的平衡与共建。

(二)对网络关系和价值结构的强调突出中外合作办学共同治理的共治性

中外合作办学的共同价值不能只停留在理念上,还需要走向实践。中外合作办学机构、项目是承载起多元行动主体参与知识共享的组织结构,也是其创造共同价值的网络。③ 中外合作办学的这种网络治理建立在中外高校对话、沟通、合作特性之上,尤其反映在中外合作办学相关行动主体及其关系上。从相关行动主体看,政府、中外合作高校,以及中外合作办学机构、项目等都是新价值的生产者;从相关行动主体关系看,我国高校必须围绕满足我国教育需求而展开合作与交流,从而形成良性的主体间关系。然而,也正是中外合作办学的共治特性,导致其治理过程中会出现相关行动主体责任失灵的情况,因此,中外合作办学机构、项目的治理不应采取某一行动主体的单方面行动,而是在明确各自责任、权力、利益基础上的合作共治。

(三)对共同价值的评估突显中外合作办学共同治理的共享性

共同价值是中外合作办学各行动主体的治理尺度。和世界上主要教育出口国家将其跨境教育视为贸易产业不同,我国强调中外合作办学是

① 包国宪,王学军.以公共价值为基础的政府绩效治理:源起、架构与研究问题[J].公共管理学报,2012(2):89-97,126-127.

② 周红云.全民共建共享的社会治理格局:理论基础与概念框架[J].经济社会体制比较,2016(2):123-132.

③ 董礼胜,王少泉.穆尔的公共价值管理理论述评[J].青海社会科学,2014(3):19-26.

公益性事业。公益性是中外合作办学价值的基本特征。共同治理理论为中外合作办学实现公共性、公益性价值提供了依据。可以说,共同治理理论所萃取的具有实践能力的公共价值与中外合作办学治理的共享特征具有内在契合性。在中外合作办学治理中,政府、中方举办高校大都致力于实现公共利益的最大化:政府的首要属性是公共性,中方高校合作衍生出外化的公共性,社会则充当着公共性价值的实践载体。事实上,政府、高校和社会都是人与人之间寻求互利合作,以达到共同理性的不同组织形式。[①]

第三节 "输入—过程—产出"模型

自玛格拉斯(MaGrath)在 1964 年提出"输入—过程—产出"模型(input-process-outcome,IPO)以后,该模型便成为学术界研究组织有效性的经典框架,之后的组织有效性研究模型均是以 IPO 框架为基础建立起来的。

一、"输入—过程—产出"模型内涵

IPO 模型的核心观点是组织"输入"要素影响其"过程",组织"过程"影响其"产出"。IPO 模型应用中的"输入"指推动或者阻碍组织成员交互(interaction)的个人及组织因素;"过程"由输入要素所驱动,以达成相应产出为目标,是组织成员将输入要素转化为产出目标的交互过程;"产出"是组织"输入"和"过程"的产品,包括组织绩效提升、个人能力增强等。

组织"输入"是多层面要素。已有研究中最重要、最常见的输入要素包括两类:一类是组织构成输入。组织成员的个人属性组合对组织过程、状态、产出的影响是组织构成输入的研究焦点。构成和编译是组织输入要素的基本来源,如将组织成员性格、能力、价值导向等要素作为输入要素,聚合到组织中能够表征组织属性。一类是组织整体要素。组织任务

---

① 刘晔.由物到人:财政学逻辑起点转变与范式重构:论新时代中国特色社会主义财政理论创新[J].财政研究,2018(8):40-49.

具有互依性,组织结构、培训、激励等要素是表征组织特征属性的输入要素。① 研究者对组织层面"输入"研究比较普遍,组织任务特征、构成、激励等因素是影响其有效性的重要输入要素。②

组织"过程"内涵丰富。这一"过程"是组织成员之间、组织成员与组织外部环境之间发生的交互作用;③是组织成员间、组织成员与环境间相互依赖的认知、语言、动作行为。组织过程有效性是组织"过程"的核心。组织过程主要有三类:一是发生在组织建立初期的分析组织任务、设定组织目标、制定组织战略等明确组织阶段目标的组织转化过程(transition process);二是发生在组织达成目标阶段的监控目标、系统等确保任务目标不发生偏差的组织行为过程(action process);三是发生在组织任务全过程中,组织成员管理冲突、情绪、动机等组织成员关系建立和管理的人际过程(interpersonal process)。④

沟通、合作等行为过程对组织产出的影响是受到研究领域关注较多的因素。组织合作影响其问题管理,⑤组织激励模式影响其知识共享程度,决策速度和准确性等组织产出。⑥ 组织成员能力、可用资源、交互过程影响其产出。然而,将组织成员简单聚集,并给予相应资源,并不是组织产生有效产出的唯一条件,如何采取相应的措施,促进组织成员的分工

① MATHIEU J, MAYNARD M T, RAPP T, et al. Team effectiveness 1997—2007: a review of recent advancements and a glimpse into the future[J]. Journal of management, 2008(9):410-476.

② COHEN S G, LEDFORD G E, SPREITZER G M. A predictive model of self-managing work team effectiveness[J]. Human relations, 1996(9):643-677.

③ COHEN S G, BAILEY D E. What makes teams work: group effectives research from the shop floor to the executive suite[J]. Journal of management, 1997(6):239-290.

④ MARKS M A, MATHIEU J E, ZACCARO S J. A temporally based framework and taxonomy of team processes[J]. Academy of management review, 2001(3):356-376.

⑤ TESLUK P E, MATHIEU J E. Overcoming road blocks to effectiveness: incorporating management of performance barriers into models of work group effectiveness[J]. Journal of applied psychology, 1999(7):200-217.

⑥ JOHNSON M, HOLLENBECK J R, HUMPHREY S E. Cutthroat cooperation: asymmetrical adaptation to changes in team reward structures[J]. Academy of management journal, 2006(1):103-119.

协作等组织过程,也会影响组织有效性产出。[①]

二、"输入—过程—产出"模型的发展

20世纪90年代中期前,以IPO模型为基础的研究大多关注组织"输入"对"产出"的影响,或"过程"对"产出"的影响。随后,相关研究逐渐以系统、动态的视角关注"输入"对"产出"的影响方式。[②] 由于研究的复杂性和取样困难,多数研究是围绕着"输入—过程""过程—产出""输出—产出"来进行的,同时研究"输入—过程—产出"有效性的较少。

20世纪90年代中期后,"输入—过程—产出"综合研究不仅关注组织内、外部过程,还区别了组织特征与过程差别,并强调了组织规范、凝聚力等特征对组织过程和产出的影响;另外,把组织环境的动态性和产业特征纳入研究范畴,形成了以具体而广泛的组织"输入—过程—产出"研究框架。[③] 任务互依性、组织构成等因素不仅对组织产出有直接影响,还通过组织过程对组织产出产生间接影响,这为本书提出知识共享的调节因素提供了理论支持。

IPO模型也受到了一些批评,主要有以下三点:一是按照传统研究的观点,组织"过程"主要是组织成员的行为、活动。这将影响组织"输入—产出"转化的认知、动机、情感等能够体现组织成员动机、态度、价值观,却不能将反映组织成员间交互过程的因素排除在组织"过程"以外。[④] 二是IPO模型忽略了"输入—产出"的反馈作用,而仅仅将其视为单向线性过程。三是IPO模型主要用来解释"输入""过程""产出"之间的关系,目前很多研究已经在探讨"输入—产出""过程—产出"的交互影响,超出IPO模型范畴。在上述研究基础上,有研究者修正了IPO模型,提出了"输

---

① MARKS M A, MATHIEU J E, ZACCARO S J. A temporally based framework and taxonomy of team processes[J]. Academy of management review, 2001(3):356-376.

② 林绚晖,卞冉,朱睿,等.团队人格组成、团队过程对团队有效性的作用[J].心理学报,2008(4):437-447.

③ COHEN S G, BAILEY D E. What makes teams work:group effectives research from the shop floor to the executive suite[J]. Journal of management,1997(6):239-290.

④ MARKS M A, MATHIEU J E, ZACCARO S J. A temporally based framework and taxonomy of team processes[J]. Academy of management review,2001(3):356-376.

入—中介—产出—输入"模型（input-mediator-outcome-input，IMOI）。该模型以"中介"代替"过程"，拓展了组织"输入—产出"的转化机制，而增加"输入"，则体现了影响"过程"的循环反馈特征。[①] 还有研究者从组织"输入""过程""产出"方面对 IPO 模型进行了修正与完善。组织"输入"包括个人、组织、环境三个相互嵌套的"输入"要素相互影响；组织"过程"不仅包括组织成员行为，还包括调节要素的突显状态；组织"产出"不仅仅包括绩效，而是更加多维的构念，对组织"过程""输入"具有反作用。[②]

三、在中外合作办学知识共享研究中的适用性分析

IPO 模型将组织全过程分为"输入""过程""产出"三个环节，并通过构建三者的逻辑关系来说明组织的发生机制。中外合作办学知识共享是中外合作办学机构、项目组织成员之间以知识为对象的交互行为，是一种依赖于组织"输入"，以实现组织"产出"为目标的典型的组织"过程"。知识共享是知识管理的关键环节、过程，是影响知识型组织产出的重要因素，因此知识共享是知识管理研究无法回避的重要组织过程。本书聚焦本科及以上中外合作办学机构、项目，研究中外合作办学机构、项目作为知识共享载体和组织的知识共享影响因素及其相互关系。作为组织"产出"，中外合作办学知识共享的有效性是一个复合概念，其组织层面的知识整合、创新，组织成员能力提升，基本涵盖了中外合作办学机构、项目知识共享产出的主要方面。提高组织产出是组织研究的主要目的，研究中外合作办学知识共享的主要目的也是推动其高质量的可持续发展。不论是组织"过程"，还是"产出"，都不能脱离其"输入"要素。中外合作办学知识共享作为组织治理的关键"过程"，其对"产出"的追求离不开"输入"要

---

① ILGEN D R, HOLLENBECK J R, JOHNSON M, et al. Teams in organizations: from input-process-output models to IMOI models[J]. Annual review of psychology, 2005(2):517-543.

② MATHIEU J, MAYNARD M T, RAPP T, et al. Team effectiveness 1997—2007: a review of recent advancements and a glimpse into the future[J]. Journal of management, 2008(9):410-476.

素,即本书中知识共享的关键"输入"——中外合作高校的"知识"以及支持知识作用发挥的其他支持性要素。中外合作办学机构、项目知识共享不能脱离其合作高校对"知识"等要素的有效"输入",以及双方输入知识的匹配性、可转换性等因素。因此,IPO模型从组织有效性角度为研究中外合作办学知识共享提供了理论借鉴。

第四节　中外合作办学知识共享影响因素研究框架构建

已有知识共享相关理论、共同治理理论及IPO模型共同为本书构建分析框架提供了思维工具。

一、中外合作办学知识共享体系及要素

中外合作办学的知识共享是共享主、客体实现自身可持续竞争优势的重要途径,也是可操作的系统。[①] 中外合作办学知识共享是其组织管理人员和教师在组织内部或组织之间通过一定的途径进行的知识交换、对话过程和活动,目的在于通过知识的交流,扩大中外合作高校输入知识的利用价值,生产出新的知识和价值。这一过程是战略性地、有计划地将中外合作高校教育资源汇集在一起,注重共享参与者知识的整合、再造和创新,并不是某一方知识的单向转移,而是中外合作办学行动主体通过对话、互惠和共享发展,发挥知识资源的溢出效应。

（一）中外合作办学知识共享体系

为深入理解中外合作办学知识及其相关"输入"要素如何通过共享载体,以及共享主、客体之间的对话和交流这一组织"过程",实现中外合作办学组织及个人层面的有效"产出",本书以知识共享SECI模型为基础,结合国内外知识共享模型的研究成果,构建了中外合作办学知识共享体系。如图3-5所示,中外合作办学知识通过内在化、社会化、外在化和综

[①]　NIEVES J, HALLER S. Building dynamic capabilities through knowledge resources[J]. Tourism management,2014(1):224-232.

合化四个共享过程中实现动态转化和螺旋上升。① 这四个过程是一个大循环,代表中外合作办学知识本身的可共享水平。共享载体通过这种共享拓展教育主客体共享的广度与深度,不断激励、催生一轮又一轮的知识整合与结构调整。另外,共享主、客体之间的知识共享还需要激励共享行为和削弱共享障碍的相应的措施来保障。

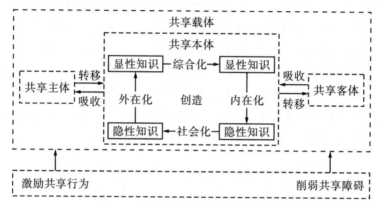

图 3-5　中外合作办学知识共享体系图

　　根据上述分析,本书所指的共享主、客体主要有两个层面:组织层面指本科及以上中外合作办学机构、项目;个人层面指本科及以上中外合作办学机构、项目组织管理人员、中外方教师,以及本科及以上中外合作办学机构、项目设立、举办高校相关部门(国际处、教务处、发展规划处)的相关工作人员。共享本体指中外合作办学知识,本书第二章已经对这一问题进行了分析,在此不再赘述。共享载体主要是指本科及以上中外合作办学机构、项目。共享成效分为三个层面:一是对共享主、客体中个人能力的提升;二是对中外合作办学机构、项目自身的完善;三是对我国高等教育改革发展的推动和影响力增强。

　　(二)中外合作办学知识共享要素及影响因素分析

　　根据上述对已有知识共享相关研究理论及分析框架的研究,以及共

　　①　NONAKA I, TAKEUCHI H. The knowledge-creating company: how Japanese companies create the dynamics of innovation[M]. New York: Oxford University Press, 1995:95.

同治理理论对本书构建中外合作办学知识共享分析框架的指导,本书以"输入—过程—产出"模型为基础,结合本文献研究,认为共享主体、共享客体、共享本体、共享载体,共享激励及阻碍要素是中外合作办学知识共享的要素。

中外合作办学知识共享各要素的影响因素有重叠,在研究中需要合并,例如共享主、客体的共享意愿、共享态度、信任倾向、自我效能、互惠感知等因素。组织结构、组织文化、组织认同、组织领导等因素,不仅影响共享主、客体的共享行为,也是共享载体的连接机制因素。另外,组织作为共享主、客体,其共享能力依赖于组织成员的共享情况,也需要对共享因素进行整合。如图 3-6 所示,本书综合第一章文献综述、第二章知识共享理论分析中知识共享要素、影响因素的分析,构建了中外合作办学知识共享影响因素结构。

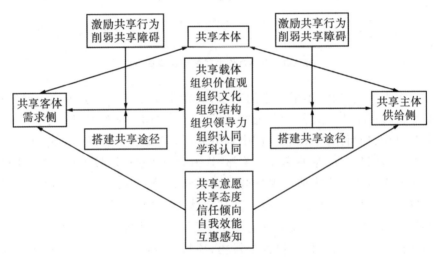

图 3-6　中外合作办学知识共享要素及影响因素结构图

二、中外合作办学知识共享分析框架构建

中外合作办学的典型特征是本书理论建构的重要依据。已有知识共享研究的主题较为分散,缺乏有效整合。本书聚焦于中外合作办学组织特征,尤其是其在知识任务设计、组织构成等方面的特点,按照 IPO 模型

构建基本框架。

　　中外合作办学知识共享关注知识管理过程,涉及中外合作高校共同的资源输入、过程与组织产出的关系、作用过程及其边界条件。中外合作办学的"合作"属性决定了其知识任务的输入、过程、产出都依赖于中外合作高校。这也是中外合作办学必须要知识共享的原因。中外合作办学机构、项目的知识输入、分享和创造受到中外合作高校共同的影响,这种合作关系进而影响到合作办学机构、项目成员对自身、他人及组织的责任感和知识共享行为。这种知识互依性要求中外合作办学机构、项目的中外教师和组织管理人员紧密配合、共享知识、合作完成组织任务。

　　本书的研究问题是中外合作办学机构、项目组织管理人员和教师围绕中外合作高校输入知识资源,为实现知识传承、创新和应用质量而进行的知识共享影响因素及其相互关系。已有研究的知识共享相关理论为本书分析中外合作办学知识共享要素提供了依据,共同治理理论为本书提供了宏观、中观、微观的共建、共治、共享基础和依据,IPO 模型将组织过程分为输入、过程和输出三个环节,通过构建"输入—过程—输出"间的逻辑关系来说明组织的发生机制。以上理论为本书构建研究框架提供了理论依据和论证逻辑。

　　中外合作办学组织层面的整体输入要素反映了其作为组织的治理特征;中外合作办学知识共享是中外合作办学机构、项目教师和组织管理人员之间以知识为对象的交互行为,是一种典型的组织过程。知识共享本身既是过程又是活动,是影响组织效益的重要因素,而且知识共享对于知识组织的影响尤其重要,因此在关于知识组织的研究中,知识共享是无法回避的重要组织过程。综上所述,本书的基本框架如图 3-7 所示,按照IPO 模型,中外合作办学机构、项目组织因素、个人因素、知识因素、共享途径、信息技术因素等输入要素,通过影响其知识共享活动,直接或间接影响其有效性。

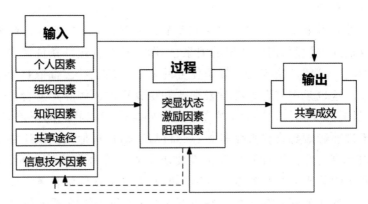

图 3-7　中外合作办学知识共享影响因素研究结构图

　　虽然本书以 IPO 模型为基础,充分借鉴知识共享其他相关理论和共同治理理论思想来研究中外合作办学知识共享影响因素及其相互关系,但是这一分析框架、思路并不可能解释中外合作办学知识共享现象的所有方面,也不可能穷尽其所有的影响因素。因此,本书倚重、借鉴知识共享相关研究,从 IPO 模型视角切入,探究中外合作办学知识共享影响因素及其相互关系。

第四章　中外合作办学知识共享的分析框架及方法

▶▶▶

　　研究设计是研究实施的"蓝图"。其目的在于进一步明晰研究问题，厘清研究思路、框架、过程和方法，并使研究的各议题有机统一。[①] 这一章的目的是厘清中外合作办学知识共享影响因素及其关系研究的核心问题、相关议题及其关系，并根据第三章搭建的研究框架，选择研究方法，分析研究的可靠性和有效性。

第一节　研究问题、分析框架及研究方法

　　随着对知识共享相关理论、已有研究以及中外合作办学机构、项目知识共享实践问题的深入了解，本书对高等学校知识共享研究和中外合作办学知识共享的研究有了更全面、深入的了解。在此基础上，本书进一步明确了研究问题及其边界，构建了研究框架，为深入研究中外合作办学知识共享影响因素及其关系提供科学方法和工具。

一、研究问题和内容

　　本书围绕以下问题进行：中外合作办学知识共享的内涵是什么，有什么特征？中外合作办学知识共享的关键影响因素是什么？影响中外合作

---

　　① 张兆芹，卢乃桂，彭新强.学习型学校的创建：教师组织学习力新视角[M].北京：教育科学出版社，2011：112.

办学知识共享的影响因素是如何相互作用的？

（一）验证本书理论模型在中外合作办学知识共享中的有效性

本书通过文献综述和理论建构发现,组织成员知识共享意愿、共享态度、信任倾向、自我效能感、互惠感知五个个人因素,组织价值观、组织文化、组织结构、组织领导力、组织认同、学科认同六个组织因素,知识因素,共享途径,信息技术因素共同影响高等学校知识共享,相应的激励因素和阻碍因素对高等学校知识共享具有调节作用。中外合作办学作为我国高等教育的组成部分,以上因素是否影响其知识共享过程和活动？因此,本书进一步研究以下问题：

1.本书分析框架中哪些因素影响中外合作办学知识共享？

2.中外合作办学知识共享各影响因素之间如何相互作用？

（二）进一步探索影响中外合作办学知识共享的其他因素

中外合作办学是我国高等教育的组成部分,但在诸多方面也存在其特殊性。本书在验证理论分析框架中影响中外合作办学知识共享因素之外,通过质性研究进一步探索下列问题：

1.除本书分析框架中经过验证的影响因素之外,还有哪些特殊因素影响中外合作办学知识共享？

2.这些新的因素和本书分析框架中经过验证的因素,如何相互作用？

（三）修正、再验证中外合作办学知识共享影响因素

为进一步验证基于量化和质性研究所得的影响中外合作办学知识共享影响因素及其相互关系,本书从中外两个角度选取案例,再验证、完善影响中外合作办学知识共享影响因素及其相互关系,并进一步回答下列问题：

1.本书量化和质性研究所验证、探索的中外合作办学知识共享影响因素有效性如何？

2.案例中还有哪些因素会影响中外合作办学知识共享？

二、分析框架

本书在理论研究、概念界定、文献综述基础上构建了中外合作办学知识共享影响因素及其相互关系研究的分析框架。在将分析框架与研究问题不断梳理、结合、论证的过程中,如图 4-1 所示,本书形成了研究路径：首先,使用量化研究来分析、验证高等学校知识共享因素在中外合作办学

知识共享中是否有影响,影响力有多大,各影响因素如何相互作用。其次,通过质性研究来探索、发现影响中外合作办学知识共享的其他因素,并进一步验证本书分析框架的解释力。再次,通过案例研究,再验证和再发现中外合作办学知识共享的影响因素及其作用机制,再修正、完善中外合作办学知识共享影响因素及其相互关系。

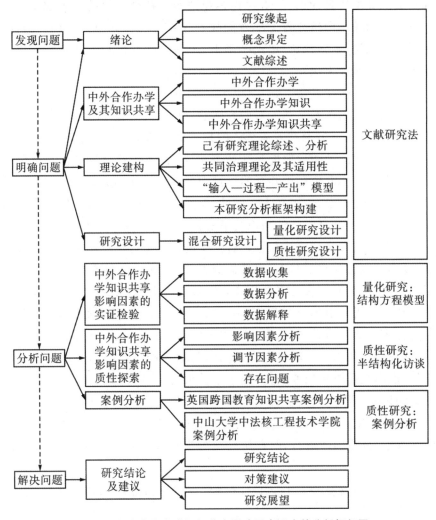

图 4-1　中外合作办学知识共享影响因素研究的分析框架图

三、研究方法

研究方法的选择取决于研究者如何回答关于本体论和方法论的三个关键问题:一是认识论问题。即研究者和研究对象关系的本质是什么,主要回答研究者和研究对象之间的关系。二是本体论问题。即研究对象的现实形式和本质是什么,是否存在客观现实或社会建构的客观现实。三是方法论问题。即研究者怎样才能找到他认为可以知道的东西。因此,在明确认识论、本体论、方法论基础上,本书选择量化和定性研究方法相结合的混合研究方法。

（一）混合研究方法

研究方法的选择是基于对研究问题、研究目的的考量,而不是对方法的迷恋。[①] 本书一方面在普遍承认的理论研究基础上,运用基于确认性、还原性、推理性、证明导向的量化研究方法,验证高等学校知识共享影响因素对中外合作办学知识共享的影响力及其相互作用关系。另一方面从事物的矛盾性出发,运用基于基础性、探索性、描述性、发现导向的质性研究方法,探究中外合作办学知识共享的特殊影响因素及其相互关系。

混合研究方法是质性和量化研究争论后产生的第三种研究范式或方法,以实用主义为哲学基础,聚焦研究结果,将研究问题本身的重要性置于方法之上,是研究人员将量化和质性研究概念、方法、技术、语言混合或组合到一个研究中的一类研究,其实质和形式仍在不断发展中。[②] 混合研究方法以结果为导向,采用两种或多种研究方法,从不同方面获得同一问题的材料、认识。不同研究方法的综合运用能够弥补单一方法固有的不足,提高收据收集的准确性,使本书能够更系统、深入地研究中外合作办学知识共享影响因素及其相互关系。根据量化、质性研究在同一研究中实施的顺序,混合研究方法主要有三种设计安排:一是量化和质性研究数据收集、分析同时进行,两种研究互为支持和补充;二是以量化或质性

---

① 埃文·塞德曼.访谈研究法[M].李政贤,译.台北:五南图书出版股份有限公司,2009:18.

② 张绘.混合研究方法的形成、研究设计与应用价值:对"第三种教育研究范式"的探析[J].复旦教育论坛,2012(5):51-57.

研究中的一种为主来收集、分析数据,另一种研究作为前一种研究的支持;三是将量化和质性研究数据进行转换,这主要指将质性数据转换为量化数据。[①]

本书的目的在于探索我国中外合作办学知识共享的影响因素及相互关系,需要量化研究和质性研究的数据收集、分析来共同支撑,因此,同时收集、分析量化和质性数据更适合本书。如图 4-2 所示,本书同步分别收集、分析量化数据和质性数据,聚合分析上述两类数据,以期分析结果更加稳健。

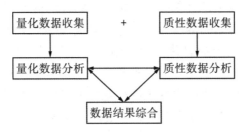

图 4-2　混合研究三角互证测量设计图

(二)研究过程

混合研究方法的多范式为本书的有效开展提供了方法支撑。本书通过提出假设、验证假设和问卷调查进行量化研究,通过访谈和文本资料收集进行质性研究,并将量化研究和质性研究相结合。

量化研究方法。量化研究采用科学方法的思维作为知识生成的手段,旨在测试理论,通过研究工具的可测量属性,增加对现象的预测性理解。本书使用自己设计的问卷收集量化数据,旨在验证个人、组织、知识、共享途径、信息技术几个方面的影响因素在中外合作办学知识共享中的作用情况及其相互关系;分析相应的激励及抑制因素对中外合作办学知识共享的影响情况;分析上述个人、组织、知识、共享途径、信息技术因素在中外合作办学知识共享的影响中的调节力。问卷中的知识共享影响因素在文献综述和理论建构部分已经说明,其他因素将在质性研究阶段进

---

① TEFERRA D, ALTBACH P G. African higher education: challenges for the 21st century[J]. Higher education, 2004(1):21-50.

行分析。

质性研究方法。解释主义观点认为只有通过语言、工具、文献、共享意义等人与社会的互动才能获得对现象的理解。本书质性数据收集、分析遵循解释性观点,通过半结构化访谈获得受访者丰富的真实观点。本书根据对中外合作办学的知识分类,访谈两个不同的群体,即组织管理人员和教师。本书共进行了 28 次半结构式访谈,访谈了 18 位教师和 10 位组织行政管理人员,包括试点和正式访谈。

本书目的是研究中外合作办学知识共享的影响因素及其相互关系。这个过程不仅涉及中外合作办学机构、项目,同时涉及与之相关的教务部门、国际处、发展规划处等,因此,本书选取这些部门的相关工作人员,深度访谈了解他们关于知识共享的价值、文化,以及他们对知识共享的看法。选择研究方法并不是对某种研究方法的依赖,解决问题才是方法选择的最终依据。量化研究中客观的衡量标准可以为本书验证中外合作办学知识共享影响因素提供基础,而质性研究方法可以对具体因素进行广泛、深入、动态的挖掘。量化和质性研究方法的有效结合和三角互证,为本书提供了有效的研究路径。

第二节　量化研究数据收集过程与方法

量化研究遵循实证主义方法,将研究对象视为外部客观世界,把研究者视为独立理性实体,强调研究标准的客观性,在一定研究假设基础上运用客观标准来测量、收集、分析数据,产生精确的研究结果。问卷调查法是本书量化数据收集所采用的方法。作为一种普遍的调查工具,问卷可使研究者收集到数量化、机构化的数据。[1] 本书中量化数据的收集为验证高等学校知识共享影响因素是否会影响中外合作办学知识共享,以及这种影响力大小和结构如何,提供了支撑和依据。

---

① 约翰·克雷斯维尔.混合方法研究导论[M].李敏谊,译.上海:上海格致出版社,2015:7.

一、问卷设计

本书在国内外高等学校知识共享相关文献综述、知识共享相关理论分析、中外合作办学组织管理人员和教师访谈基础上,借鉴高等学校知识共享案例分析及问卷调查,围绕本书的研究问题设计问卷。

（一）调查维度和指标选择

本书根据研究问题和研究目的,在知识共享相关理论分析和文献综述基础上提出问卷设计的维度和指标。中外合作办学知识共享影响因素包括个人因素、组织因素、知识因素、共享途径因素及信息技术因素五个方面。与此同时,共享的激励因素和阻碍因素会推动或阻碍中外合作办学知识共享的程度。本书选取以上几个方面的影响因素作为问卷设计的维度和变量,借鉴、参考其他学科、领域知识共享相关研究中的问卷,在综合分析上述材料基础上,选取合适的指标来反映上述维度及变量体系,最终确定了本书的调查问卷指标。

（二）问卷设计、调整与修改

本书中调查问卷的最终确立经历以下过程。一是设计问卷初稿。主要解决问卷调查的方法类型,问题的结构、顺序,以及表述、格式及排版等问题。本书中问卷采用李克特七度量表（Likert Scale）,第一部分是被调查者的个人基本信息,第二部分是问卷的主体部分,旨在测量中外合作办学知识共享影响因素及其影响程度。二是与本书作者所属研究团队成员及导师共同论证,确保问卷设计的合理性。三是基于对部分中外合作办学机构、项目组织管理人员及教师的实地访谈进行调整、修改,确保问卷更能反映本书目的。四是通过和研究者所属团队成员及导师论证再修订。

（三）问卷形成

根据问卷确定的中外合作办学知识共享影响因素,研究目的、内容及研究假设,本书将个人因素、组织因素、知识因素、共享途径、信息技术因素界定为自变量,将激励因素及阻碍因素界定为调节变量（见图4-3）,将共享成效界定为因变量。由此,本书形成了较为科学的变量体系及相对应的问卷题项。

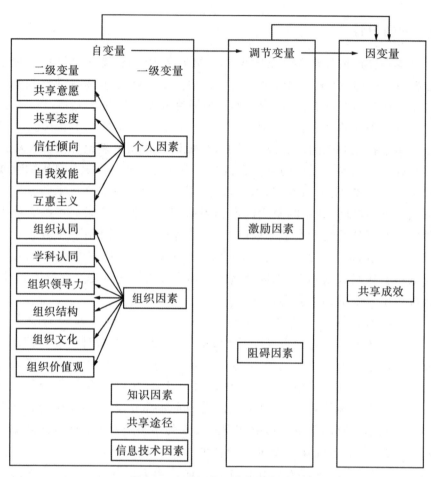

图 4-3　本书问卷设计变量关系图

　　本书问卷设计经历了理论设计、预调查等 5 次系统修改与完善。题型安排上,本书问卷设计主要采用封闭式问题,保证数据收集的统一性和结构性;题项表述精练、通俗易懂,没有使用双/多重倾向性[①]及超越问卷

---

　　①　艾尔・巴比.社会研究方法基础(第 4 版)[M].邱泽奇,译.北京:华夏出版社,2013:137-151.

填写者能力的问题[①]。

二、样本选择

选择对总体样本具有准确代表性的样本,是确保问卷调查有效性的重要因素。相比我国高等教育总体发展情况,中外合作办学体量很小,且大部分中外合作办学机构、项目和其相关学科专业共享教师,这种共享又是小规模和分散的,因此很难找到中外合作办学教学教师。另外,中外合作办学地理位置分散。在这种特殊情况下,根据代表性和可比性两个抽样原则,本书通过网络问卷进行收集数据。网络问卷成本低、地理范围广、数据收集速度快,为本书更经济、有效地收集数据提供了可行途径。本书选取了本科及以上中外合作办学机构、项目,通过其网站收集中外合作办学组织管理人员和教师的联系方式,主要是电子邮箱,并发放电子问卷。

三、问卷信度、效度分析

为保证问卷测量的质量,本书在进行量化数据分析之前,对问卷进行了信度、效度分析。

(一)信度分析

问卷信度指问卷作为测量工具对衡量所测内容的可信程度。测量结果的一致性和稳定性是判断问卷信度的观测维度。一致性反映问卷题项的重复度、区分度等;稳定性检验重复测量结果的相似度。本书运用SPSS 24.0版统计软件,采用克龙巴赫系数(Cronbach's alpha)检验问卷的内部一致性,实现信度分析。如表 4-1 所示,无论是问卷总体的克龙巴赫系数还是每个变量测量题项的克龙巴赫系数均大于 0.7,表明本书所制定问卷的内部一致性良好,信度较高。

---

① 劳伦斯·纽曼.社会研究方法:定性和定量的取向(第五版)[M].郝大海,译.北京:中国人民大学出版社,2007:339-364.

表 4-1　问卷信度测量表 *

变量	变量条款	Cronbach's Alpha	基于标准化项目的 Cronbach's Alpha	项目数	维度 信度
个人 因素	共享意愿	0.834	0.837	3	0.939
	共享态度	0.929	0.93	4	
	信任倾向	0.887	0.887	4	
	自我效能	0.935	0.936	2	
	互惠感知	0.883	0.889	2	
组织 因素	组织价值观	0.902	0.902	3	0.941
	组织文化	0.871	0.873	4	
	组织结构	0.839	0.842	4	
	组织领导力	0.766	0.767	3	
	组织认同	0.902	0.911	4	
	学科认同	0.769	0.768	3	
知识因素		0.903	0.903	6	
共享途径因素		0.752	0.753	3	
信息技术因素		0.899	0.899	5	
调节因素	激励因素	0.894	0.902	6	0.891
	阻碍因素	0.928	0.93	5	
共享成效		0.887	0.887	5	
总体情况		0.943	0.945	66	

　* Cronbach α 系数值在 0~1 之间,并与内部一致性及信度成正比。当 $\alpha < 0.5$ 时,代表内部一致性及信度不可接受;当 $0.5 < \alpha < 0.6$ 时,代表内部一致性及信度较差;当 $0.6 < \alpha < 0.7$ 时,代表内部一致性及信度可疑;当 $0.7 < \alpha < 0.8$ 时,代表内部一致性及信度可以接受;当 $0.8 < \alpha < 0.9$ 时,代表内部一致性及信度较好;当 $0.9 < \alpha < 1$ 时,代表内部一致性及信度非常好。

(二)效度分析

量化研究的效度主要指测量工具所测量概念的有效程度。问卷测量的效度主要回答问卷能否准确测量所要研究的概念以及在多大程度上能够反映所测量的内容,主要包括内容效度、结构效度和准则效度。本书只采用同一份问卷,主要检验内容效度和结构效度,即检验问卷题项内容、指标设计是否符合测量目标、要求,以及问卷题项所测结果与研究假设的相关性。

1.内容效度。本书问卷题项设计是基于文献综述和理论分析框架,结合中外合作知识共享现实情况来完成的。问卷设计过程中访谈了部分中外合作办学机构、项目组织管理人员和教师,并与管理学、社会学领域专业人士进行了交流,实施了预测。随后根据专家、学者及中外合作办学机构、项目部分组织管理人员、教师的建议和预测情况,完成了问卷的修改和完善,直至得到专业人士的共同认可。因此,本书所设计、使用的调查问卷具有良好的内容效度。

2.结构效度。结构效度主要包括区分效度和收敛效度。区分效度检验所测变量间的差异大小,收敛效度检验同一变量不同题项的一致性。本书运用验证性因子分析法,主要检验问卷的收敛效度。检验结果如表4-2所示,因子特征根共累积解释总体方差的 70.319%,各测量项目被因子解释的方差比例超过 59.735%,测量结构的一维性很好;Bartlett 球形检验的 Sig.<0.05,KMO 样本测度值均大于 0.7,适合进行下一步的因子分析。

表4-2 问卷测量条款的因子载荷、共性方差及一维检验效度测量表*

维度	取样足够度的 KMO 度量	Bartlett 球形度检验			累积总体方差
		近似卡方分布	自由度(df)	显著性(Sig.)	
个人因素	0.896	4866.641	105	0.000	70.536%
组织因素	0.934	5390.013	210	0.000	65.377%
知识因素	0.917	1561.339	21	0.000	63.470%
共享途径	0.705	416.129	3	0.000	72.881%
信息技术因素	0.887	1170.840	10	0.000	71.319%
激励因素	0.916	1728.119	28	0.000	59.735%
阻碍因素	0.898	1576.904	10	0.000	78.177%

续表

维度	取样足够度的 KMO 度量	Bartlett 球形度检验			累积总体方差
		近似卡方分布	自由度（df）	显著性（Sig.）	
共享成效	0.870	1105.871	10	0.000	69.040%
总体	0.921	19851.831	2346	0.000	70.319%

　＊ KMO 系数值在 0～1 之间，是用于比较变量间简单相关系数和偏相关系数的指标。当 KMO<0.5 时，代表极不适合做因子分析；当 0.5<KMO<0.6 时，代表不太适合做因子分析；当 0.6<KMO<0.7 时，代表勉强适合做因子分析；当 0.7<KMO<0.8 时，代表适合做因子分析；当 0.8<KMO<0.9 时，代表很适合做因子分析；当 0.9<KMO<1 时，代表非常适合做因子分析。

　　综合上述对本书问卷的内容效度与结构效度分析，本书的问卷通过了效度检验，有效程度较高。

第三节　质性研究数据收集过程与方法

　　研究者对人类行为领域的认识是人的社会建构过程，这也同样适用于研究者对研究对象的认识。质性研究倡导社会研究与分析的多元化，从不同视角对社会问题进行探究。本书收集中外合作办学机构、项目组织管理人员和教师的知识共享行为及心理、组织等多维度因素，来探索中外合作办学知识共享的影响因素及其相互作用关系。

一、样本选择

　　样本选择需要回答以下问题：什么地方寻找研究对象？寻找什么样的研究对象？收集什么样的资料？本书中质性研究的样本和量化研究来自同一个总体，即有一个合理的同质样本[①]，目的在于透过中外合作办学这一特殊的背景来深入探寻、挖掘该背景下其组织管理人员和教师知识

---

　　① 约翰·克雷斯威尔.混合方法研究导论[M].李敏谊，译.上海：上海格致出版社，2015：17.

共享的影响因素,解释这些影响因素的特殊性及其作用关系。因此,本书通过强度抽样、理论抽样、分层抽样、滚雪球抽样相结合的方法,一方面在中外合作办学法人机构、非法人机构、项目及其设立、举办高校相关职能部门中选取组织管理工作人员及教师作为访谈对象,另一方面从问卷调查中愿意接受访谈的中外合作办学机构、项目及其设立、举办高校组织工作人员及教师中选取访谈对象。

强度抽样即选取拥有高信息密度和强度的研究对象。本书从研究问题、研究目的出发,综合考虑影响中外合作办学知识共享的影响因素,选取可能具有代表性的对象进行访谈。由此,本书初期抽取 1 个不具有法人资格的中外合作办学机构和 1 个中外合作办学本科项目中的 2 位中方负责人进行了初步访谈。

理论抽样是依据研究概念、理论确定研究对象。该抽样方法贯穿本书中访谈及文本资料收集及数据分析始终,以期通过合理的对象发现、丰富、完善本书概念、理论。

分层抽样是将研究总体按某一特征分为若干层级,分别从各层级内随机抽样。为从多角度、多层面探索中外合作办学知识共享影响因素及相互作用关系,本书从组织和个人两个层面进行了抽样。组织抽样考虑高校类型、所在区域,中外合作办学机构、项目办学设立、举办基础、目的、时间、办学层次、涉及学科/专业,其他利益相关部门;个人抽样考虑其国籍、参加工作时间、中外合作办学机构/项目任职时间、职称。

滚雪球抽样即在访谈中征得访谈对象同意的情况下,请他们推介他们熟识且符合本书访谈目的的访谈对象。

经过不断调整,本书共访谈 28 人。如表 4-3 所示,本书访谈对象具有代表性,访谈实现了良好的信息饱和性。

表 4-3　受访者及其受访情况分布表

序号	受访者	区域	职务	合作办学时间	办学学科	参加工作时间	现部门就/兼职时间	职称
1	ABKJ	西北	非法人机构联合管理委员会委员,中方执行院长	4	工学	16	4	正高
2	ABCJ	西北	非法人机构中方教学副院长	4	工学	12	4	副高
3	BBLL	西南	非法人机构联合管理委员会委员,副院长	2	经济学	14	2	副高
4	BCYS	东北	国际教育学院院长	11	医学	21	17	正高
5	ABWL	华中	国际学院书记	9	教育学、文学、理学、管理学	15	6	副高
6	BCFY	西北	国际处科员	4	经济学	5	4	初级
7	BBZM	华北	国际处副科长	7	艺术学	7	7	中级
8	ABHA	西北	发展规划处科员	4	工学	5	0	初级
9	ABHY	西南	教务处科长	11	理学、工学	10	0	中级
10	ABRJ	西南	国际处合作办学办公室	17	经济学、理学、工学	9	9	中级
11	BCZY	西南	项目教师联络人	7	理学、工学、农学	8	8	中级
12	DASK	华东	法人机构行政工作人员	15	文学	7	7	
13	ABZJ	西北	非法人机构兼职教授	4	工学	22	4	正高
14	ABWH	西北	非法人机构兼职教授	4	工学	19	4	正高
15	BCYB	华东	项目专职教师	22	文学	13	13	副高
16	BCWB	华东	项目兼职教师	22	管理学	8	3	副高
17	BCNX	华东	项目兼职教师	15	经济学	9	2	副高

续表

序号	受访者	区域	职务	合作办学时间	办学学科	参加工作时间	现部门就/兼职时间	职称
18	BCLJ	华东	项目兼职教师	15	管理学	6	1	讲师
19	BCZQ	华东	项目兼职教师	4	艺术学	6	4	副高
20	BCYW	西南	项目管理兼教师	19	经济学	13	12	教授
21	BCXY	华东	项目专职教师	13	理学	9	9	副高
22	BCBH	华东	项目兼职教师	13	文学	11	2	副高
23	ABAB	西北	非法人机构联合管理委员会委员,执行副院长	4	工学	32	4	
24	DAXA	华东	法人机构国际教师	14	工学	17	3	
25	DAGP	华东	法人机构国际教师	14	理学	9	2	
26	BCXY	华东	项目飞行教师	22	经济学	21	4	
27	ABDS	华北	非法人机构外方教师	9	管理学	23	9	
28	ABWB	华南	非法人机构外方教师	9	工学	9	4	

二、质性资料的收集

质性研究从研究对象本身的架构来了解行为,探讨问题在脉络中的复杂性,具有独特性、描述性、启发性和归纳性的特点。[1] 本书中质性研究的目的在于对中外合作办学行动主体进行深度访谈,了解他们知识共享价值观念、个人感受、行为规范,对知识共享实践的所思所想,以及对个人经历事件的意义解释。[2] 充分挖掘他们知识共享过程中的独特因素,

---

[1] 凯瑟琳·马歇尔,格雷琴·罗斯曼.设计质性研究:有效研究计划的全程指导(第5版)[M].何江穗,译.重庆:重庆大学出版社,2015:113.
[2] 陈向明.质的研究方法与社会科学研究[M].北京:教育科学出版社,2000:169-170.

进而发现、解释中外合作办学知识共享的影响因素及其作用方式、背后原因。

本书所有访谈都在访谈前向访谈对象说明本书的目的及主题,并向其承诺访谈信息的保密性,访谈材料仅供本书所用,且模糊处理其个人信息,充分尊重访谈对象是否决定参与访谈的意愿。在此基础上,本书基于半结构化访谈提纲展开访谈,鼓励访谈对象自由表达,也根据受访者的具体情况灵活调整访谈程序和内容,同时注重追问,以期使访谈成为有深度的对话,获得更具意义的资料。[①] 访谈坚持一对一的形式,地点选择充分考虑访谈对象当时的方便情况,征得访谈对象同意之后,访谈全程录音。

由于中外合作办学机构、项目的协议、聘用合同或验证文件的不可查阅,或者部分合作办学机构、项目对相关文件的严密保护,因此,本书没有办法收集到以上数据。然而,在一些偶然的情况下,研究者发现个别合作办学的协议已经到期仍在运行,或者存在其他违规办学情况。本书没有使用这部分数据,但这并不影响本书的可信度。

三、质性资料的整理与分析

本书质性资料主要来自访谈,访谈录音经由作者逐字逐句校正、整理,最终形成访谈文字稿。基于对访谈对象隐私的尊重、研究伦理的遵循,以及为了本书的查找、分析,本书对转录文件进行了编号。

本书的资料分析是按照扎根理论要求进行的。在及时整理访谈资料基础上,本书遵循开放式登录、轴心式登录和选择式登录三个阶段完成。开放式登录阶段通过"定义现象—界定概念—命名范畴"展开,为将研究者个人主观性影响最小化,本书尽可能使用访谈资料中访谈对象的原话、原词。轴心式登录阶段借助"典范模型"[②],筛选频次高、重要程度高的范畴,以"轴心"范畴为核心不断扩展,将分解的资料数据重新整合,发现范畴与中外合作办学知识共享之间的关系。选择式登录阶段基于前两个阶段所得的范畴关系,在不断检验与调整后找出"故事线"。这样的分析过

---

① 文军,蒋逸民.质性研究概论[M].北京:北京大学出版社,2010:145-150.

② 朱丽叶·科宾,安塞儿姆·施特劳斯.质性研究的基础:形成扎根理论的程序与方法[M].朱光明,译.重庆:重庆大学出版社,2015:169.

程使得研究者有可能去探索中外合作办学知识共享影响因素的生成机制,反思围绕知识共享创造和解释的偶然条件。可比较分析且以各种方式加以整合的类别,为研究者超越数据,朝着主题、概念和理论的方向接近提供了基础。

四、质性研究的信度、效度分析

质性研究关注意义建构过程。本书质性研究的目的在于探索中外合作办学知识共享影响因素及其作用关系,研究过程的可信性、真实性及代表性是判断本书合格与否的重要观测点。[①]

(一)信度分析

信度即研究的可靠性和一致性,意味着研究的可复制程度。[②] 本书主要从以下几个方面来保证质性研究的信度:一是研究者的专业素养。本书作者从硕士开始研究中外合作办学,对中外合作办学有专业认知。另外,作者本科、硕士、博士阶段均就读教育学类专业,专业素养良好;个性随和,能够把握自身角色定位,和访谈对象建立良好的互动,分辨访谈资料的真实性。二是同行探讨。本书的结构化访谈和量化数据收集同步进行,在这一过程中,本书始终注重与研究、实践领域的专业人士探讨、交流。三是访谈对象检查。本书写作过程中,访谈对象检查是从两个方面来进行的,一方面是横向检查,即同一案例中不同访谈对象的检查;另一方面是通过和访谈对象长时间的接触和持续的观察,及时和访谈对象沟通,并追踪访谈。

(二)效度分析

质性研究的效度指研究的真实程度,主要指研究结论与事实的相符程度,或者"参与者对现实的建构程度"。无论采用哪种具体的质性研究方法或者方法组合,研究者个人的解释是这些研究的基础。本书除了尽可能收集丰富的、具有代表性的数据资料,与中外合作办学实践经验丰富的相关人员探讨,对部分访谈对象进行追踪访谈之外,还采用通过多角

---

① 陈向明.质的研究方法与社会科学研究[M].北京:教育科学出版社,2000:379-392.

② 李鸿儒.定性研究中的信度与效度[D].哈尔滨:哈尔滨工程大学,2011:21-24.

度、多立场收集同一主题材料的三角研究检验法来保证研究效度。三角研究检验法有时间、空间及调查者三个三角。[①] 本书主要采用了时间和空间三角。本书的时间三角指在同一时间节点收集不同人员类别、资料类别的数据。其中人员类别包括中外合作办学机构/项目组织管理人员、行政人员、教师，及其相关职能部门如国际处、教务处、发展规划处等部门组织管理人员，资料类别包括访谈记录、访谈录音、机构/项目官方网站信息、自评报告、规章制度等。本书的空间三角是指研究不同地域下的研究对象，涉及我国七个行政区域。本质上说，从研究者之外的多个来源即三角剖析多个来源寻求解释的有效性，为有效避免研究者偏见，增强研究者自反性，使研究者能够超越表面观察，做出更深层次的解释提供了重要依据。

（三）研究伦理与道德

为了保护访谈对象，本书全过程坚持研究的道德准则，在整个数据收集和分析过程中动态实现道德关注。实地研究中，研究者本身就是测量工具，其研究的内容和研究的方式同样重要。数据收集需要访谈对象与研究者分享他们的经验。即使研究人员提供匿名保证，质性方法中经常使用的小样本仍然可能意味着访谈实际上识别了访谈对象，访谈对象的身份可能会在不知不觉中被知晓。因此，为确保本书访谈对象的身份得到保护，本书将访谈对象姓名及所在具体机构匿名处理。

---

① 屈满学.略论定性研究的信度、效度及其伦理道德问题[J].当代教育论坛,2006(3):66-67.

第五章　中外合作办学知识共享影响因素的量化分析

▶▶▶

　　这一章运用第四章的分析框架,对本书问卷调查数据进行分析,检验个人、组织、知识、共享途径、信息技术五个方面的因素对中外合作办学知识共享的影响程度和影响方式,分析中外合作办学机构、项目,以及举办高校的知识共享激励因素和阻碍因素对中外合作办学知识共享的作用方式,以期能够帮助提出完善中外合作办学知识共享机制的有效对策建议。

第一节　研究假设、目的及内容

一、研究假设

　　本书基于 IPO 模型构建了中外合作办学知识共享影响因素分析框架,即中外合作办学个人、组织、知识、共享途径、信息技术等方面的输入要素影响其知识共享过程,也影响其知识共享成效;中外合作办学相关的知识共享激励要素实施和阻碍要素控制会对其知识共享成效产生影响。结合前文对知识共享影响因素的分析,本书提出了一系列有关中外合作办学知识共享影响因素的研究假设(见表 5-1)。

表 5-1　中外合作办学知识共享影响因素研究假设汇总表

总研究假设	子研究假设
H1:个人因素显著正向影响中外合作办学知识共享成效	H1a:个人共享意愿显著正向影响中外合作办学知识共享成效
	H1b:个人共享态度显著正向影响中外合作办学知识共享成效
	H1c:个人信任倾向显著正向影响中外合作办学知识共享成效
	H1d:个人自我效能显著正向影响中外合作办学知识共享成效
	H1e:个人互惠感知显著正向影响中外合作办学知识共享成效
H2:组织因素显著正向影响中外合作办学知识共享成效	H2a:组织认同显著正向影响中外合作办学知识共享成效
	H2b:学科认同显著正向影响中外合作办学知识共享成效
	H2c:组织领导力显著正向影响中外合作办学知识共享成效
	H2d:组织结构显著正向影响中外合作办学知识共享成效
	H2e:组织文化显著正向影响中外合作办学知识共享成效
	H2f:组织价值显著正向影响中外合作办学知识共享成效
H3:知识因素显著正向影响中外合作办学知识共享成效	
H4:共享途径显著正向影响中外合作办学知识共享成效	
H5:信息技术因素显著正向影响中外合作办学知识共享成效	
H6:激励因素对中外合作办学知识共享成效具有正调节效应	H6a:激励因素在中外合作办学个人因素对共享成效的正向影响中具有正调节效应
	H6b:激励因素在中外合作办学组织因素对共享成效的正向影响中具有正调节效应
	H6c:激励因素在中外合作办学知识因素对共享成效的正向影响中具有正调节效应
	H6d:激励因素在中外合作办学共享途径对共享成效的正向影响中具有正调节效应
	H6e:激励因素在中外合作办学信息技术因素对共享成效的正向影响中具有正调节效应

续表

总研究假设	子研究假设
H7：阻碍因素对中外合作办学知识共享成效具有负调节效应	H7a：阻碍因素在中外合作办学个人因素对共享成效的正向影响中具有负调节效应
	H7b：阻碍因素在中外合作办学组织因素对共享成效的正向影响中具有负调节效应
	H7c：阻碍因素在中外合作办学知识因素对共享成效的正向影响中具有负调节效应
	H7d：阻碍因素在中外合作办学共享途径对共享成效的正向影响中具有负调节效应
	H7e：阻碍因素在中外合作办学信息技术因素对共享成效的正向影响中具有负调节效应

二、研究目的及内容

明确研究目的是进行研究设计的一个重要环节，关系到研究设计乃至整个研究的质量。本书量化研究的目的是要检验高等学校知识共享影响因素对中外合作办学知识共享是否具有影响力，影响力如何。基于该研究目的，本书中量化研究的主要内容是探究影响中外合作办学知识共享的因素、这些因素之间的关系、作用效果。

三、数据收集

1.样本规模的确定

样本规模关系到研究结论的普适性、科学性。为此，确定合适的样本容量是完成本书的重要问题。样本规模至少大于50，最好是大于估计参数的5倍。样本规模与测量题项的比值应该在5∶1以上，最好达到10∶1。结构方程模型的建构样本规模应在150以上。运用极大似然法评估的样本规模需要在100以上，200较为适合。本书综合考虑上述观点，将样本规模确定为350～500。

2.问卷发放

本书主要通过微信、QQ、邮箱发放在线问卷，同时线下发放传统纸质版问卷作为辅助。问卷发放初期，本书利用熟人资源发放和回收问卷。

由于熟人有限且所在地域较集中,还要通过其他办法来发放问卷。但是本科及以上中外合作办学机构、项目数量有限,且比较分散,由来自中方高校相关学科专业,外方高校外派,中外合作办学机构、项目共同招聘这三个途径的人员构成,因此中外合作办学组织管理人员和教师地域分布十分广泛,这就使得发放纸质版不具有现实可行性。

结合访谈过程中的访谈对象建议,以及研究本身的可行性,本书主要通过邮件来发放问卷。本书在正常运行的本科及以上中外合作办学机构、项目的官方网站中共搜集到 6678 个相关样本对象的邮箱,通过邮件实现问卷的发放。为保证回收到的有效问卷规模达到本书的样本容量,本书共发放了 7000 多份问卷。

3.问卷的回收

本书共收回 431 份问卷,剔除 28 份无效问卷后,共计回收有效问卷 403 份,在 350~500 的理论样本规模范围之内。有效问卷和问卷有效率均达到进行数据分析的要求。具体来说,基于熟人,也就是研究者个人所熟识的,在中外合作办学机构、项目工作的组织工作人员,通过微信、QQ 发放问卷约 300 份,回收到 79 份。其中,有效问卷 73 份,全部为中国籍教师及组织管理人员回复。另外,通过电子邮件发放的问卷回收到 352 份,其中,回收中国籍教师及组织管理人员问卷 281 份,有效问卷 270 份,非中国籍教师及组织管理人员问卷 71 份,有效问卷 60 份。

基于以下几个原因,本书问卷回收率较低:一是样本对象自身的问题。部分中外合作办学机构、项目对其教师及组织管理人员信息更新不及时,导致有些样本已经不在中外合作办学机构、项目就职;部分中外合作办学机构、项目官方网站的教师及组织管理人员信息不真实,尤其是刚刚接受完评估的机构和项目,其网站只是为了迎接评估突击建设的,其组织管理人员,尤其是教师,多是临时借用的,部分发布在中外合作办学机构、项目官方网站上的组织管理人员和教师,并未实际参与合作办学机构、项目的实际工作;部分样本不愿意回答。以上原因在本书访谈中得到了验证。本书通过官方网站搜集邮箱,无法判断哪些是实际参与,哪些是没有实际参与的。二是无法回避的技术问题。本书主要通过群发邮件来发放电子问卷,每次发 30 个邮箱,这个过程中有些邮箱可能会存在发送不到的情况。三是测量工具,即问卷语言选择的问题。为了保证测量工具的一致性,本书只用英文版的问卷来收集量化数据。如果使用中、英文两个版本,即使翻译得较好,也可能因为工具不一致导致数据的偏差性。因此,本书在半结构化访谈过程中,在咨询很多中外合作办学机构、项目的组织管理人员和教师基础上,最终使用英文版问卷。但是中外合作办学机构、项目涉及 33 个国家(地区),虽然大多数合作办学机构、项目使用英语为教学语言,但也有部分国家的合作办学机构、项目教学语言使用其国家语言。这也使得部分不以英语为工作语言的组织管理人员及教师可能不填写问卷。

问卷的回收率虽然比较低,但是在半结构化访谈过程中,访谈对象解释了这一问题:低回复率才真正反映了中外合作办学机构、项目组织管理人员和教师极度不稳定的办学现状。因此。本书问卷样本对本科及以上中外合作办学机构、项目组织管理人员和教师总体样本具有代表性。

第五章依据回收的 403 份有效问卷,借助 Excel、SPSS 24.0 和 AMOS 24.0 软件展开数据分析。

第二节　描述性统计分析

一、样本组织分析

高等学校本科及以上中外合作办学机构、项目分布涉及我国 7 个行政区域,30 个省、自治区、直辖市,设立或举办高校有"双一流"建设高校、地方普通本科院校、民办高校。截至 2013 年 4 月,我国本科及以上中外合作办学法人机构 11 个,非法人机构 192 个,项目 1296 个。本书以判断抽样、简单随机抽样选择样本,综合考虑中外合作办学机构、项目所在地区,学校类别,机构设立或项目举办时间、目的、学科、途径,办学层次,和外方合作高等教育机构有无合作基础等情况。

(一)设立、举办高校情况

表 5-2 是样本中外合作办学机构、项目所在高校的情况。

高校类型。本书的 403 个样本中,来自"双一流"高校、非"双一流"地方本科院校、民办本科院校设立或举办的中外合作办学机构、项目的分别有 151 人、150 人、12 人,占 77.7%;来自具有独立法人资格的中外合作办学机构,即中外合作大学的有 90 人,占 22.3%。这符合中外合作办学不同办学类型的整体分布情况。

地域分布。本书 403 个样本地域分布如下:华北 52 个(12.90%)、东北 33 个(8.19%)、华东 178 个(44.17%)、中南 72 个(17.87%)、西南 40 个(9.93%)、西北 28 个(6.95%)。样本地域分布情况和我国中外合作办学机构、项目总体地域分布情况基本一致。

表 5-2 样本高校组织情况分布表

维度	项目	数量/个	百分比/%
类型	"双一流"高校	151	37.50
	非"双一流"地方本科院校	150	37.20
	民办本科院校	12	3.00
	中外合作大学	90	22.30
区域	华北	52	12.90
	东北	33	8.20
	华东	178	44.20
	中南	72	17.90
	西南	40	9.90
	西北	28	6.90

(二)设立、举办机构、项目情况

表 5-3 是样本中外合作办学机构项目组织情况分布。

办学目的。本书 403 个样本中,23.33%(94 个)的样本是配合国家外交大局设立、举办中外合作办学机构、项目,79.90%(322 个)的样本设立、举办中外合作办学机构、项目的目的是提升高校国际化办学水平,47.89%(193 个)的样本是为提升高校相关学科/专业国际影响力,36.23%(146 个)的样本为提升高校教育教学质量,14.39%(58 个)的样本为补充相关学科/专业不足,43.18%(174 个)的样本是为获得经济收益,30.52%(123 个)的样本是为其他目的。

办学基础。本书 403 个样本中,63.03%(254 个)的样本在正式设立、举办中外合作办学机构、项目前和外方合作办学教育机构没有其他国际合作和交流的基础,只有 36.97％(149 个)的样本在合作办学前有其他形式的合作、交流基础。

办学途径。基于本书 403 个样本,中外合作办学机构、项目设立或举办主要通过以下途径:35.48％(143 个)的样本基于和外方合作办学机构的其他国际合作与交流基础设立、举办中外合作办学机构、项目;24.07％(97 个)的样本依托国家外交机制开展合作办学;47.64％(192 个)、28.54％(115 个)的样本分别通过高校外事部门、二级教学单位设立或举办合作办学机构、项目;17.62％(71 个)、14.64％(59 个)的样本通过本校知名教授、海外校友开展合作办学活动;3.72％(15 个)、17.12％(69 个)、6.95％(28 个)、13.65％(55 个)的样本分别通过国际组织、国家机构、国际大学联盟、国际会议等途径开展了中外合作办学活动;10.17％(41 个)的样本通过第三方商业机构设立、举办中外合作办学机构、项目;10.42％(42 个)的样本则对本校设立、举办的中外合作办学途径不清楚。

机构设立、项目举办时间。除去计划举办但未举办以及对举办年限不清楚的 1.24％(5 个)的样本以外,本书 403 个样本的 34.99％(141 个)设立、举办的时间不到 5 年,63.28％(255 个)的机构、项目设立、举办时间不到 10 年,举办时间 20 年以上的只有 3.47％(14 个)。在我国涉外监管信息网公布的本科及以上中外合作办学机构、项目信息中,设立、举办时间 0～5 年、6～10 年、11～15 年、16～20 年、20 年以上的中外合作办学机构、项目分别是:311 个(26.22％)、573 个(48.31％)、25 个(2.11％)、246 个(20.74％)、31 个(2.61％)。样本机构、项目设立、举办时间分布基本符合本科及以上中外合作办学机构、项目举办时间发展特征。

办学层次。本书 403 个样本中,分别有 53.60％、31.70％、14.70％的样本对象所在高校中外合作办学开展了本科、硕士、博士层次的办学活动。样本办学层次结构和我国中外合作办学整体办学层次结构分布相符。

学科分布。《条例》规定,在义务教育、警察、军事、政治领域不得开展合作办学。本科及以上中外合作办学涉及除哲学、军事学外我国高校现行 11 个学科门类。根据所在学科专业布点数的多少,目前,本科及以上中外合作办学举办学科由多到少分别是工学、管理学。本书 403 个样本数中,经济学 149 个(12.80%)、法学 75 个(6.40%)、教育学 35 个(3.00%)、文学 86 个(7.40%)、历史学 36 个(3.10%)、理学 170 个(14.60%)、工学 273 个(23.50%)、农学 34 个(2.90%)、医学 39 个(3.40%)、管理学 170 个(14.60%)、艺术学 96 个(8.30%)。

表 5-3   样本机构/项目组织情况分布表

维度	项目	数量/个	百分比/%
办学目的	配合国家外交大局	94	23.33
	提升高校国际化办学水平	322	79.90
	提升高校相关学科/专业国际影响力	193	47.89
	提升高校教育教学质量	146	36.23
	补充相关学科/专业不足	58	14.39
	获得经济收益	174	43.18
	其他	123	30.52
办学基础	有	149	36.97
	没有	254	63.03
办学途径	在其他国际合作与交流形式基础上	143	35.48
	依托国家外交机制	97	24.07
	通过第三方商业机构	41	10.17
	高校外事部门	192	47.64
	学院层面	115	28.54
	知名教授	71	17.62
	海外校友	59	14.64
	国际会议	55	13.65
	国家机构	69	17.12
	国际大学联盟	28	6.95
	国际组织	15	3.72
	不清楚	42	10.42

续表

维度	项目	数量/个	百分比/%
设立或举办时间	0~5 年	141	34.99
	6~10 年	114	28.29
	11~15 年	100	24.81
	16~20 年	29	7.20
	20 年以上	14	3.47
	计划举办但未举办	1	0.25
	不清楚	4	0.99
层次	本科	358	53.60
	硕士	212	31.70
	博士	98	14.70
学科	经济学	149	12.80
	法学	75	6.40
	教育学	35	3.00
	文学	86	7.40
	历史学	36	3.10
	理学	170	14.60
	工学	273	23.50
	农学	34	2.90
	医学	39	3.40
	管理学	170	14.60
	艺术学	96	8.30

二、样本个体分析

表 5-4 是个人样本结构分布表。

身份。按照中外合作办学知识分类及其涉及人员,本书研究对象主要为在中外合作办学机构、项目教学教师,和中外合作办学工作相关的高校行政工作人员,中外合作办学机构、项目的组织管理者及行政工作人员。本书 403 个样本中,241 人(53.68%)在中外合作办学机构、项目开展教学或研究工作,89 人(19.82%)在具有法人资格的中外合作办学机构、中外合作办学非法人机构/项目设立/举办高校行政部门从事和中外合作办学机构、项目相关工作,60(13.36%)人直接从事中外合作办学机构、项目的管理工作,59 人(13.14%)在中外合作办学机构、项目从事行政工作。样本人员身份结构符合中外合作办学机构、项目人员组织分布特征。

国籍。中外合作办学机构、项目是中国教育机构和外国教育机构合作的组织间组织,其教师及组织管理工作人员来源由三部分组成,即中外合作高校派出的中外籍教师及组织管理工作人员,还有合作办学机构、项目依照一定标准招聘的国际或国内师资及组织管理工作人员。本书采取简单分类,将在中外合作办学机构、项目工作的教师及组织管理人员分为中国籍和非中国籍。本书的 403 个样本中,中国籍和非中国籍教师及组织管理工作人数分别为 343 人(85.10%)和 60 人(14.90%)。非中国籍教师比例在具有法人资格的中外合作办学机构比例较高,不具有法人资格的中外合作小学机构次之,合作办学项目中比例较低。由于本书的可行性程度,非中国籍样本是本书通过熟人关系及网络问卷获得的数据,虽然只占到样本总量的 14.89%,但依然是本书做了最大努力所得到的。

工作部门。中外合作办学机构、项目是中外教育机构合作的组织间合作组织,其构成性质决定了其工作人员来源。本书 403 个样本中,239 人(59.31%)来自中外合作办学机构、项目,164 人来自中外合作办学非法人机构、项目设立或举办高校国际处、教务处、发展规划处、其他行政部门及其他教学单位。样本工作部门分布结构符合中外合作办学人员结构。

参加工作及现部门任职时间。和传统大学人员构成不同,中外合作办学机构、项目以青年教师为主。本书样本中,参加工作 0~5 年的有 121 人(30.00%),6~10 年的有 169 人(41.90%),11~15 年的有 73 人(18.10%),16~20 年的有 18 人(4.50%),20 年以上的有 22 人(5.50%)。然而,这些教师及组织管理工作人员在现部门任职时间都较短,0~5 年的有 275 人(68.20%),6~10 年的有 100 人(24.80%),11~15 年的有 23 人(5.70%),16~20 年的有 3 人(0.70%),20 年以上的只有 2 人(0.50%)。由此可见,分别有 68.24%、93.05%的样本量涉及中外合作办学的教师及组织管理工作人员直接工作经验不超过 5 年、10 年,中外合作办学机构、项目工作人员直接工作经验较少。然而,这和我国中外合作办学设立、举办时间一致,所以样本分布与实际办学情况相符。

职称结构。本书 403 个样本中,具有初级、中级、副高级、正高级职称的教师及组织管理工作人数分别是 164 人(40.70%)、144 人(35.70%)、57 人(14.10%)、38 人(9.40%),76.40%的样本只有初级和中级职称,高级职称占 23.50%。样本职称结构和其参加工作时间及在现部门工作时间相符,符合本书中研究对象群体的职称结构。

表 5-4 个人样本结构分布表

维度	项目	数量/人	百分比/%
国籍	中国籍	343	85.10
	非中国籍	60	14.90
身份	教学教师	241	53.68
	学校行政工作人员	89	19.82
	中外合作办学机构/项目管理者	60	13.36
	中外合作办学机构/项目行政工作人员	59	13.14
所在部门	不具有法人资格的中外合作办学机构	73	18.10
	中外合作办学项目	76	18.90
	高校国际处	33	8.20
	高校教务处	15	3.70
	高校发展规划处	12	3.00
	高校其他行政部门	20	5.00
	高校其他教学单位	174	43.20
参加工作时间	0～5 年	121	30.00
	6～10 年	169	41.90
	11～15 年	73	18.10
	16～20 年	18	4.50
	20 年以上	22	5.50

续表

维度	项目	数量/人	百分比/%
职称	初级	164	40.70
	中级	144	35.70
	副高	57	14.10
	正高	38	9.40
现部门 任职时间	0～5 年	275	68.20
	6～10 年	100	24.80
	11～15 年	23	5.70
	16～20 年	3	0.70
	20 年以上	2	0.50

第三节　验证性因子分析

　　验证性因子分析(Confirmatory Factor Analysis,CFA)是测试因子与其对应的测度项之间的关系是否符合研究设计理论关系的统计分析。它允许研究者明确描述一个模型中的细节,通过结构方程模型来测试问卷的因素结构模型和实际收集的数据是否拟合,指标变量是否可以作为潜在变量的有效测量变量的程序。

　　本书运用 AMOS24.0 软件对样本进行验证性因子分析。计算个人因素、组织因素、知识因素、共享途径因素和信息技术因素和共享成效的组合信度(Composite Reliability,CR)、平均方差提取值(Average Variance Extracted,AVE)进行收敛效度检验;运用 AVE 和相关系数的平方比较法进行区别效度检验;使用结构方程模型的拟合指数来检验结构方程模型的拟合度,估计结构方程模型路径回归系数,并根据路径回归系数进行假设检验得出结果;使用 Bootstrap 法检验共享激励因素和阻碍因素是否在个人因素、组织因素与共享成效之间存在调节效应。

一、指标选择

因子载荷(Factor Loading)是第 i 个变量在第 j 个公共因子上的负荷,它反映了第 i 个变量在第 j 个公共因子上的相对重要性。因子载荷估计值绝对值应大于 0.5,最佳指标值应大于 0.7。AVE 作为检验结构变量内部一致性的统计量,其指标值应大于 0.5。CR 作为衡量或检验潜在变量的信度指标,其值应高于 0.7。以上三个指标为本书进一步判断收敛效度提供了衡量依据。本书在上述基础上,采用极大似然法对中外合作办学知识共享影响因素及其关系的结构方程模型进行估计,并通过下述指标验证模型拟合度:

1.拟合优度的卡方(χ^2)检验(χ^2 Goodness-of-Fit Test)。χ^2 检验可以统计样本的实际观测值与理论推测值之间的偏离程度,是结构方程模型拟合最基本的检验指标。χ^2 越小,实际观测值与理论推测值的偏差程度越小。由于 χ^2 大小容易受到样本量的影响,但 χ^2 和自由度(df)一起使用可以说明模型正确性的概率,本书用 χ^2/df 值来检验,即检验样本协方差矩阵和估计方差矩阵之间的相似程度。χ^2/df 值越接近 1,表示模拟拟合度越高。通常 χ^2/df 值小于 3(较宽松的规定值是 5.0)时,表示模型的适配度较佳。

2.近似误差均方根指数(Root-Mean-Square Error of Approximation,RMSEA)。RMSEA 是评价模型不拟合指数,受样本量影响较小,对错误模型比较敏感,是比较理想的拟合指标。RMSEA 值越接近 0,表示模型拟合越好。通常 RMSEA 小于 0.08 时,表示模型有良好的配适度。

3.拟合优度指数(Goodness-of-fit Index,GFI)。GFI 是模型良适性适配指标,相当于复回归分析中的决定系数 R 平方,在最大似然和最小二乘法中比较稳定。GFI 取值介于 0~1 之间,越接近 1,表示拟合越好,大于 0.9 为理想值。AGFI 为调整后的 GFI。

4.规范拟合指数(Normed Fit Index,NFI)、修正拟合指数(Incremental Fit Index,IFI)、比较拟合指数(Comparative Fit Index,CFI)和非规范适配度指标(Tucker-Lewis Index,TLI)。NFI 是一种相对拟合指数,是理论模型的卡方减少的比例,对数据非正态和小样本容量非常敏感。IFI 是对 NFI 的修正,减少了对样本量的依赖。CFI 则克服了 NFI 在嵌套模式上所产生的缺失,通过独立模型比较来评价拟合度,对模型的拟合度的估计表现相当好。TLI 是修正了 NFI,把自由度或模型复杂度考虑在内,将自由度也作为模型复杂度的测量标准。NFI、IFI、CFI、TLI 均大于 0.9 时,表示模型适配度较好。

二、因子分析

本书前文已经对影响知识共享的个人因素、组织因素、知识因素、共享途径、技术因素、激励因素、阻碍因素进行了探讨。这部分主要是在前期基础上验证上述因素在中外合作办学这一特殊场域中的影响。

（一）自变量因子分析

1.个人因素因子分析

在个人因素特征中,本书主要考察个人共享意愿、共享态度、信任倾向、自我效能、互惠感知五个特征因素对中外合作办学知识共享成效的影响,进一步验证影响高等学校知识共享的一般个人因素是否显著影响中外合作办学这一特殊情境下知识共享成效。即验证本书的以下假设:

H1a:个人共享意愿因素显著影响中外合作办学知识共享成效;

H1b:个人共享态度因素显著影响中外合作办学知识共享成效;

H1c:个人信任倾向因素显著影响中外合作办学知识共享成效;

H1d:个人自我效能因素显著影响中外合作办学知识共享成效;

H1e:个人互惠感知因素显著影响中外合作办学知识共享成效。

本书分别以个人共享意愿、共享态度、信任倾向、自我效能、互惠感知的数据建立模型,如图 5-1 所示,$\chi^2/df(254.080/80)$ 值为 3.176,RMSEA 值为 0.074（<0.08）,GFI 值为 0.929（>0.9）,AGFI 值为 0.893（<0.9）,NFI 值为 0.949（>0.9）,IFI 的值为 0.964（>0.9）、CFI 的值为 0.964（>0.9）、TLI 值的为 0.953（>0.9）。除 AGFI 值略小于 0.9 以外,其他拟合指数均达到判断标准。如表 5-5 所示,个人共享意愿、共享态度、信任倾向、自我效能、互惠感知的因子载荷均在 0.7 以上,CR 值均在 0.8 以上,AVE 的值均在 0.6 以上,说明个人因素具有较好的收敛效度,表明模型配适度合理。综上所述,本书假设 H1a、H1b、H1c、H1d、H1e 成立,个人共享意愿、共享态度、信任倾向、自我效能、互惠感知因素显著影响中外合作办学知识共享成效。

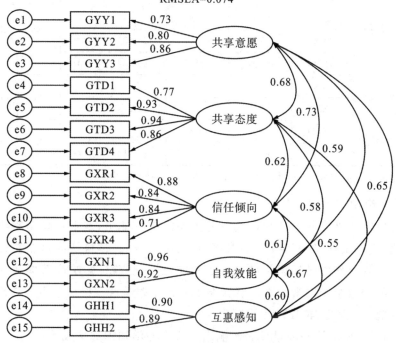

卡方值=254.080 DF=80 NFl=0.949 IFI=0.964 CFl=0.964
CHVDF=3.176 p=0.000 TLI=0.953
GFl=0.929 AGFI=0.893
RMSEA=0.074

图 5-1 个人因素的验证性因子分析图

表 5-5 个人因素参数估计摘要表

维度	题项	因子载荷	标准误	T	P	CR	AVE
共享意愿	GYY1	0.735				0.843	0.643
	GYY2	0.802	0.067	15.324	***		
	GYY3	0.864	0.065	16.266	***		
共享态度	GTD1	0.773				0.930	0.768
	GTD2	0.929	0.057	21.167	***		
	GTD3	0.937	0.052	21.362	***		
	GTD4	0.857	0.052	19.076	***		

续表

维度	题项	因子载荷	标准误	T	P	CR	AVE
信任倾向	GXR1	0.876				0.889	0.669
	GXR2	0.836	0.047	21.344	***		
	GXR3	0.840	0.044	21.501	***		
	GXR4	0.709	0.046	16.482	***		
自我效能	GXN1	0.958				0.937	0.881
	GXN2	0.919	0.034	26.215	***		
互惠感知	GHH1	0.902				0.889	0.800
	GHH2	0.887	0.056	20.415	***		

注：* 表示 $P<0.05$；** 表示 $P<0.01$；*** 表示 $P<0.001$.

2.组织因素因子分析

影响中外合作办学知识共享的组织因素特征中,本书主要考察组织价值、组织文化、组织结构、组织领导力、组织认同、学科认同六个特征因素对中外合作办学知识共享成效的影响,进一步验证影响高等学校知识共享的一般组织因素是否显著影响中外合作办学这一特殊情境下知识共享成效。即验证本书的以下假设：

H2a:组织认同因素显著影响中外合作办学知识共享成效；

H2b:学科认同因素显著影响中外合作办学知识共享成效；

H2c:组织领导力因素显著影响中外合作办学知识共享成效；

H2d:组织结构因素显著影响中外合作办学知识共享成效；

H2e:组织文化因素显著影响中外合作办学知识共享成效；

H2f:组织价值因素显著影响中外合作办学知识共享成效。

本书分别以组织认同、学科认同、组织领导力、组织结构、组织文化、组织价值的数据建立模型,如图 5-2 所示,$\chi^2/\mathrm{df}(310.244/174)$ 值为 1.783,RMSEA 值为 0.044(<0.08),GFI 值为 0.931(>0.9),AGFI 值为 0.908(>0.9),NFI 值为 0.944(>0.9),IFI 的值为 0.974(>0.9)、CFI 的值为 0.974(>0.9)、TLI 值的为 0.969(>0.9)。所有拟合指数达到判断标准。如表 5-6 所示,组织认同、学科认同、组织领导力、组织结构、组织文化、组织价值的因子载荷均在 0.6 以上,CR 值均在 0.7 以上,AVE 的值均在 0.5 以上,说明组织因素具有较好的收敛效度,表明模型配适度合理。
综上所述,本书假设 H2a、H2b、H2c、H2d、H2e、H2f 成立,组织认同、学
科认同、组织领导力、组织结构、组织文化、组织价值因素显著影响中外合
作办学知识共享成效。

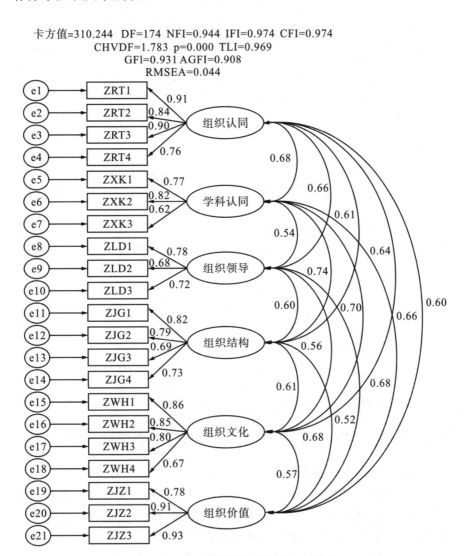

图 5-2 组织因素的验证性因子分析图

表5-6　组织因素参数估计摘要表

维度	题项	因子载荷	标准误	T	P	CR	AVE
组织认同	ZRT1	0.906				0.913	0.726
	ZRT2	0.838	0.039	23.359	***		
	ZRT3	0.896	0.043	26.864	***		
	ZRT4	0.760	0.058	19.479	***		
学科认同	ZXK1	0.769				0.785	0.553
	ZXK2	0.824	0.078	15.751	***		
	ZXK3	0.623	0.067	11.972	***		
组织领导	ZLD1	0.775				0.769	0.527
	ZLD2	0.677	0.073	12.161	***		
	ZLD3	0.722	0.082	12.814	***		
组织结构	ZJG1	0.819				0.844	0.576
	ZJG2	0.786	0.060	16.824	***		
	ZJG3	0.694	0.062	14.479	***		
	ZJG4	0.731	0.067	15.430	***		
组织文化	ZWH1	0.863				0.876	0.641
	ZWH2	0.851	0.043	20.976	***		
	ZWH3	0.802	0.052	19.226	***		
	ZWH4	0.672	0.053	14.933	***		
组织价值	ZJZ1	0.778				0.907	0.766
	ZJZ2	0.909	0.057	20.386	***		
	ZJZ3	0.931	0.062	20.818	***		

注：* 表示 $P<0.05$；** 表示 $P<0.01$；*** 表示 $P<0.001$.

3.知识因素因子分析

影响中外合作办学知识共享的知识因素特征中，本书进一步验证影响高等学校知识共享的一般知识因素是否显著影响中外合作办学这一特殊情境下知识共享成效。即验证本书的以下假设：

H3:知识因素显著影响中外合作办学知识共享成效。

本书分别以知识因素题项的数据建立模型,如图 5-3 所示,χ^2/df(26.739/9)值为 2.971,RMSEA 值为 0.070($<$0.08),GFI 值为 0.978($>$0.9),AGFI 值为 0.949($>$0.9),NFI 值为 0.981($>$0.9),IFI 的值为 0.987($>$0.9)、CFI 的值为 0.987($>$0.9)、TLI 值的为 0.979($>$0.9)。所有拟合指数达到判断标准。如表 5-7 所示,知识因素的因子载荷均在 0.7 以上,CR 值均在 0.9 以上,AVE 的值均在 0.6 以上,说明知识因素具有较好的收敛效度,表明模型配适度合理。

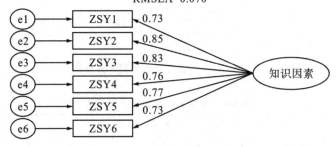

卡方值=26.739 DF=9 NFI=0.981 IFI=0.987 CFI=0.987
CHVDF=2.971 p=0.002 TLI=0.979
GFI=0.978 AGFI=0.949
RMSEA=0.070

图 5-3 知识因素的验证性因子分析图

表 5-7 知识因素参数估计摘要表

变量	题项	因子载荷	标准误	T	P	CR	AVE
知识因素	ZSY1	0.733				0.904	0.612
	ZSY2	0.854	0.085	16.846	***		
	ZSY3	0.835	0.077	16.457	***		
	ZSY4	0.764	0.087	15.030	***		
	ZSY5	0.771	0.077	15.170	***		
	ZSY6	0.730	0.075	14.331	***		

注:* 表示 $P<0.05$;** 表示 $P<0.01$;*** 表示 $P<0.001$.

4.共享途径因子分析

为验证影响高等学校知识共享的一般知识共享途径因素是否显著影响中外合作办学这一特殊情境下知识共享成效。即验证本书的以下假设:

H4:知识共享途径显著影响中外合作办学知识共享成效。

本书分别以共享途径题项的数据建立模型,如图5-4所示,χ^2值为0, df 为0,模型中所有参数只能有唯一解,形成数据与模型间完美适配的情形,因此共享途径因素为饱和模型。如表5-8所示,共享途径的因子载荷均在0.7以上,CR 值在0.8以上,AVE 的值在0.5以上,具有较好的收敛效度。

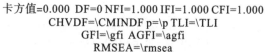

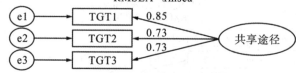

图 5-4　共享途径的验证性因子分析图

表 5-8　共享途径参数估计摘要表

变量	题项	因子载荷	标准误	T	P	CR	AVE
共享途径	TGT1	0.855				0.816	0.598
	TGT2	0.730	0.073	13.088	***		
	TGT3	0.728	0.068	13.066	***		

注:* 表示 $P<0.05$;** 表示 $P<0.01$;*** 表示 $P<0.001$.

5.信息技术因素因子分析

为验证影响高等学校知识共享的一般信息技术因素是否显著影响中外合作办学这一特殊情境下知识共享成效。即验证本书的以下假设:

H5:信息技术因素显著影响中外合作办学知识共享成效。

本书分别以共享途径题项的数据建立模型,如图 5-5 所示,χ^2/df (7.067/5)值为 1.413,RMSEA 值为 0.032(<0.08),GFI 值为 0.993 (>0.9),AGFI 值为 0.978(>0.9),NFI 值为 0.994(>0.9),IFI 的值为 0.998 (>0.9)、CFI 的值为 0.998(>0.9)、TLI 值的为 0.996(>0.9)。如表 5-9 所示,共享途径的因子载荷均在 0.7 以上,CR 值为 0.9,AVE 的值在 0.6 以上,具有较好的收敛效度。

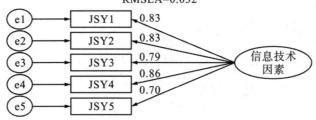

图 5-5　信息技术因素的验证性因子分析图

表 5-9　信息技术因素参数估计摘要表

变量	题项	因子载荷	标准误	T	P	CR	AVE
信息技术因素	JSY1	0.826				0.900	0.644
	JSY2	0.834	0.050	19.343	***		
	JSY3	0.785	0.058	17.807	***		
	JSY4	0.855	0.054	20.020	***		
	JSY5	0.702	0.052	15.330	***		

注：* 表示 $P<0.05$；** 表示 $P<0.01$；*** 表示 $P<0.001$.

（二）因变量因子分析

本书分别以成效题项的数据建立模型，如图 5-6 所示，$\chi^2/\mathrm{df}(16.764/5)$ 值为 3.353，RMSEA 值为 0.077（<0.08），GFI 值为 0.983（>0.9），AGFI 值为 0.950（>0.9），NFI 值为 0.985（>0.9），IFI 的值为 0.989（>0.9）、CFI 的值为 0.989（>0.9）、TLI 值的为 0.979（>0.9）。如表 5-10 所示，共享成效的因子载荷均在 0.6 以上，CR 值为 0.8 以上，AVE 的值在 0.6 以上，具有较好的收敛效度。

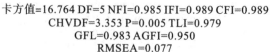

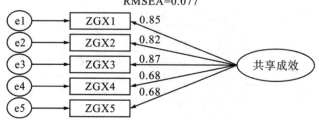

图 5-6　共享成效的验证性因子分析图

表 5-10　共享成效参数估计摘要表

变量	题项	因子载荷	标准误	T	P	CR	AVE
共享成效	ZGX1	0.849				0.888	0.617
	ZGX2	0.824	0.050	19.720	***		
	ZGX3	0.874	0.050	21.379	***		
	ZGX4	0.681	0.055	15.062	***		
	ZGX5	0.677	0.050	14.929	***		

注：* 表示 $P<0.05$；** 表示 $P<0.01$；*** 表示 $P<0.001$.

（三）调节变量因子分析

调节变量是指影响自变量和因变量关系的方向和强弱的变量。调节变量可以是质性的，也可以是量化的。本书中，激励因素和阻碍因素是影响个人因素、组织因素对共享成效的关系的调节变量。

1.激励因素的因子分析

为验证影响高等学校知识共享的一般激励因素，在中外合作办学个人、组织、知识、共享途径、信息技术因素是否对知识共享成效有调节效应。本书分别以激励因素题项的数据建立模型。由于初始模型 χ^2/df、RMSEA 均没有达到标准，因此根据模型修正指标，增加了 ZJL7 和 ZJL8 残差的共变关系。如图 5-7 所示，修正后的验证性因子分析 χ^2/df（22.373/8）值为 2.797，RMSEA 值为 0.067（<0.08），GFI 值为 0.981（>0.9），AGFI 值为 0.950（>0.9），NFI 值为 0.984（>0.9），IFI 的值为

0.990（＞0.9）、CFI 的值为 0.990（＞0.9）、TLI 值的为 0.981（＞0.9）。所有拟合指数达到判断标准。如表 5-11 所示，激励因素的因子载荷均在 0.6以上，CR 值在 0.8 以上，AVE 的值在 0.5 以上，说明激励因素具有较好的收敛效度。

卡方值=74.033 DF=9 NFL=0.948 IFI=0.954 CFI=0.954
CHVDF=8.226 P=0.000 TLI=0.923
GFL=0.937 AGFI=0.854
RMSEA=0.134

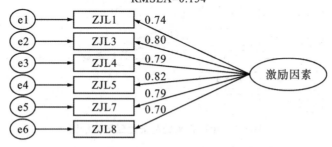

图 5-7　激励因素的验证性因子分析图

表 5-11　激励因素参数估计摘要表

变量	题项	因子载荷	标准误	T	P	CR	AVE
激励因素	ZJL1	0.746				0.899	0.598
	ZJL3	0.821	0.084	16.372	***		
	ZJL4	0.806	0.074	16.047	***		
	ZJL5	0.819	0.083	16.325	***		
	ZJL7	0.794	0.091	15.797	***		
	ZJL8	0.639	0.072	12.450	***		

注：* 表示 $P<0.05$；** 表示 $P<0.01$；*** 表示 $P<0.001$.

2.阻碍因素因子分析

为验证影响高等学校知识共享的一般阻碍因素在中外合作办学个人、组织、知识、共享途径、信息技术因素是否对知识共享成效有调节效应。本书分别以阻碍因素题项的数据建立模型。如图 5-8 所示，修正后的验证性因子分析 χ^2/df（16.040/5）值为 3.208，RMSEA 值为 0.074（＜0.08），GFI 值为 0.985（＞0.9），AGFI 值为 0.954（＞0.9），NFI 值为 0.990

（＞0.9），IFI 的值为 0.993（＞0.9）、CFI 的值为 0.993（＞0.9）、TLI 值的为 0.986（＞0.9）。所有拟合指数达到判断标准。如表 5-12 所示，阻碍因素的因子载荷均在 0.8 以上，CR 值在 0.9 以上，AVE 的值均在 0.7 以上，说明阻碍因素具有较好的收敛效度。

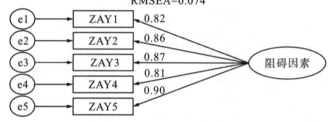

卡方值=16.040 DF=5 NFI=0.990 IFI=0.993 CFI=0.993
CHVDF=3.208 P=0.007 TLI=0.986
GFL=0.985 AGFI=0.954
RMSEA=0.074

图 5-8　阻碍因素的验证性因子分析图

表 5-12　阻碍因素参数估计摘要表

变量	题项	因子载荷	标准误	T	P	CR	AVE
阻碍因素	ZAY1	0.823				0.931	0.731
	ZAY2	0.861	0.047	21.014	***		
	ZAY3	0.871	0.048	21.421	***		
	ZAY4	0.812	0.056	19.244	***		
	ZAY5	0.905	0.046	22.693	***		

注：* 表示 $P<0.05$；** 表示 $P<0.01$；*** 表示 $P<0.001$.

三、相关性分析

为分析本书中外合作办学知识共享自变量、因变量、调节变量之间是否存在相关关系，本书运用 SPSS 24.0 对以上各变量要素进行了相关性分析。皮尔逊（Pearson）相关系数是用来衡量两个定距变量间的线性关系。相关系数的值在 −1 到 1 之间，其绝对值越大，表明两者的相关性越强。相关系数越接近于 1 或 −1，相关度越强，反之则越弱。此外，判断相关关系需要综合考虑相关系数和显著性水平，只有在相关系数大于 0 且显著性水平 Sig.<0.05 的情况下才能说明变量之间是相关的。如表 5-13 所示,个人因素、组织因素、知识因素、共享途径、信息技术因素、阻碍因素、激励因素与共享成效的 P 均小于 0.05,说明存在显著的正相关关系。相关系数分别为 0.469、0.459、0.576、0.499、0.485、−0.188、0.221,说明个人因素、组织因素、知识因素、共享途径、信息技术因素、激励因素表现水平越高,预期贡献表现水平越高;阻碍因素表现水平越高,预期贡献表现水平越低。

表 5-13 自变量、调节变量及因变量相关性分析表

维度	个人因素	组织因素	知识因素	共享途径	信息技术因素	阻碍因素	激励因素	共享成效
个人因素	1							
组织因素	0.379**	1						
知识因素	0.386**	0.330**	1					
共享途径	0.359**	0.461**	0.503**	1				
信息技术因素	0.343**	0.288**	0.402**	0.354**	1			
阻碍因素	−0.042	−0.128*	−0.148**	−0.045	−0.115*	1		
激励因素	0.149**	0.182**	0.120*	0.121*	0.162**	−0.539**	1	
共享成效	0.469**	0.459**	0.576**	0.499**	0.485**	−0.188**	0.221**	1

注:* 表示 $P<0.05$;** 表示 $P<0.01$;*** 表示 $P<0.001$.

第四节 结构方程模型分析

一、方法选择与介绍

为验证假设,进一步探讨中外合作办学知识共享的影响因素及其作用关系,本书考查、描述和反映中外合作办学知识共享过程中各影响因素之间的变化规律,合理把握中外合作办学知识共享成效受个人因素、组织

因素、知识因素、共享途径、信息技术因素、激励因素和阻碍因素影响的程度,为实施有效的中外合作办学知识共享举措提供科学依据。

结构方程模型分析是借助数学模型,通过一个或几个变量变化解释另一个变量变化,估计、预测、控制相关随机变量,确定这些变量之间数量关系的可能形式,并用数学模型来表示。较之相关性分析、回归分析和联立方程模型,结构方程模型基于变量的协方差矩阵分析,运用极大似然估计、广义最小二乘法等进行模型估计,能够同时处理本书多个因变量的研究设计,同时估计多因子结构及因子关系;将误差考虑在内,容许自变量和因变量存在一定的测量误差,以及更加复杂的、更有弹性的测量模型;能够同时考虑变量之间的直接影响和间接影响,进而计算整个模型的拟合程度。[①] 这为本书判断、选择最佳模型提供有效的依据。

二、初始模型检验

结构方程模型基于变量的协方差矩阵,综合运用因子分析、多元回归分析以及路径分析等分析变量之间关系,适合本书的实证分析。与此同时,本书中个人因素由五个维度构成,组织因素由六个维度构成,为降低误差,提高共同度,提升参数估计的稳定性和拟合指数,避免总体测量模型过度复杂化,本书采用内部一致性项目打包方法,将个人因素、组织因素中各维度的均值作为测量指标,进一步验证本书总体假设:

H1:个人因素显著正向影响中外合作办学知识共享成效;

H2:组织因素显著正向影响中外合作办学知识共享成效;

H3:知识因素显著正向影响中外合作办学知识共享成效;

H4:共享途径显著正向影响中外合作办学知识共享成效;

H5:信息技术因素显著正向影响中外合作办学知识共享成效。

本书初始的理论结构模型考察了自变量之间的关系,同时还考察了自变量和因变量之间的关系。模型的估计值如表 5-14 所示,模型的估计如图 5-9 所示。$\chi^2/\mathrm{df}(621.134/390)$ 值为 1.593,小于严格的标准 3;RM-SEA 值为 0.038(<0.08),GFI 值为 0.911(>0.9),AGFI 值为 0.894(<0.9),

---

① 侯杰泰,温忠良,成子娟.结构方程模型及其应用[M].北京:教育科学出版社,2004:13-15.

卡方值=621.134 DF=390 NFI=0.916 IFI=0.967 CFI=0.967
CHVDF=1.593 P=0.000 TLI=0.963
GFL=0.911 AGFI=0.894
RMSEA=0.038

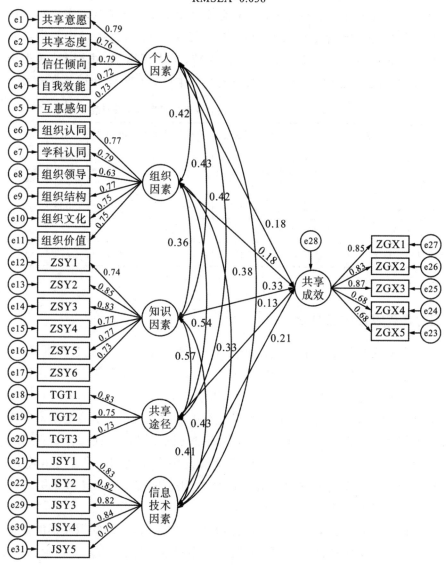

图 5-9 中外合作办学知识共享影响因素结构方程模型图

NFI 值为 0.916（＞0.9），IFI 的值为 0.967（＞0.9）、CFI 的值为 0.967（＞0.9）、TLI 值的为 0.963（＞0.9）。除 AGFI 值以外，其他拟合指标大部分达到判断标准，说明结构模型拟合较好。个人因素、组织因素、知识因素、共享途径、信息技术因素对中外合作办学知识共享成效均存在显著的正向影响，标准化系数的大小为 0.180、0.177、0.327、0.134、0.211，因此本书假设 H1、H2、H3、H4、H5 均得到支持，个人因素、组织因素、知识因素、共享途径、信息技术因素显著正向影响中外合作办学知识共享成效。

表 5-14　中外合作办学知识共享影响因素路径分析表

路径		标准化系数	非标准化系数	标准误	CR	P
个人因素	→ 共享成效	0.180	0.181	0.051	3.585	***
组织因素	→ 共享成效	0.177	0.172	0.051	3.372	***
知识因素	→ 共享成效	0.327	0.344	0.061	5.639	***
共享途径	→ 共享成效	0.134	0.121	0.056	2.171	0.030
信息技术因素	→ 共享成效	0.211	0.166	0.038	4.372	***

注：*** 表示 $P < 0.001$.

三、调节因素效应分析

在前文分析基础上，本书运用层次回归分析，分别检验激励因素、阻碍因素在个人因素、组织因素、知识因素、共享途径因素及信息技术因素中对中外合作办学知识共享成效影响的调节作用。为此，本书进行了如下操作：第一，对自变量和调节变量进行中心化处理；第二，自变量对因变量进行回归分析；第三，自变量、调节变量对因变量进行回归分析；第四，在回归方程中引入自变量和调节变量的交互项，观察 R^2 和 P 值，若 R^2 显著变大或交互项 P 值达到显著性水平，则证明变量具有调节作用。

（一）激励因素的调节作用分析

在知识共享影响理论中，激励因素是影响个人、组织知识共享的重要因素。经济交换理论、社会交换理论、社会资本理论、社会认知理论、归因理论、合理行为理论和计划行为理论，都从不同方面回答了个人和组织为什么要知识共享。实践中，中外合作办学个人、组织会因不同的激励因素推动去参与知识共享,激励因素究竟在个人因素、组织因素、知识因素、共享途径、信息技术因素中对中外合作办学机构、项目知识共享成效的影响是否有作用,作用程度有多少,还需要进一步验证。因此,本部分将进一步检验激励因素对高等学校知识共享成效的影响,验证本书以下假设:

H6:激励因素对中外合作办学知识共享成效具有正调节效应。

H6a:激励因素在中外合作办学个人因素对共享成效的正向影响中具有正调节效应;

H6b:激励因素在中外合作办学组织因素对共享成效的正向影响中具有正调节效应;

H6c:激励因素在中外合作办学知识因素对共享成效的正向影响中具有正调节效应;

H6d:激励因素在中外合作办学共享途径对共享成效的正向影响中具有正调节效应;

H6e:激励因素在中外合作办学信息技术因素对共享成效的正向影响中具有正调节效应。

本书分别以个人因素、组织因素、知识因素、共享途径、信息技术因素五个自变量对共享成效这一因变量进行回归分析;以上述五个自变量、激励因素调节变量对共享成效这一因变量进行回归分析;在回归方程中引入自变量和调节变量的交互项进行分析。如表5-15所示,在个人因素和激励因素的交互性、组织因素和激励因素的交互项、知识因素和激励因素的交互项、共享途径和激励因素的交互项、技术因素和激励因素的交互项后,模型的 R^2 显著提高($\triangle R^2 = 0.093, P < 0.001$)。组织因素和激励因素的交互项对中外合作办学知识共享成效存在显著的正向影响($\beta = 0.202, p < 0.001$);个人因素和激励因素的交互项对中外合作办学知识共享成效存在显著的正向影响($\beta = 0.126, p < 0.01$);共享途径和激励因素的交互项对中外合作办学知识共享成效存在显著的正向影响($\beta = 0.108, p < 0.05$)。这说明激励因素在中外合作办学个人因素、组织因素、共享途径与中外合作办学知识共享成效的关系中起到了正向调节作用。

表 5-15   激励因素调节作用分析表

变量	模型一		模型二		模型三	
	β	t	β	t	β	t
组织因素	0.174 ***	4.173	0.163 ***	3.919	0.096 *	2.465
个人因素	0.167 ***	4.066	0.162 ***	3.955	0.117 **	3.069
知识因素	0.304 ***	6.959	0.302 ***	6.965	0.231 ***	5.751
共享途径	0.133 **	2.972	0.133 **	2.993	0.093 *	2.284
信息技术因素	0.208 ***	5.158	0.200 ***	4.963	0.174 ***	4.735
激励因素			0.083 *	2.288	−0.008	−0.235
组织因素 x 激励因素					0.202 ***	4.469
个人因素 x 激励因素					0.126 **	2.849
知识因素 x 激励因素					−0.053	−1.153
共享途径 x 激励因素					0.108 *	2.124
信息技术因素 x 激励因素					0.051	1.291
R^2	0.500		0.506		0.599	
$\triangle R^2$	0.500		0.007 *		0.093 ***	
adjR^2	0.494		0.499		0.588	
F	79.386 ***		67.733 ***		53.169 ***	

注：* 表示 $P<0.05$；** 表示 $P<0.01$；*** 表示 $P<0.001$.

本书进一步绘制激励因素的调节效应图,更直观展示调节作用的方向和强度,如图 5-10、图 5-11、图 5-12 所示,当激励因素增加时,中外合作办学中的个人因素、组织因素、共享途径对其共享成效的正向影响增加。

综上所述,本书 H6a、H6b、H6d 成立,H6c、H6e 不成立,说明激励因素在中外合作办学个人因素、组织因素、共享途径与中外合作办学知识共享成效的关系中起到了正向调节作用,而在中外合作办学知识因素、信息技术因素与中外合作办学知识共享成效的关系中没有调节作用。

（二）阻碍因素的调节作用分析

在知识共享影响因素中,阻碍因素是影响个人、组织知识共享的重要因素。经济交换理论、社会交换理论、社会资本理论、社会认知理论、归因

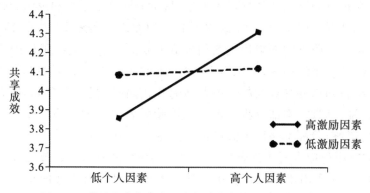

图 5-10　激励因素在个人因素与共享成效上的调节效应图

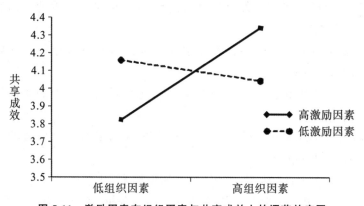

图 5-11　激励因素在组织因素与共享成效上的调节效应图

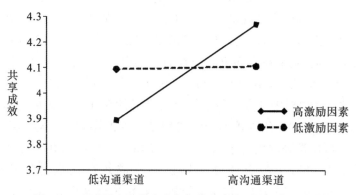

图 5-12　激励因素在共享途径与共享成效上的调节效应图

理论、合理行为理论和计划行为理论,从正面回答了个人和组织为什么要共享,也从反面回答了个人、组织不共享的原因。实践中,中外合作办学个人、组织会因不同的阻碍因素而放弃知识共享。而这些阻碍因素究竟在个人因素、组织因素、知识因素、共享途径、信息技术因素中对合作办学机构、项目知识共享成效的影响是否有作用,作用程度有多少,还需要进一步验证。因此,本部分将对进一步检验阻碍因素对高等学校知识共享成效的影响,验证本书以下假设:

H7:阻碍因素对中外合作办学知识共享成效具有负调节效应。

H7a:阻碍因素在中外合作办学个人因素对共享成效的正向影响中具有负调节效应;

H7b:阻碍因素在中外合作办学组织因素对共享成效的正向影响中具有负调节效应;

H7c:阻碍因素在中外合作办学知识因素对共享成效的正向影响中具有负调节效应;

H7d:阻碍因素在中外合作办学共享途径对共享成效的正向影响中具有负调节效应;

H7e:阻碍因素在中外合作办学信息技术因素对共享成效的正向影响中具有负调节效应。

本书分别以个人因素、组织因素、知识因素、共享途径、信息技术因素五个自变量对共享成效这一因变量进行回归分析;以上述五个自变量、阻碍因素调节变量对共享成效这一因变量进行回归分析;在回归方程中引入自变量和阻碍因素变量的交互项进行分析。如表 5-16 所示,在个人因素和阻碍因素的交互性、组织因素和阻碍因素的交互项、知识因素和激励因素的交互项、共享途径和阻碍因素的交互项、技术因素和阻碍因素的交互项后,模型的 R^2 显著提高($\triangle R^2 = 0.108, P < 0.001$)。个人因素和阻碍因素的交互项对中外合作办学知识共享成效存在显著的负向影响($\beta = -0.189, p < 0.001$);组织因素和阻碍因素的交互项对中外合作办学知识共享成效存在显著的负向影响($\beta = -0.143, p < 0.01$);共享途径和阻碍因素的交互项对中外合作办学知识共享成效存在显著的负向影响($\beta = -0.167, p < 0.001$)。这说明阻碍因素在中外合作办学个人因素、组织因素、共享途径与中外合作办学知识共享成效的关系中起到了负向调

节效果。

表 5-16　阻碍因素调节作用分析表

变量	模型一		模型二		模型三	
	β	t	β	t	β	t
组织因素	0.174***	4.173	0.163***	3.924	0.103**	2.711
个人因素	0.167***	4.066	0.171***	4.197	0.106**	2.825
知识因素	0.304***	6.959	0.291***	6.665	0.234***	5.936
共享途径	0.133**	2.972	0.141**	3.159	0.085*	2.101
信息技术因素	0.208***	5.158	0.202***	5.022	0.158***	4.390
阻碍因素			−0.087*	−2.432	−0.014	−0.436
组织因素 x 阻碍因素					−0.143**	−3.497
个人因素 x 阻碍因素					−0.189***	−4.855
知识因素 x 阻碍因素					0.071	1.650
共享途径 x 阻碍因素					−0.167***	−3.689
信息技术因素 x 阻碍因素					−0.059	−1.579
R^2	0.500		0.507		0.615	
$\triangle R^2$	0.500		0.007*		0.108***	
adjR^2	0.494		0.500		0.604	
F	79.386***		67.960***		56.739***	

注：* 表示 $P<0.05$；** 表示 $P<0.01$；*** 表示 $P<0.001$.

本书进一步绘制阻碍因素的调节效应图,更直观展示调节作用的方向和强度,如图 5-13、图 5-14、图 5-15 所示,当阻碍因素增加时,中外合作办学中的个人因素、组织因素、共享途径对其知识共享成效的正向影响减弱。

综上所述,本书 H7a、H7b、H7d 成立,H7c、H7e 不成立,说明阻碍因素在中外合作办学个人因素、组织因素、共享途径与中外合作办学知识共享成效的关系中起到了负向调节作用,而在中外合作办学知识因素、信息技术因素与中外合作办学知识共享成效的关系中没有调节作用。

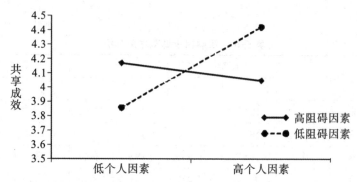

图 5-13　阻碍因素在个人因素与共享成效上的调节效应图

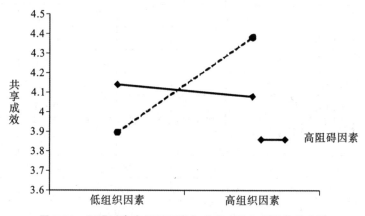

图 5-14　阻碍因素在组织因素与共享成效上的调节效应图

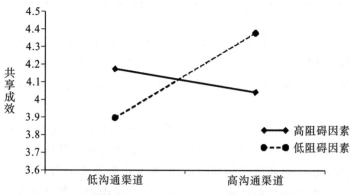

图 5-15　阻碍因素在共享途径与共享成效上的调节效应图

四、模型解释

中外合作办学知识共享因素的结构方程模型,既探讨了影响中外合作办学知识共享的因素,又检验了这些因素的影响作用及效果。研究假设除 H6c、H6e、H7c、H7e 之外,均得到了实证支持。结果表明,共享意愿、共享态度、信任倾向、自我效能、互惠感知等个人因素,组织认同、学科认同、组织结构、组织领导力、组织文化、组织价值等组织因素,知识因素,共享途径,信息技术因素对中外合作办学知识共享具有显著的正向影响,是中外合作办学机构、项目知识共享的核心影响因素。激励因素、阻碍因素在中外合作办学个人因素、组织因素、共享途径对中外合作办学知识共享成效的影响中具有调节效应。

中外合作办学知识共享结构模型验证分析表明:

个人因素对中外合作办学知识共享成效影响的标准化路径系数为 0.180,且达到 0.001 的显著水平,即个人因素能够直接且正向影响中外合作办学知识共享成效,研究假设 H1 成立。中外合作办学机构的组织管理者、教师,与之相关的高等学校职能相关部门工作人员是中外合作办学知识共享的主体、客体,他们的共享意愿、共享态度、信任倾向、自我效能、互惠感知因素都直接影响中外合作办学知识共享的展开及其水平。另外,个人因素和组织因素、知识因素、共享途径、信息技术因素之间的影响路径分别是 0.42、0.43、0.42、0.38,这验证了个人因素在中外合作办学机构、项目知识共享中的重要作用。

组织因素对中外合作办学知识共享成效影响的标准化路径系数是 0.177,且达到 0.001 的显著水平,即组织因素能够直接且正向影响中外合作办学知识共享成效,研究假设 H2 成立。中外合作办学机构、项目因其发展价值、组织结构不同,其组织文化、组织领导力、组织认同、学科认同也不同,这些因素共同影响中外合作办学机构、项目的知识共享方式、共享程度、共享内容,进而影响其共享成效。本书中,组织因素对个人因素、知识因素、共享途径、技术因素的路径系数分别是 0.42、0.36、0.54、0.38,由此,进一步验证了组织因素在中外合作办学知识共享过程中的重要性。

中外合作高校输入知识的清晰度、嵌套性、相近程度等都影响中外合作办学知识共享成效,知识因素对共享成效影响的标准化路径系数是

0.327,即知识因素能够显著影响中外合作办学知识共享成效,研究假设 H3 成立。不论是中外合作办学机构、项目中的个人及其相关者,还是合作办学机构、项目本身,知识的清晰程度、嵌套程度、相近程度都会影响其共享效果。中外合作办学涉及中外教育资源,双方教育资源的匹配性、可转移程度,都会影响中外合作机构、项目的合作深度,进而影响其办学质量和水平。本书中,中外合作办学知识对个人因素、组织因素、共享途径、信息技术因素影响的标准化路径系数分别为 0.43、0.36、0.57、0.43,这也进一步验证了知识因素在整个中外合作办学知识共享机制中的中心地位。

共享途径是实现共享成效的关键支持因素,是连接共享主客体的关键通道。中外合作办学知识共享中共享途径对共享成效影响的标准化路径系数是 0.134,且达到 0.001 的显著水平,即共享途径能够显著影响中外合作办学机构、项目知识共享成效,研究假设 H4 成立。不论是面对面共享、书面共享,还是网络共享,其都是为了推动合作办学机构、项目中外双方更好地实现组织价值、培养高质量国际化人才。共享途径对个人因素、组织因素、知识因素、信息技术因素影响的标准化路径系数分别达到 0.42、0.54、0.57、0.41,这也说明共享主客体要依据具体的共享内容,寻找合适的共享途径,最终实现更好的共享效果。

中外合作办学涉及两个或两个以上国家的知识、人力资源,还涉及很多异地办学,因此,技术为实现知识共享提供了必不可少的支持。本书中,中外合作办学知识共享的信息技术要素对其知识共享成效影响的标准化路径指数是 0.211,且达到 0.001 的显著水平,即信息技术因素能够显著影响中外合作办学机构、项目知识共享成效,研究假设 H5 成立。与此同时,信息技术因素对个人因素、组织因素、知识因素、共享途径影响的标准化路径系数分别达到 0.38、0.33、0.43、0.41,这也进一步证明了技术因素在中外合作办学机构、项目知识共享中的重要性。

激励、阻碍因素作为中外合作办学机构、项目知识共享的调节因素,其运用得当与否,直接影响个人因素、组织因素、共享途径在其知识共享上的成效。如前文所分析,激励因素、阻碍因素在以上三个因素影响中外合作办学知识共享成效中发挥着显著的正向、负向调节作用。因此,中外合作办学机构、项目在既定的组织管理人员、教师,既定的组织文化、结构中,如何制定有效的共享激励措施,削弱阻碍共享发展的因素,是中外合作办学机构、项目在多层次共享发展中实现自身发展愿景的重要着力点。

第六章　中外合作办学知识共享影响因素的质性分析

▶▶▶

　　这一章基于本书半结构化访谈内容,遵循质性研究范式,分析影响中外合作办学知识共享的个人因素、组织因素、知识因素、共享途径、信息技术因素、激励因素、阻碍因素,探索其他影响中外合作办学知识共享的因素,并分析上述因素之间的作用关系。

第一节　中外合作办学知识共享个人因素分析

　　知识是信息与个人价值观及经验的结合。个人是组织知识共享的核心。不论中外合作办学的具体形式是什么,设立、举办的时间有多长,设置的专业是什么,都需要基于"中外合作关系",由具体的人来实现共享发展。因此,个人因素是中外合作办学知识共享的出发点和落脚点。个人既是共享主体,也是共享客体。个人的共享意愿、态度、自我效能、互惠感知都会影响中外合作办学机构、项目这个"组织间组织"的整体知识共享发展程度。本书中共享个体涉及中外合作办学机构、项目的组织管理人员、教师,及中方设立、举办高校相关职能部门,如教务处、国际处、发展规划处的行政工作人员。

一、共享意愿

　　知识共享主体通过分享他们所获得的经验,提升个人工作能力,从而实现已有知识的增值。知识共享客体可以减少重复开发,节省时间成本,提高工作效率,提升创新能力。然而,这种共享依赖于共享主、客体的共享意愿。即他们对知识共享的看法或者想法,并由此产生的要不要共享的个人主观性思维。访谈中,中外合作办学组织管理人员和教师都愿意分享他们的知识。"当我知道一些我认为其他人需要知道的事情,就很难有所保留。"知识共享的个人意愿不在于个人愿不愿意分享,而在于他们对为什么和怎么分享的看法。访谈中,中外合作办学机构、项目,尤其是机构管理人员的共享意愿明显高于一般组织工作人员,也高于其教师。

　　这(知识共享)是必不可少的,不是吗?本来就是合作办学,你不分享还用得着合作办学吗?(ABKJ)

　　我不明白为什么不这样(知识共享),我认为这(知识共享)是中外合作办学的核心功能。如果我们不分享经验,我们在做什么呢?(ABWL)

　　如果你不分享,如果你没有正确地传播它(知识),你为什么要做这件事(设立中外合作办学机构)?我们必须意识到和国外交流对话的重要性,也要大胆地把我们的教育分享出去。从大的方面说,我们的存在就是在促进这件事(知识共享)。我们用中外双方优质的知识,从各个方面影响现在的年轻人,从学生到我们(中外合作办学机构),再到学校。我觉得这种共享对学校发展至关重要,每个学校都需要意识到这一事实。(DASK)

　　然而,本书中中外合作办学非法人机构、项目受访教师的知识共享意愿普遍较低。他们的组织关系并不归于中外合作办学机构、项目,他们是被所属教学组织部门"领导安排",或者是"双语教学可以折合更多工作量"等原因来参与中外合作办学机构、项目的教学,并不是为了了解、分享外方教育教学经验。他们的知识分享意愿在合作办学初期的"惊喜""新鲜""满怀希望"中因为其他原因而"逐渐失去信心",直至"失望",从而不愿意分享。但也有个别受访者认为通过中外合作办学,可以"更系统地了解国外相关学科专业发展情况,拓宽了自己对教学的理解",从而"更愿意和外方教师沟通更多教学理念和方式方法"。

二、共享态度

知识共享态度是个人对特定知识共享所持有的稳定的心理倾向。这种心理倾向蕴含着个人对知识共享的主观评价以及由此产生的行为倾向性。理性行为理论和计划行为理论认为人的社会行为都是在一定动机支配下完成的,意愿和态度可以很好地预测行为。共享态度作为个人对知识共享好坏、利弊等维度的心理倾向,影响个人知识共享行为,个人共享行为是其共享态度的反映。

中外合作办学机构、项目组织管理人员和教师对不同类型的知识共享持不同态度。对于显性知识,大部分中外合作办学机构、项目组织管理人员和教师认为这些经验属于组织,没有"太多个人内涵""不涉及个人利益",所以他们分享的态度很明确,几乎没有人认为"这有什么不可分享的",还认为分享这类知识是中外合作办学的目的和初衷。

> 这是我个人愿望。我认为没有它(中外合作办学知识共享)就不会这样,我的意思是不那么有效。你看现在我们其他学院、专业,在我们的带动下,都开始积极和外面合作了。所以我们要把自己做好,这样才有带动作用,要不你就没有说服力。我下一步就是要去谈硕士阶段的合作办学,我们校长带队过去。那再下一步我们还要在博士阶段开始合作。(ABKJ)

对于隐性知识,中外合作办学机构、项目组织管理人员和教师认为此类知识是他们身份和自我价值的一部分,也是他们与组织分离的部分,他们乐于与他人分享这些知识,但这种分享是出于某种形式的个人利益动机。这一个人利益并不总是需要某种形式的奖励,很多时候只是一种社会、组织或情感的认可、感谢。

> 如果我们不去分享,那这件事(中外合作办学)的意义在哪?这几年的办学成效,尤其是学生成长带给我很多惊喜。我就想把这种惊喜分享出去,让大家对我们的教育有个反思。但真正重要的是个人兴趣。我喜欢去了解这件事情(人才培养),人家其他国家是怎么

做的,我们要怎么做。(ABZJ)

这(知识共享)对你自己的职业发展是有益的,因为大家会在相关的交流中认识你。如果不参与分享交流,你就不能成为一名真正的学者。它(中外合作办学知识共享)在一定程度上促进了我的职业发展,它可能会影响我的国际声誉。(DAXA)

本书访谈中,中外合作办学机构、项目中个人职业生涯较长的组织管理人员及教师对中外合作办学知识共享普遍持积极态度。他们已经完成了职业生涯中的"晋级考核",基于内在驱动来参与中外合作办学知识共享,组织支持与否对他们影响不大。而处于职业生涯初期的组织工作人员和教师,他们是中外合作办学机构、项目成员的主体,也是对中外合作办学知识共享持"摇摆"态度的主体。一方面,他们想积极抓住中外合作办学为其带来的"机会"及"可能性",另一方面,他们也常常因为这种知识共享不能满足其"理想的目标"而逐渐采取"消极应对态度"。这部分中外合作办学组织管理人员和教师更多将其视为知识共享客体,他们对中外合作办学知识共享成效的归因,影响了其知识共享态度。

三、信任倾向

信任是将比较强的人际关系、情感和知识联系起来的有效因素,是个人分享知识的前提条件。共享主体拥有可信的知识,共享客体会负责任地使用其知识,或者共享主、客体具有良好的情感信任关系,是共享能够真正实现的基础。共享主、客体的信任关系是基于期望和互动建立的,良好的信任关系能够促进积极的知识共享行为。

知识共享和信任关系的建立是互相推动的。中外合作办学机构、项目的信任关系是建立在中外合作高校"如何看待对方,如何看待对方的角色、关系"以及"真正的合作关系"上的,中外合作高校对这一问题的共识会促进中外合作办学机构、项目组织成员之间信任关系的建立。中外合作办学将中外两种教育资源整合在一起,不论是中方,还是外方组织管理人员和教师,都要改变原有组织管理经验及教育教学经验,主动或被动去寻找原有知识、经验和现实需要之间的"平衡"。基于组织的信任关系会推动合作双方组织成员之间有效的知识共享行为,在彼此分享组织管理或学术性知识过程中,中外合作办学组织成员会将中外双方组织管理及学术性知识融合,形成个人化的组织管理和教学风格、理念,进而增进信任关系。这种共享主、客体之间的互动越紧密,他们之间建立信任的可能性就越大,反之亦然。

除以上通过组织信任推动的个人信任关系之外,中外合作办学组织成员也会在个人认知和情感作用下建立知识共享的人际信任。一些合作办学机构、项目组织管理人员表示并不会"贸然和同事分享工作经验",但是在共事过程中偶尔和同事分享"生活、情感、烦恼",且能彼此"给予建议""表达关怀"后,和同事建立了基于情感的信任,这种信任会促使他们分享更多的"工作经验""合作办学的组织管理理念、具体做法"。在认知和情感的共同作用下,教师彼此形成人际信任。在信任关系中,共享主、客体减少了对彼此的"监督、担心和敌意",降低了共享的"预知的风险"和"成本",从而愿意相互分享知识。

> 对合作办学教学的共同体验,让我们会聊得比较多一些。有时候你和其他老师聊,因为他们不身处其中,并不能理解你,但是当你和他(中外合作办学机构另一位教师)一聊,顿时觉得我们好像一起合作上了一堂课。所以我们会私下分享多一些,他有什么想法会第一时间告诉我,我也会第一时间告诉他。……因为我在我们学院也是英文教学,我也会把这些经验在我们学院尝试一下,看看效果。(BCWB)

另外,对个人能力的信任也会推动组织成员的知识共享行为。中外合作办学知识共享是理性行为或者计划行为,是共享主、客体对共享结果和价值预判基础上发生的,这种期待使其寻找"可信""有能力""成功""经验丰富"的人来分享经验。

> 我一般会去找我相信的人或者我之前就合作过的人……他们都是这个领域的专家。只有我坦诚表达了我目前做到什么程度了,做了什么,我想做到什么程度、什么结果,他们才可能给我具体的建议、有针对性的建议。……这取决于你是否有这样可以信任的人。(DASK)

不论是基于组织、个人情感，还是理性认知的信任，都会促进中外合作办学组织管理人员和教师的知识共享行为。这种信任是中外合作办学机构、项目组织管理人员和教师共享知识、彼此适应的黏合剂。没有信任，中外合作办学组织成员会倾向于囤积他们的知识。

> 我已经放弃这件事（知识共享）了。就是我之前真的是推心置腹、没有任何保留地和一个同事一起完成领导交代的一个事情，可是之后，我看到那份报告上只有我的想法，没有我的名字。从那之后，我就发誓，我再也不和任何不值得信任的人这么傻不啦叽地合作了，这种人太恐怖了。（BCZY）

四、自我效能

中外合作办学组织成员仅仅拥有共享意愿、态度，和一定的信任关系，并不必然会带来个人知识共享行为的有效发生。共享主、客体对个人能否有效地进行知识分享的主观判断，即自我效能感也会影响其知识共享行为。个人已有的知识存量、知识共享成功体验会增强其知识共享的自我效能。中外合作办学机构、项目组织管理人员和教师中，"经验丰富""水平较高"也"很自信"的成员，尤其是管理人员和资历较深的教师，倾向于和水平较高的同事分享经验。然而，中外合作办学自身办学时间不长，其组织成员和教师工作年限不长，工作"资历稍浅"，尤其是其一般行政工作人员并没有"编制"，属于"合同工"，他们是最需要工作经验和知识分享的群体，也是最没有信心去分享经验、知识的群体，这一方面是由于他们对个人"身份的不自信"，另一方面则是他们对个人工作经验和相关知识的"怀疑"。

> 我们现在都实行的是招聘制，所以这些同事都没有编制。他们只关心做好领导交代的事情就行了，共享不共享他们才不管。我们也不会把太重要的事情安排给他们做，也懒得教他们，要不你好不容易把他们教会了，他们又走了。（DASK）

　　处于职业生涯早期阶段的中外合作办学组织成员和教师,"外语水平普遍较高",但是他们对自己的工作内容"变通能力比较弱",不仅对所负责的工作缺乏经验和信心,而且对自身也缺乏信心。他们和经验丰富的组织管理人员和教师通过"传帮带"的共享途径,可以帮助他们应对职业挑战,是增强他们知识共享自我效能感的有效支撑,也是提高他们信心、水平的有效途径。

　　　　当我第一次在部门会议上表达我的想法时,也可能确实是我的想法太幼稚,感觉大家都很鄙视我,我当时恨不得躲出去几个星期!当你的职业生涯刚刚开始的时候,千万不要轻易表达自己的想法,现在想起来还好丢人。这也让我特别没有信心。(BCBH)

五、互惠感知

　　互惠原则是社会交换理论的核心特征,被用来解释发生在组织情境中的关系,强调资源的双向流动。[①] 中外合作办学知识共享主、客体的互惠感知影响其共享行为。当共享主体感知到某种形式的认可时,他们分享经验的动机更强,共享行为更积极。中外合作办学机构、项目组织管理人员和教师及其设立、举办高校相关职能部门组织成员一般基于以下"回馈"来分享经验。

　　(一)职业发展

　　职业发展、晋升的可能性是促进中外合作办学组织成员个人知识共享的内在激励。部分中外合作办学机构、项目组织成员是其设立、举办高校其他组织部门成员"轮转"过去的,他们参与中外合作办学知识共享是为了获得晋升的可能。这也是具有法人资格的中外合作办学机构办学初期常见的做法。这些中方合作高校的"轮转"成员也会在其"就职"过程中共享中外合作办学的系列知识,并能够将其共享的知识再回馈到其中方设立高校的国际化办学过程中来。

---

　　① 邹文篪,田青,刘佳."投桃报李":互惠理论的组织行为学研究述评[J].心理科学进展,2012,20(11):1879-1888.

我们学校现在的副校长原来是外派到 WK（某所中外合作大学）去负责它的筹建和初期运行的。去年他回来了，我们学校国际化办学这一块工作明显地得到了学校的重视。虽然软件的提升还需要时间，但是从硬件的建设上来说，还是改善了很多。他给我们也带来了很多新的国际化办学理念。（BCXY）

大部分中外合作办学机构、项目将职业晋升的可能性作为吸引中方合作高校相关学科专业教师、其他组织部门经验丰富的组织管理人员的条件，但是这种"轮转"方式，给中外合作办学带来"有经验"的组织成员的同时，也会成为其持续发展的阻碍。"轮转"成员意味着他们不可能在中外合作办学机构、项目长期就职。中外合作办学机构、项目组织成员"过度频繁的流动"，尤其是领导的"走过场"，使得合作办学机构、项目运行不稳定。

（二）获得经济收益

知识共享的个人互惠条件可以是社会性回报，也可以是额外的奖金、津贴等经济回馈。这也回应了知识共享的经济交换理论。中外合作办学机构、项目管理人员和资历较深的教师，往往有更多能够获得经济回馈的知识共享机会。另外，这种经济回馈、声誉建立和社会性互惠条件相关。当共享主体拥有某个头衔，或者是领导、某个领域的专家时，其通过知识共享获得经济收益的机会增多，数量也会增加。访谈中，ABAJ、ABWH作为中外合作办学机构教师，都是其中方设立高校教育教学、科学研究中获得较多社会声誉的专家；ABKJ、BBLL作为中外合作办学机构管理人员，在自身专业领域和中外合作办学组织管理中都取得了一定的成就，他们也认同通过知识共享，获得一定经济收益是对其分享行为的尊重，这种经济激励会促进其知识共享行为的发生频率。

其实经济上，这件事情（知识共享）根本不会给我带来任何东西，但是我们去分享了，我们做的工作就会得到承认，这是主要的。还有就是我们也想知道别人是怎么做的。（BBLL）

处于职业生涯早期的组织工作人员和教师，能够获得这种互惠条件的知识共享机会较少,或者"几乎没有"。他们争取的是知识、经验回报。他们将中外合作办学视为能够缩短中外高校之间空间、制度距离,能够获得额外"机会"的共享机会。部分中外合作办学教师将这种知识共享视为通过"多计算工作量来争取更多个人时间"的机会,这也是"另一种意义上的经济回报"。

(三)建立社会、学术关系网络

关系是一种特有的共享联结,也是本书访谈中,每一个中外合作办学机构、项目的外方组织管理人员都会使用的词。关系对于"建立信任"、发展"与外界更密切的关系"息息相关。这是社会资本理论在中外合作办学知识共享中的体现。

中外合作办学机构、项目管理人员是通过组织管理知识共享建立社会关系网络的主体。他们积极参与知识共享,是为了真正提升其合作办学水平。然而,也有一些机构、项目管理人员认为共享经验是其次的,主要是为了建立"关系""应对上级检查""处理合作办学中的棘手问题"。

中外合作办学机构、项目教师,尤其是"双一流"高校中外合作办学教师,更关注通过中外合作办学知识共享,建立、拓展自己的学术关系网络,这是他们参与中外合作办学教育教学、科学研究的主要动力,这种动力会推动他们知识共享的深度。

> 知识共享中更模糊的东西就是网络。通过和同行交流,你可以扩展自己的学术网络,增加你的联系人库存。你在会议上认识一个人,然后你给他发邮件,告诉他你们有共同的兴趣,我发现这真的很有趣。也许在那之后,你可以和这个人合作。因此,这个网络对我非常有用。(DAXA)

> 共享本身就是建立网络的过程,你通过对话、讨论、观察和模仿,用协作的方式利用、创造、维持和分享知识。这个网络就是能够让你交流经验、想法。但是前提是这个网络有"共同"的因素。(BCYW)

六、其他因素

除以上因素之外,本书还发现,以下个人因素也会影响中外合作办学知识共享行为。

（一）时间因素

"时间约束"是影响中外合作办学知识共享的另一个人因素。访谈中，中外合作办学大部分教师及组织管理人员表示他们没有时间交流经验、共享知识，或者将个人的经验、知识"归纳""总结""整理"出来。更现实的是问题是，他们也没有时间去寻求帮助，等待"有效的""正确的"经验、知识。"快速解决问题才是紧急重要的事情。"他们"不得不""更愿意"或者"习惯"用个人既有经验来解决问题，即使这些经验效率低，也不是"最佳"选择。而共享主体也认为，他们自己完成任务比"花时间教会别人"要快、容易。

此外，许多合作办学机构、项目没有分配时间"听取"其组织管理人员，尤其是教师的知识共享情况，或者主动"审查"机构、项目的进展、结果，这也意味着当机构、项目进展"顺利"时，他们并不关注知识是如何共享的；"出问题"时，"也不知道真正的问题在哪"。

个人和组织共同的"缺少时间"，或者最根本的是认为共享知识"既不是优先也不是重要"的事项，导致中外合作办学机构、项目组织管理人员及教师没有很好地"审视"中外合作高校各自优势的组织管理、教育教学经验等相关组织管理知识和学术性知识，也没有有效地"转移"引进的知识，更没有"创造"新的知识。

> 我的工作非常繁杂，每天完成分内的工作，都已经非常不容易了，哪有时间去参与什么分享。（BCFY）

"时间"还和工作量负荷、工资有关。对中外合作办学机构、项目的一些组织成员来说，一是他们沉重的工作负担限制了他们参与知识共享，二是他们的收入是根据个人产出或者工作量计算的。抽出时间分享经验、知识，即使在个人有分享意愿和动机的情况下，也会缩短他们"产出"的时间，从而降低个人的总收入。

> （与同专业非中外合作办学学生）相比，在合作办学机构教学要花费我更多的时间。这是真的！学生非常不同，教学水平也大不相

同。虽然教学时间就那么多,但是我要做的准备却更多。还有学生
会给你发邮件、来办公室找你……即使上同一门课程,我永远都不会
觉得我现在的教学会比以前更容易。(BCLJ)

(二)个人理解能力

共享主、客体之间理解水平的差异会成为知识共享的障碍。如果共
享客体不熟悉共享主体的知识体系,则无法完全理解所共享的经验和知
识。中外合作办学显性知识引进过程中有教材、光盘及很多"操作指南",
通常这些"指南/手册"是由外方合作高校开发的。然而,由于合作、共享
双方内在的理解水平不同,意味着这些引进的"指南/手册"在实践中和我
国教育理念不相容,或者在实行过程中被忽略、省略、以其他方式改编,从
而导致共享过程中产生"歧义""误解"。共享客体"不具备""无法理解"这
些显性知识的背景知识。这并不意味着共享客体在任何方面都不如共享
主体,而是共享客体因为多方面原因,对中外合作办学整体运行情况不了
解,共享主体对潜在结果估计不足。这样的问题还很多,有时候是缺少
"共同的教育语言",当共享主体使用"行话""技术语言"时,共享客体无法
理解。与此同时,缺乏"共同语言"或者"理解"有时候也意味着共享客体
无法准确表达他们的知识需求,从而导致共享主体提供的经验、知识和共
享客体需求不匹配。共享主、客体理解水平差异较大时,共享主体倾向于
不分享知识,尤其是小范围的面对面分享。共享主体倾向于和与其个人
水平相近的人分享,以确保共享主、客体能理解"其中的含义"。

> 有经验的人才是(中外合作办学)最主要的"经验"。如果经验、
> 知识能够只是写下来、说出来,然后传递给接受的人,这就脱离了上
> 下文,好好的经验、知识也会被用歪。(ABWB)

中外合作办学的"合作"性质会加剧这种"低水平的共同理解"。中外
合办办学至少涉及两种教育体制下的知识及其相关规范,如何在不同教
育之间找到共享的"接洽点",才是建立"共同理解"的基础。

(三)学缘关系

学缘关系、结构也对中外合作办学知识共享行为有影响。这种影响

主要通过以下途径实现：一是部分中外合作办学机构、项目通过校友关系实现，例如电子科技大学和格拉斯哥大学合作设立的不具有法人资格的中外合作办学机构——格拉斯哥学院。浙江大学更是将其国际校友作为国际化办学的重要资源，并在校友推动下和爱丁堡大学、伊利诺伊大学厄巴纳香槟分校合作设立浙江大学爱丁堡大学联合学院、浙江大学伊利诺伊大学厄巴纳香槟校区联合学院，并依托以上两个中外合作办学非法人机构建设浙江大学海宁国际校区，探索国际化办学的浙大经验。二是部分中外合作办学组织管理人员及教师本身就有其中方合作高校的受教育经历，他们即使在中外合作办学机构、项目工作，但他们的知识共享优先考虑和其导师、同学进行，再考虑和其他同事进行。

> 我读书、工作都在同一所学校，所以我导师对我的帮助很大，我也会跟他分享。我相信他会为我好，会给我最好的建议。但是对其他人我肯定不会。（BCWB）

基于学缘关系的知识共享，不能简单判断其利弊。对学缘关系的重视，如校友关系，是高等学校发展的世界性议题，仅从中外合作办学知识共享的视角来说，海外校友关系是推动中外高校多方面知识共享的重要桥梁。

第二节　中外合作办学知识共享组织因素分析

尽管中外合作办学知识共享可以统合中外合作高校力量，节约共享客体自主探索的时间、经济成本，通过共享实现知识增值、创新，带来不同的知识、能力，为我国高等教育发展带来一条双向的道路，还有利于推动我国高校和世界高校建立更紧密的联系，为我国人才培养、科学研究打开国际市场。然而，这些作用的实现依赖于我国在合作办学过程中的组织因素支持。

一、组织价值观

中外合作办学知识共享高度依赖"中外合作办学机构、项目"这一组织间组织。相比信息技术等"硬"要素,中外合作办学不论是作为"组织间组织",还是作为"合作关系的组织",其对不同价值和文化的取舍、融合程度,直接影响知识共享的方向、氛围乃至程度。

中外合作办学机构、项目的组织价值具体体现在其发展愿景和使命当中。基于不同的愿景和使命,中外合作办学机构选择不同的合作办学知识类型,并辅以配套的支持。缺乏对知识共享实践与中外合作办学机构、项目发展目标,以及其设立、举办高校总体战略相结合的深入认识,不仅是中外合作办学组织管理人员、教师要面对的问题,也是其设立、举办高校领导者需要规划的问题。如果中外合作办学举办高校管理层对合作办学的目的、愿景不明晰,就无法有效引进其真正需要的教育资源,自然也就无法实现有效的知识共享行动。

> 每年,有很多高校都来我们学校参观、调研,问得最多的问题就是合作办学能产生什么样的收益?我的回答都是:"要想赚钱,千万别办中外合作办学!"我也每次都认真跟他们讲搞清楚为什么要合作办学是最重要的,只有把这个问题想清楚了,才有可能办好一所合作办学机构,一个合作办学项目。(DASK)

中外合作办学机构、项目自身清晰的组织愿景和目标也会促使其组织管理人员和教师产生参与感和贡献感,进而成为他们积极参与知识共享的精神激励和引领。然而,一些中外合作办学机构、项目虽然提倡知识共享,但自身并没有明确的指导方针或政策来引导这种共享行为。

(一)组织管理价值

中外合作办学机构、项目办学目的的错位可能会造成其组织管理、教育教学和科学研究的错位。中外合作高校在教育理念、课程安排及标准、教育教学方式等方面都存在差异。这种差异可能意味着中外合作办学机构、项目实际办学活动无法满足任何一方的期望,使其组织管理人员和教师"情绪低落""唉声叹气""疲惫不堪",更不会产生有效的知识共享,反而会阻碍伙伴关系的发展和中外合作办学机构、项目的可持续发展。访谈中，ABAB形容他在中外合作办学机构中的工作经历"令人沮丧"。他解释了中外合作办学机构的多系统运行是让他产生"噩梦"的原因：

> 我必须遵守两套程序和标准，我并不觉得自己最终属于任何一个组织。（ABAB）

ABAB所承担的多重责任，是由多个系统同时运作造成的，这也意味着他要完成的任务总是会发生冲突，他觉得这"有时候让他无法与任何人沟通"。但自己所在的合作办学机构、项目管理团队无法为自己或团队提供支持，任由他自己"在这个巨大的海洋里漂泊"。这种多重责任让他经常在"谁是优先要考虑的问题"上难以取得"平衡"，"多系统运作"带来了他"没想到的情况，这让每个人都更加困惑"。作为"两国教育机构合作的中间人"，他需要更"成熟"，从而对各方需要产生共鸣。然而，承担多重责任会带来"关系压力"，尤其是与他自己的派遣机构，即外方合作高校。"不止一个老板"以及由此带来的相应的"不太可能改变的机构"，使"整个局势很难处理"。

中方合作高校试图要"确保只有一个上级"来解决这个问题，对职责和工作表现的定期或不定期考核都是重要的"控制手段"。

> 完全不同的标准、期望……这都是变数来源。我们都期望对方按照自己的方式来做，而彼此都不愿意妥协。……这些差异造就了具有挑战性的合作关系。这也产生了复杂的管理层选择，我们必须用强硬办法来管理合作机构。（ABWL）

尽管ABWL坦率承认她不喜欢这种专制的方式，而是更愿意"以真正合作的方式工作"。"有时候感觉有点像照看托儿所"，这是一个需要持续关注的组织。她将此归咎于外国和中国之间的价值差异。因此，ABWL质疑其就职的合作办学机构的目的和价值。尽管有时候她努力激励自己"多看看合作的好处"，然而，她觉得大部分的工作给她带来的问题比较多。

归根结底,ABAB 和 ABWL 所面临的问题都是中外合作办学机构、项目自身发展价值定位不清晰,以及一系列在合作办学之前的"谈判""博弈"初期就没有解决好的问题。"价值"这一"看不见、摸不着的力量",是中外合作办学知识共享的前提,它决定了什么可以共享。

(二)学术发展价值

中外合作办学的组织价值还表现在其教师对合作办学教育教学、科学研究等学术发展价值的认同当中,这种价值认同是中外合作办学学术性知识共享的有效前提。访谈中,外方教师认为中外合作办学机构、项目的组织价值也会影响到其对学术发展价值的选择,这种合作办学动机和价值上的差异给中外合作办学机构、项目实际运行造成了一种"僵局",凸显了外国和中国教育体系的不同做法和需求。例如,ABAB 认为中外合作办学"目标不纯",为了实现"统计效益",对"不可谈判""不能妥协"的学术标准"视而不见"。

> 比如 2016 年期末考试。中方管理者要求创建一个成绩统计表,要按他们要求生成相应的统计数据。他们要求我必须满足这些统计要求,但是你不能让我用母猪的耳朵做一个丝绸钱包……为了保持课程在我国(英国)的真实可信,我不能这样做,你知道我不能把成绩调高来符合你的统计数字,我的成绩必须是可信的。……我们有标准,不是吗?所以这不是我们期望的标准……那么,你怎么谈判不可谈判的东西?(ABAB)

与此同时,该机构另一位中方老师也认为双方对教学标准的不同理解,"侵犯了他的教学权"。

> 我来合作办学机构上课是领导安排的,既然来了,我就要负责任,但我肯定不是受学生欢迎的老师。……我也在国外求过学,对国外的教育我多少还是知道一些。……我们学院这门课本身就是引进普渡大学教材,也是全英文上课。关于这门课,我把网上能找到的国内外的公开课都看了,主要还是讲授,也不是外方培训时候的那种教学方式。……而且还被告知要尽量把成绩给高一点,因为学生出国

要看绩点。我还是按照正常的学术标准给,我觉得这既是我的责任也是我的权利。……我觉得这不是长久发展的态度,可能靠放松标准,前面的学生顺利出去了,但是后面的呢?因为这些学生,我们学校整体被拉入黑名单了呢?(ABWH)

这一事件强调了中外合作办学组织价值体系冲突如何对教师之间共享关系产生不利影响。中外两位教师都认为合作办学过度关注教育产出,削弱了教育的内在价值。虽然成绩评价事件的"矛盾"会"克服",但这种"冲突"是由内部价值系统的冲突造成的,是很难或不可能协商的。中外合作办学的价值选择为这一办学行动提供方向性和意义。然而,"合作并不能保证中外合作办学活动的目标以一种富有成效的方式得到转变"。多个行动主体实际上也意味着支持办学活动的价值取向、动机、目的的增加,对办学产出的要求也在增加,从而造成没有一方行动主体感到满意的可能性。对学生成绩的评价标准妥协,是为了满足外部环境的需要而被"操纵"的。

因此,冲突的原因回到了问题的起点:为什么要合作办学?合作办学为了实现什么样的目标?怎样实现?ABAB将此次成绩事件归咎于中国高等教育的"量化"方法,他认为该中外合作办学非法人机构关注统计分析、就业数字、招生和收入,而不是"基于高质量的工作、严格的程序和正直的评价"。这样做的后果是"减少中外双方联结的社会资本,教师开始怀疑其他人的动机,从而限制了合作办学中嵌入资源的使用"。

二、组织文化

文化作为无形的黏合剂,将个人整合到社会结构中,成为集体知识、组织知识和隐性知识的一部分,并在组织内形成其成员日常行为的常规和方式。中外合作办学组织文化是其从合作谈判到正式设立、举办,再到运行过程中所形成,且为其大多数成员共同遵守的价值观念、行为准则、组织认同等意识。

中外合作办学组织文化以中外合作高校双方文化为基础,是两种或两种以上文化的融合,但这种文化随着合作办学的发展在不断调整。文化的"融合""兼容""包容"程度,在一定程度上反映了中外合作办学机构、项目凝聚力的强弱。与此同时，良好的组织文化还应有相当的"弹性"和可塑性，可以随着组织自身的发展而不断调整。然而，这种组织文化不是"一天形成的"，是一个长期的过程。

（一）显性共享文化

显性组织共享文化是组织成员能直观感受到，又符合组织共享文化实质的内容。中外合作办学的这种文化主要体现在其物质共享文化和制度共享文化当中。

1.物质共享文化

物质共享文化是组织文化的表层，是形成组织精神和制度文化的载体。具有法人资格的中外合作办学机构都拥有自己独立的办学空间。不具有法人资格的中外合作办学情况不一，部分机构只有独立的组织管理办公空间，而教学、研究空间则和其设立高校共享；少数机构拥有独立的组织管理和教学、研究空间。中外合作办学项目因其举办高校不同而有不同的组织形式，但大部分没有其独立的组织管理或教学、研究空间。中外合作办学机构都设置了开放式办公室，这种物理结构安排是"开放办学理念的重要象征和表现"，提供了知识共享的便利性，除了日常工作的及时沟通交流，提高工作效率，也拉近了其组织管理人员之间以及"他们和教师、学生的物理和心理距离"。

> 我觉得我们经常分享经验是因为我们在同一个办公室，大家有困难可以及时说出来，总有人会跟你分享他们的做法或者想法。（ABCJ）
> 我们处（国际处）和校长在同一层，校长过来过去总是能看到我们在做什么，那我们签字、找校长谈事情，相对都比较容易。即使是打招呼的时间，也能大概说说工作。所以地理位置很重要。（BBZM）
> 我们学习国外，开放办公室。所有人，不管是老师还是学生，都可以及时来反映他们的问题，我们也可以及时给予处理。大家都在同一个办公室，就免去了办事要跑来跑去的麻烦。（DASK）

中外合作办学机构、项目所拥有的办公空间及其所处的地理位置和结构会影响其知识共享。通过开放式办公的共享程度取决于处于同一办公空间组织管理人员工作内容的兼容性以及相关性。另外,这种"公共对话空间"能否实现知识共享,也取决于中外合作办学机构的制度设计及治理方式。虽然开放工作环境被视为可以促进共享、协作的环境,但是也有可能带来相反的效果,大声或者热烈的讨论会干扰工作区域内的其他人,反而减少协作、共享。

对于开放办公室带来的共享好处,是否适用于学术性知识共享,教师们对此表达了怀疑。他们认为团队教学是分享经验的重要方式,提供公共讨论区域很重要,和其他教师的对话不能"只是在走廊上见到匆匆打个招呼"。然而,其他时间,他们不愿意在公共和开放空间办公,更相信个人空间的重要性,认为"即使是关闭的空间,依然可以敲门实现共享"。

> 我还是觉得拥有个人空间很重要,我不喜欢在我思考问题或者工作的时候旁边有个人看着。我们会定期或不定期地开会,探讨这种新的人才培养模式还需要哪些改进,我觉得有个这样的空间就是一个很好的氛围,大家可以探讨教学中的任何问题。(BCXY)

> 我就是和我同事一个办公室,我们经常交流,这不光对我们学术发展有帮助,对我个人成长也有好的影响。(BCNX)

中外合作办学的知识共享需要相应的物质基础。物质资源的丰富程度影响中外合作办学是否能从长远考虑引进知识资源。在物质资源不充分的情况下,中外合作办学举办高校可能为了短期效益,造成对知识共享、创新的损害。

2.制度共享文化

"共享"是中外合作办学的核心和灵魂,也是其"合作关系"发展的前提。具有法人资格的中外合作办学机构实行理(董)事会领导下的校长负责制,不具有法人资格的中外合作办学机构实行联合管理委员会领导下的院长负责制,中外合作办学项目因其举办高校具体安排不同而有不同的制度设计,部分高校实行了"项目/专业管理委员会"领导下的院长负责制。总体而言,中外合作办学和我国本土教育形成了"一校两制"的治理模式。然而,并不是所有与中外合作办学机构、项目相关的规章制度都是其共享文化的内容,只有那些能激发起组织管理工作人员和教师知识共享发展积极性和自觉性的制度才是其共享文化的内容。本书在查阅所有本科及以上中外合作办学非法人机构和项目及具有独立法人资格的中外合作办学机构过程中发现,几乎没有合作办学机构、项目公布其组织管理人员、教师的知识共享制度。然而,在访谈中,中外合作办学机构、项目的组织管理人员都认为他们所在机构、项目拥有"健全"的知识共享发展制度。

> 我们学校本身就有强大的国际教师库。我们学院(不具有法人资格的中外合作办学机构)有完备的教师选拔流程和培训计划。每年都有很多学院的老师报名来我们学院上课,我们会在报名教师里面根据他们的资历进行选拔,再根据他们的试讲情况来决定是否可以来我们学院任教。(ABKJ)

然而,在对该机构的两位兼职教师的访谈中,他们均表示没有参与该机构任何选拔过程,真正参与的原因是他们就职学院"领导派来的"。其他非中外合作办学机构、项目教师除了上述原因之外,还因为"在中外合作办学机构、项目上课可以多算教学工作量",这也是本书中大部分教师选择中外合作办学机构、项目教学的重要原因。

> 我们学校如果是英文教学的话,同样的课时可以按传统中文教学课时量的 1.5 倍算。我就选择来合作办学项目上。(BCLJ)

另外,即使是同样的制度文化,在一个同质的群体中分享相对容易,但在群体异质情况下则非常困难。而这种异质性是合作高校"合作关系"的缩影,由于地理位置,尤其是语言和文化的不同,中外合作办学机构、项目需要构建新的特色的制度文化来融合中外教育文化。同样的问题,其中一位中外合作办学非法人机构管理者也有提到。

> 一个很重要的问题是我们不理解对方的程序。他们(外方)在好多方面都和我们有不同的规定。我觉得我们作为一个机构,就是要去探索如何建立一个质量保障体系,而不是为了应对国家的压力。

这个事情（中外合作办学）要做好，我们需要共建一个融合两国教育差异的一致的系统。（BBLL）

中外合作办学机构、项目都按"相关法律要求"引进了显性的组织管理知识和教育教学、研究等学术性知识，这些知识都有"输入"高校原有的既定质量保证标准和程序。但是这也为中外合作办学带来了"想当然假设"的风险。中外合作高校的文件"原封不动"地复制了各自的传统，但如何在共享中"统合""整合"这种文化、教育差异的文件却少之又少，而这才是合作办学的关键所在。虽然在访谈中，几乎所有的中外合作办学机构、项目组织管理人员都认为，中外合作办学的理（董）事会、机构/项目管理委员会是联系、协调中外差异的"枢纽组织"，能够解决"一切"合作中遇到的问题。事实上，也正是这样随意的解决方式导致了合作办学机构、项目非制度化的变化。

（二）隐性共享文化

组织文化既明确又隐含，它可以体现为组织管理人员和教师的实践能力、概念理解和认知技能，还可以嵌入到具体工作、规则和组织程序中，或者作为组织成员的集体理解而包含在文化中。中外合作办学组织管理人员和教师参与知识共享一方面受到其所在高校政策、制度的推动，另一方面也由中外合作办学机构、项目及其设立、举办高校内部强烈的隐性文化所驱动。

隐性文化是组织文化的根本。中外合作办学隐性文化是中外合作办学机构、项目全体员工所共有的，对其组织管理、人才培养、科学研究、社会服务的共同追求、认识和看法，它主导、制约着其现行制度的价值和作用，以及组织中人的行为和组织的利益关系等。

中外合作办学总是说要开放办学，要建立开放的文化，实际上我觉得它更封闭。它在我们学校就像是一个"谜一样的存在"。（AB-HA）

我们学院（国际学院）学生总共有 1500 多人，正式编制的老师（组织管理人员）只有 14 个。我们养活了学校 1/10 的人，但是我们在学校的地位特别低。（BCZY）

中外合作办学中知识共享是发生在一个交流的载体中,不同文化在这一载体中相互作用。中外合作办学机构、项目的组织成员来自不同组织,拥有不同文化背景,他们没有共同的组织和学术文化背景,没有通过在同一个组织工作而发展起来的"共同语言"。这种基于中外高校"合作关系"的办学形式,使中外合作办学机构、项目徘徊在中外两种文化中,这种状态也带来了其内部的某种"分裂"。对外的分享中,它们以自身引进的外方教育文化而"自豪",而在设立、举办高校内部,它们又为自身和高校的这种"不一样""恐慌"。中外合作办学机构、项目组织管理者、教师对合作办学价值的"怀疑""质疑",造就了中外合作办学"墙头草"的文化氛围,"利益才是永恒的文化"。这种氛围是知识共享的强大抑制要素。

> 我们在财务、管理、教学等很多方面都是"一校两制",这种制度上的不同将我们孤立起来,逐渐和学校的整体发展越来越远。我们学院(国际交流学院)承担的就是学校的对外交流合作工作,凡是对外交流的,都划拉到我们学院来,要说有什么文化,就是经常感觉跟这个学校没啥关系的文化。(BBZM)

中外合作办学的历史不长,具体到每个机构、项目,办学时间就更短。组织文化的形成是一个长期的过程,这一过程需要其不断调整自身发展和其内外部环境相适应,这个适应的过程就是构建文化的过程。然而,中外合作办学机构、项目的实际运行中并没有将这种所谓的"优势""开放"体现出来,而是在不断强调其特殊性而忽略共性的过程中更加走向封闭。

(三)学术性文化

学科、专业是高等学校职能发挥的最重要的组织平台。然而,各国学科分类理念和依据不同,专业设置路径不同,也因此形成了不同的学科专业文化。中外合作办学是基于两国乃至两国以上学科文化,以具体专业为出发点和落脚点的教育教学活动,这就需要中外合作办学机构、项目能够在不同学科设置文化、理念、路径中,寻找到合作、对接的有效支点,并构建与之相应的学术性文化。实践中,中外合作办学机构、项目都是以专业为基础申办的,而且按照我国的学科分类,同一个机构举办的专业之间也存在学科不相关的现象,因此很难构建起和我国传统学术文化相符合或者能够支撑其有效运行的学术性文化。

> 每个国家的医学教育都跟其医疗体系整体是一致的，所以医学在合作办学过程中就要更多考虑偏向研究，或者比较边缘的，比如公共卫生学这样的专业，临床医学的差异太大了，办不了。(BCYS)

> 我们有一个土木工程专业，荷兰也同样是叫这个名字，但是理念完全不一样。荷兰是大类专业的理念，我们学校就分得很细，学桥梁的在土木工程学院，学盖楼的在建筑学院，学水坝的在水利学院。他们各自都有自己的价值理念和学术文化，你很难让他们能够有效对话。(BCZY)

中外合作办学学术性知识共享文化建设的困境，是基于我国和其他国家不同的学科理念、学科体系而产生的，这个问题不是中外合作办学机构、项目凭一己之力能够完成的工程。重要的是理解中外合作办学机构、项目要实现什么样的目标，共享什么样的知识，通过什么样的共享方式来实现共享成效。

综上所述，当前中外合作办学机构、项目引进、共享知识的重点是围绕着显性知识资源来推动的，但其并没有建立起推动显性知识资源作用发挥的共享、合作文化。这种组织文化的缺失，不利于中外合作办学知识共享，也不利于中外合作办学机构、项目自身的可持续发展。

三、组织结构

中外合作办学知识共享不是在真空中进行的。无论是显性的知识，还是隐性的知识，都是在某种关系模式下发生的，是一种正式和非正式角色、关系的混合、凸显和发展。在不了解关键角色和关系的情况下，很难确定在何处共享知识，甚至无法确定知识共享发生的关键点。这就需要协调知识管理、评估知识转移、确定共享需求的框架。

（一）缺乏相融的组织结构

中外合作办学知识共享可以增加中外合作办学机构、项目及其设立、举办高校的智力资本结构，将个人竞争力转变为组织竞争力。但这种功能的发挥依赖中外合作办学机构、项目的具体组织结构，组织结构会影响其知识共享的水平、方式和程度。中外合作办学机构、项目是中外合作高校为了共同的协议目标而合作设立的组织,其通过不同的方式将中外合作高校的组织管理、教育教学、科学研究等知识相关要素整合,形成一个新的治理框架。这一框架是其组织管理人员和教师实现其发展目标,在责、权、利方面所形成的动态结构体系和分工协作体系。不同形式的中外合作办学机构、项目组织结构,中外双方的参与、交互程度也不同。

中外合作办学作为中外合作高校间的"组织间组织",合作高校的组织间互动、共享可以是一种关系,也可以是一种系统。中外合作办学的契约边界虽然减少了合作高校丧失竞争优势的风险,也可能会减少知识共享和创造的潜力。中外合作高校按照协议中所承担的关系和目标来推动知识共享,不同的关系造就了不同的共享方式,合作程度越高,共享的结构化程度越高;合作程度越低,共享就越为零散。

> 我们现在正在讨论如何建立起来一个你说的这种共享的中心,确保大家相互学习。我觉得这还是挺重要的,这对于大家提高研究成果,更加积极主动工作都有帮助。我犹豫的是,这在我以前的学校里面,刚开始建立起来还好,后来就变成了权力的争夺。(DASK)

当前,中外合作办学的组织管理模式还可能会抑制其知识共享、创新,增加其知识创新的交易成本。而这主要源于中外合作办学还没有建立起有效的中外合作高校之间的既合作又相融的合作机制,导致其知识共享缺乏机制保障。

> 我认为它的结构可以追溯到谁来任命领导,以及他们是不是对这个角色感到满意的常识。从学校来说,不管你是合作办学机构还是传统的二级学院,都是党委领导下的校长负责制,都是学校领导说了算。作为老师来说,我唯一觉得不一样的地方就是学院布置得不一样。(ABWH)
>
> 我觉得我们也还是实行传统的科层制,自上而下,领导说什么你就做什么就对了。(BCZY)

从社会网络的角度来看,不论是具有法人资格或不具有法人资格的中外合作办学机构,还是以任何一种方式实际运行的合作办学项目,其有效知识共享的前提是在引进"知识资源"这个关键领域中拥有结构对等性,并根据这种"资源的对等性"来构建相应的组织结构。中外合作办学机构因其引进资源更立体,更全面,其共享程度也较高。而合作办学项目在办学过程中,主要以引进教育教学资源为主,对与教育教学资源相关的组织管理知识引进较少。如果我国合作高校没有相匹配的组织管理结构、制度、人员保障,引进资源的共享度还是有待进一步考虑。

> 我们本身就还是传统二级学院的一个专业,所有的不同就只是中外合作办学专业的学生有集中的外教教学,其他都是一样的。(BCYW)

> 我觉得我们反而更尴尬。这种结构安排(国际学院)让我们前不着村后不着店。我们学校把中外合作办学和(来华)留学、短期国际交流都放在国际学院,很乱很乱。这三个事情是非常不同的,真不知道我校领导是咋想的。……就这样的安排,我们哪有时间交流,每天能活着干完自己的一摊事就已经很幸运了。你比如说本来给这些学生(中外合作办学学生)上课是学校应该安排的事情,最后不知道怎么搞的,教务处说你们自己安排好给我们报上来就行了。这样我就每天都求爷爷告奶奶地请其他学院老师来给学生上课,有老师来上课,就感觉是我个人欠了人家的一样。(BCZY)

本书访谈中,大部分教师及组织管理人员对其所在的中外合作办学机构、项目组织结构非常不满意,相当多的受访者对其所在部门的组织结构持批评态度,认为就组织结构来说,虽然形式上学习了外方高校,或者从形式上也没有真正学习外方高校,只是按照我国《条例》制定了合作办学章程等制度,设立了董(理)事会、联合管理委员会,然而实际实施中形成了既和我国传统高校、院系治理不一样,又和外方合作高校不一样的治理结构。这种"不一样"使得中外合作办学机构、项目在不断强调其"特殊性"的过程中与我国设立、举办高校相关学科专业拉开距离。距离越大,其自身的持续、高质量运行就越难,也使得其组织管理人员常常感到没有

"安全感""归属感",对合作办学的意义产生怀疑。

（二）学科专业结构安排不合理

中外合作办学项目是以专业为主要载体来引进外方教育资源的，主要以教学资源为重点；不具有法人资格的中外合作办学机构围绕专业引进外方教育资源，同时引进与之相配套的组织管理知识；具有独立法人资格的中外合作办学以地方经济社会发展需要的专业为支点，引进外方办学理念，人才培养、科学研究、社会服务相关的知识资源及其支持资源。然而，如何合理安排这些知识资源，和中外方合作高校共享显性及隐性的知识，促进引进资源真正发挥作用，还有待继续研究。实践中，中外合作大学结合我国及外方高校学科专业设置理念，根据举办专业知识来设置相应的二级教学、研究单位，保证其各层级单位能够为中外教育资源的共享、融合、创新，为我国教育改革发展探索有益经验。

大部分不具有法人资格的中外合作办学机构以学科发展为主要合作点引进外方教育资源，然而，如表 6-1 所示，也有部分非法人机构与合作举办专业之间并没有相关性，而且"跨学科距离也比较远"，这为机构共享双方组织管理知识和教育教学、科学研究等学术性知识都带来相当的挑战，也为其共同治理带来了挑战。

表 6-1　部分不具有法人资格中外合作办学机构专业设置分布表

序号	机构	专业	层次
1	A	环境科学（水与环境科学）、神经生物学或生物物理学（神经科学和神经影像）、管理科学与工程、经济学、工商管理（创新管理）、公共管理（公共管理与社会发展）、纳米科学与技术、组学、化学与生物化学工程	硕士
		水与环境、可再生能源、纳米科学与技术、生命科学、社会科学	博士
2	B	电子信息科学与技术、工商管理、会展经济与管理、机械设计制造及其自动化	本科
3	C	电气工程及其自动化、机械设计制造及其自动化、国际经济与贸易、光电信息科学与工程	本科
4	D	国际关系、区域经济学（城市与区域规划）、环境科学、英语语言文学	硕士

续表

序号	机构	专业	层次
5	E	生物技术、电子信息工程、食品质量与安全、经济学	本科
6	F	通信工程、软件工程、电子科学与技术、工商管理、国际经济与贸易、市场营销、会计学、金融学、信息管理与信息系统、酒店管理	本科
7	G1	工业设计、国际商务、翻译、计算机技术、交通运输工程、生物医学工程、动力工程、电子与通信工程、建筑与土木工程、金融	硕士
		环境科学与工程、计算机科学与技术、交通运输工程、土木工程、应用经济学、生物医学工程、机械工程、动力工程及工程热物理、信息与通信工程、管理科学与工程	博士
8	G2	电子科学与技术、计算机科学与技术、应用经济学、化学	硕士
		电子科学与技术、计算机科学与技术、应用经济学、化学工程与技术、公共卫生与预防医学	博士
9	H	应用化学、国际经济与贸易、法学、数学与应用数学、环境工程、大气科学	本科
10	I	轻化工程、生物技术、视觉传达设计	本科
		制药工程	硕士
11	J	通信工程、微电子科学与工程、生物医学工程	本科
12	K	林学、电子信息工程、金融学、会计学	本科
13	L	德语、国际经济与贸易、护理学、化学工程与工艺、机械设计制造及其自动化、建筑学、生物工程、通信工程、信息管理与信息系统、英语、朝鲜语、产品设计、市场营销	本科

　　中外合作办学项目主要有五种组织安排形式。然而,由中方举办高校设立国际/海外(教育/交流/合作/联合)学院、针对举办项目所在国(地区)新设二级机构、为其所有合作举办项目设立独立运行的附属机构这三种组织形式所涉及的中外合作办学项目,同一组织内学科专业相近度越高,共享程度就会越深。然而,如表6-2所示,部分处于这种结构安排的中外合作办学项目,因为同一组织内涉及若干国家(地区)、不同办学层次、不同学科专业,几乎无法实现知识共享。

表 6-2   部分中外合作办学项目所在机构及专业设置表

序号	所在机构	合作国（地区）	层次	数量	专业
1	国际教育学院	德国、美国、英国	硕士	2	职业教育与人力资源开发、电动汽车与车辆电气化
			本科	3	国际经济、会计学、电子工程
2	国际学院	澳大利亚、英国	本科	3	农业资源与环境、国际经济与贸易、食品科学与工程
3	国际教育交流学院	爱尔兰、加拿大、美国	本科	7	电子信息工程、制药工程、工商管理、化学工程与工艺、计算机科学与技术、信息管理与信息系统、应用化学
4	国际教育学院	澳大利亚、美国	本科	3	会计学、机械工程、土木工程
5	国际教育学院	日本、意大利、英国	本科	4	数字媒体技术、网络工程、体育教育、通信工程
6	国际合作教育学院	澳大利亚、俄罗斯、英国	本科	7	计算机科学与技术、金融学、船舶与海洋工程、土木工程、金融学、材料物理、机械设计制造及其自动化
			硕士	1	教育管理学（教育领导与管理）
7	国际教育学院	德国、法国、美国、新西兰	本科	4	环境工程、计算机科学与技术、电气工程及其自动化、物联网工程
8	国际教育学院	澳大利亚、白俄罗斯、德国、俄罗斯	本科	9	国际经济与贸易、会计学、计算机科学与技术、播音与主持艺术、国际经济与贸易、生物工程、俄语、环境设计、视觉传达设计
9	国际教育学院	澳大利亚、荷兰	本科	3	视觉传达设计、纺织工程、服装设计与工程
10	国际教育学院	英国	本科	4	会计学、人力资源管理、市场营销、生物技术
11	国际教育学院	俄罗斯、美国、英国	本科	7	自动化、机械电子工程、信息管理与信息系统、工商管理、计算机科学与技术、车辆工程、机械设计制造及其自动化

续表

序号	所在机构	合作国（地区）	层次	数量	专业
12	国际教育学院	爱尔兰、韩国、美国	本科	5	计算机科学与技术、土木工程、电子信息工程、电气工程及其自动化、机械设计制造及其自动化
13	国际教育学院	澳大利亚、加拿大、美国	本科	5	动物科学、环境科学、工商管理、国际经济与贸易、食品科学与工程
14	国际教育学院	白俄罗斯、法国、美国	本科	4	体育教育、法语、旅游管理、电气工程及其自动化
15	国际教育学院	美国、英国	本科	4	地理信息科学、会计学、机械设计制造及其自动化、计算机科学与技术
16	国际教育学院	俄罗斯、加拿大	本科	4	计算机科学与技术、土木工程、计算机科学与技术、财务管理
	国际学院	美国、英国		4	农林经济管理、食品科学与工程、环境科学、生物科学
17	国际学院	加拿大、美国、英国	本科	3	信息管理与信息系统、机械设计制造及其自动化、网络工程
18	国际教育学院	日本、英国	本科	2	动画、学前教育
19	国际教育学院	韩国、印度、英国	本科	7	动画、软件工程、广播电视编导、美术学、音乐表演、会计学
20	国际教育学院	俄罗斯、美国	本科	4	工程管理、建筑学、电气工程及其自动化、土木工程
21	国际学院	俄罗斯、加拿大	本科	5	学前教育、工商管理、国际经济与贸易、会计学、计算机科学与技术
22	国际教育学院	德国	本科	4	环境工程、机械设计制造及其自动化、市场营销、应用化学
23	海外教育学院	爱尔兰、英国	本科	6	电子信息工程、机械工程、制药工程、材料科学与工程、化学、数学与应用数学（金融数学）

续表

序号	所在机构	合作国（地区）	层次	数量	专业
24	国际学院	澳大利亚、美国、日本、英国	本科	4	财务管理、工商管理、计算机科学与技术(信息处理)、生物工程(酿造与蒸馏)
25	国际教育交流学院	韩国、俄罗斯、日本	硕士	2	教育行政学、情报学
			本科	2	音乐学、日语
26	国际教育学院	澳大利亚、英国	本科	3	金融学、车辆工程、艺术设计
27	国际教育学院	加拿大、美国	本科	3	人力资源管理、土木工程、舞蹈学
28	国际教育交流学院	德国、韩国、美国	本科	3	机械设计制造及其自动化、材料科学与工程、法学(区域犯罪信息分析)
29	国际学院	加拿大、美国、泰国、英国	本科	4	环境设计、视觉传达设计、物流管理、土木工程
30	国际学院	新西兰、英国	本科	2	农林经济管理、土木工程
31	国际学院	爱尔兰、澳大利亚	本科	3	会计学、社会体育指导与管理、动画
32	国际学院	澳大利亚、白俄罗斯、波兰、美国、日本	本科	13	电子信息工程、计算机科学与技术、通信工程、音乐表演、应用心理学、经济学、广播电视新闻学、护理学、化学、机械工程及自动化、土木工程、机械工程、材料科学与工程
33	国际教育学院	英国	本科	6	产品设计、电子商务、国际商务、互联网科学与技术、环境设计、数字媒体艺术
34	国际工商学院	澳大利亚、美国、英国、法国	本科	6	会计学专业、酒店管理、国际经济与贸易、金融学、房地产、项目管理
35	中德国际学院	德国	本科	3	电气工程及其自动化、国际经济与贸易、机械设计制造及其自动化

续表

序号	所在机构	合作国（地区）	层次	数量	专业
36	两江国际学院	韩国	本科	2	电子信息工程、计算机科学与技术
			硕士	1	信息与通信工程

我国和世界其他国家（地区）划分学科的依据不同，专业设置路径不同，中外方合作高校学科专业知识并不会因为中外合作办学就实现天然的有效对接，这需要举办高校通过有效的组织来推动共享，在共享中发现问题、解决问题，提升举办高校国际化办学能力，进而为我国高等教育发展提供有益经验。这也是我国大部分高校设立、举办中外合作办学机构、项目的初衷和目的，然而，并不是每所举办高校都通过有效的治理结构来推动这种共享。当多个国家（地区）、多个学科专业整合在同一个组织机构的时候，教师放弃共享，只希望"完成领导安排的任务"。他们常常感到"无力""无语"，甚至"自我怀疑"，仅仅"来上课就需要做很多自我心理建设"。

不能否认中外教育体制存在的差异，但合作办学的学科结构安排不合理是"加大""促进""加剧"这种差异的重要原因。比如，外方合作高校派遣教师往往担任专业核心课程的讲授，然而，这部分课程"几乎是"集中教学，虽然核心课在课表和理想知识结构中占据了核心地位，但实际实施过程中"核心课程缺位"，无法发挥核心作用。核心课程教师"档期不合适"、课程前后顺序不能相互支撑，都是中外合作办学知识共享的主要障碍。

四、组织领导力

领导力是组织治理的中心问题，也是贯穿于组织知识管理举措中的一个主要线索。全球化时代，跨组织共享知识的问题是任何组织都需要面对的问题，但共享的障碍通常来自于组织内部，而不是外部。领导者可以促进、建立知识共享文化、激励组织成员理解、重视和参与知识共享。如果领导层不提倡、鼓励知识共享，知识共享就不会被视为组织成员的工作内容。领导需要明确知识共享的好处和价值,以激励和鼓励组织管理人员和教师之间的合作、共享行为。缺乏这种支持的情况下,知识共享不会被视为优先事项,反而会被视为在时间允许的情况下可以做的事情而不予考虑,而且"时间往往永远不会到来"。

(一)正式领导的角色期待

中外合作办学正式领导者是通过中外合作办学理(董)事会、联合管理委员会等授予的职权来引导和影响所属中外合作办学机构、项目实现组织目标的领导者。中外合作办学机构、项目组织价值观、文化、结构的建立与否,会影响其组织成员知识共享的态度、行为、方式,也会影响其领导的职责和领导方式,并非领导的作用。中外合作办学机构、项目的知识共享是中外合作高校基于"合作协议"的契约内容。然而,如何确保契约内容的有效实施,如何让这种"合作关系"有特色,能够传承、创新和应用中外教育优势与特色,离不开中外合作办学领导的引领、支持和推动。

1.组织共享文化创建的引领者

中外合作办学知识共享与领导支持之间存在关联。知识共享需要平台、情境,更需要文化。"领导的工作重点就是要建立一个信任的环境,营造共享的文化,鼓励组织成员敢于、乐于共享知识。"超过一半的教职员工表达了他们期望从领导那里得到支持,认为领导应该负责促进中外合作办学机构、项目构建起"名副其实"的开放、共享文化,把倾向于在"孤岛中工作"的教师吸引过来,实现中外合作办学知识共享。

> 他们(领导)有责任创造一个共享的文化。其实学者是一个非常孤独的职业,当你研究、教学的时候,都是专注在自己的那个小世界中。这就需要领导想办法把老师们聚集起来,但是这也意味着必须要有足够的资源来安排这样的活动。只有把大家聚集到一起,大家就开始说话了,你才意识到不同的人有不同的技能,然后你把这些东西吸取到自己的工作中来,我觉得领导就是要促进这样的过程。(BCZY)

> 我觉得关键要看领导在学校共享发展中有没有引导形成良好的文化氛围,创造好的环境。(ANBWL)

然而,共享文化作为一种"无法量化的政绩",显然不是中外合作办学机构、项目领导的工作重点。部分中外合作办学机构引进外方教育资源的同时,也引进标志性的吉祥物、复制外方高校的标志建筑,大部分中外合作办学机构和部分中外合作办学项目实施机构,都有一个"跨文化的空间"。然而,"面子易学,里子难补"。"多元文化符号"只是文化的一种体现,而不是全部的文化。"刻意营造的跨文化"不一定带来内在文化的共享,这在中外合作办学中外方教师身上都得到证明。

> 我们官方语言是英语,不仅是上课,其他时间也必须用英语沟通。刚开始也有老师用中文给我发邮件,我直接回复让他们用英文给我再发一遍。现在这已经是常态了。(DASK)
>
> (教师和学生)仅仅是上课或者官方沟通用英语,但私下都是用中文。但是非正式沟通的时间更多。你比如我们一个团队一起讨论问题,这个团队有 4 个人,3 个中国人和我。……他们 3 个人会用中文说话,讨论一个结果,再派一个代表来告知我他们讨论的结果。……如果我同意就这样结束了,如果我不同意,我们再来一遍上述的过程。(DAXA)

行动是文化的最重要的载体,而不仅仅是符号。共享的文化不是对外方文化符号的复制,而是内化于心、体现于行的准则、行动。中外合作办学机构、项目领导推动形成的"复制文化",并不能有效推动其组织管理者、教师、学生的共享行为。

2.知识的"筛选人"

中外合作办学机构实行董(理)事会领导下的校长负责制,或者联合管理委员会领导下的院长负责制。董(理)事会、联合管理委员会的中方组成人员不少于 1/2,其校长或主要行政负责人应当拥有中国国籍、在中国境内定居,且具有教育教学经验,并具备相应的专业水平。董(理)事会、联合管理委员会中的中外方组成人员分别是各自合作高校的"知识代理人",中外合作办学机构校长或主要行政负责人是"知识执行负责人"。他们充当中外合作高校的"接口",帮助中外双方形成类似的理解水平,是共同理解的链接,是中外高校沟通及伙伴关系的"纽带""桥梁""信息渠道",是中外合作高校之间的"边界对象"。董(理)事会、联合管理委员会每年至少召开一次会议,共同商定共享内容、方式,以及彼此的责任、权利,提供相应的经验支持,并监督各自知识执行的质量。

董(理)事会、联合管理委员会由"中外合作办学者的代表、校长或者主要行政负责人、教职工代表等组成",代表不同的利益相关者的观点,评估、调整当年知识共享的内容,并选择、修改、分配来年共享知识。这样的机制保障为中外合作办学机构共享中外知识提供了制度支撑。实践中,虽然董(理)事会、联合管理委员"1/3 以上组成人员应当具有 5 年以上教育、教学经验",但这样的规定无法有力保证关键成员的代表性、专业性,也无法保证其能够"筛选出真正需要的知识、经验"。董(理)事会、联合管理委员会成员的出席率、人员变动,都会影响中外合作办学机构共享内容的专业性、水平高低,也会影响合作双方日常互动、共享的动力。

> 这非常重要。我的大学(外方高校)作为学位授予机构,有最后的决定权,对质量的维护是必须的。……英国标准在这里迷失方向太容易了。(ABAB)

中外合作办学项目情况不一。部分项目的外方合作高校在我国有若干合作办学项目,他们会在办学聚集程度较高的地区设立"办事处",对其合作办学项目进行"总把控"。大部分合作办学项目并没有这样专门的外派人员,还有部分中外合作办学项目是通过第三方"中介机构"来申报成功的,"外方高校都不知道它在中国还有一个项目",更不用说有什么实质的共享发生。《中外合作办学条例实施办法》规定中外合作办学应当建立教师培训制度,为教师接受相应的业务培训提供条件。大部分中外合作办学项目按照合作办学协议,定期派中方教师赴外方合作高校接受培训,以图通过这种知识共享,增强中方教师对引进资源的理解,更好地完成教育教学,提高教育教学质量。也有部分合作办学项目定期或不定期要求外方合作高校教师来中方合作高校对教师进行集中培训,这样的共享内容和引进外方资源"联系不紧密""没有针对性""很泛",无法"为中外合作办学项目教育提供支撑作用","更多像是外方高校在做推广""浪费时间"。中外合作办学项目直接、间接领导在知识筛选、鉴别方面没有起到把关作用,"只做形式工作",导致了无效共享或者形式共享。

> 其实能学到的东西非常有限。这种培训(集中培训)根本没有深入交流的机会。外方教师也是累得不行,上完课就赶紧回酒店了。我觉得这就是走个形式,就是领导为了完成任务。(BCBH)

中外合作办学机构、项目领导作为合作办学利益相关者对外的"公众形象"和对内的"掌舵者",是知识共享的关键渠道。领导不只是传达有关董(理)事会、联合管理委员政策制度的工具,其如何进一步开发这些知识,确保这些决策能够被组织成员接受,都会影响中外合作办学机构、项目组织管理人员和教师的共享程度和共享方式。另外,领导作为知识"筛选人",还"过滤"其共享给外界的关于中外合作办学机构、项目的知识,"决定他想让外界知道的经验内容",而不一定是真实的经验。

3.知识共享的榜样

中外合作办学机构、项目领导作为"榜样",会以身作则,有效地鼓励、带动其他组织管理者和教师在特定任务上共享知识、经验,领导的"榜样""导师""倡导者""大使"角色,对中外合作办学知识共享行为产生了积极的影响。中外合作办学机构、项目组织管理人员及教师清楚地了解不同的领导风格及方法,并提供了他们对理想领导风格的见解,大部分访谈对象认为他们的领导比较"诚信""负责任""值得信赖"。

> 他(中外合作办学机构领导)非常热爱这个工作,我们也都非常尊重他。他总是能尽其所能做好自己的工作,而且整天充满激情。……他负责总体把握这个机构的发展,很多事情都是亲力亲为,带我们参加各种会议。我认为他就是我们的榜样。(CBCJ)

以身作则的领导是增强中外合作办学机构、项目知识共享的有效力量。这证实了班杜拉的社会学习理论。中外合作办学组织成员在中外合作这一特定办学情境中,需要构建不同的社会关系,领导是他们重要的观察和模仿对象,他们的知识共享行为受到日常工作情境中领导行为的影响。领导的"以身作则"既是对该中外合作办学机构、项目的承诺,也是为下属获得有效工作经验提供指导,使下属可以通过观察学习提高工作效率。作为知识建构者,领导负责树立榜样并传达知识共享的理念、对团队的价值及意义,因此这种角色建模促使团队成员回报并与团队分享他们的专业知识。

4.组织成员成长的支持者

中外合作办学整体的办学时间不长,中外合作办学机构、项目每年都在审批,都属于比较年轻的办学形式。因此,在知识共享行为中,支持系统的作用和功能就更加不言而喻,是促进共享行为的关键要素。

中外合作办学机构、项目领导更多地将其角色描述为"组织成员成长的支持者""促进者",而不是领导。他们的目的是通过支持、推动组织成员的成长来"推动"中外合作办学机构、项目的发展,并"建立有效运行的组织结构,让所有成员能够相互交流、共享、合作、支持"。受访中外合作办学领导也认为,目前,其所领导的中外合作办学机构、项目虽然引进了中外双方的优质教育资源,但不能说已经建立了有效的共享网络,知识共享的有效性取决于组织成员能够根据中外双方教育教学和组织管理知识,构建有意义的想法和采取有效共享行动的能力。学术领导者的关键作用是推动教育教学及研究领域的知识共享。受访领导虽然认为他们为中外知识"融合""共享"搭建了"结构合理""充满信任"的支持架构,但中外合作办学机构、项目非管理人员及教师几乎没有描述在知识共享行为中领导的关键性支持作用,因此,领导作为组织成员成长的支持者这个角色能否真正成为支持、推动团队发展的力量,在促进组织成员相互理解、重视、参与和支持知识共享方面,还需要进一步思考。

> 我们学院对老师有一个初步的支持系统。会简单聊一下要求什么的,后面就没有什么交流。我不否认这种办学形式,但是我觉得怎么办要再斟酌。真正的中外交流需要学院、学校领导给予更多支持,这样才能真正办出更适合学校的水平。(BCZQ)
>
> 领导的支持可以让我更有信心,特别是处于职业生涯早期的人。……我给他(中外合作办学机构组织领导)发电子邮件,试图问问某件事,但我不确定我自己能不能做好。他鼓励我说他也做到了,并且告诉我这中间的重点、难点是什么。这对我是一个巨大的鼓励,

我时刻记得他的鼓励。（BCNX）

领导的有效支持也是促进外方合作高校教师参与中外合作办学知识共享的主要因素。师资是中外合作办学发展的关键因素，也是制约大部分中外合作办学机构、项目教育教学质量提升的难点。中外合作办学机构、项目领导给予外方教师更多支持，使他们分享更多的知识，是提升中外合作办学教育教学质量的重要因素。

　　作为一个外国人，我不了解这所大学的相关政策制度，如果中方没有强有力的支持，我不敢冒险把自己的全部工作放在一个完全陌生的地方开展，这对自己的职业生涯是一个太大的冒险。（ABWB）

5.资源的合理配置者

中外合作办学知识共享受到其他物质因素尤其是财务因素的影响。中外合作办学机构、项目的学费都高于传统学生的学费，所有中外合作办学机构、项目都认为他们为其设立、举办高校创造了大量财政收入。按照《条例》，中外合作办学机构、项目须有独立的财务系统。但有独立的财务系统并不表示他们有足够的经费支持知识共享，领导是决定如何分配支持共享资源的关键。

本书中，中外合作办学机构、项目新进组织工作人员及教师认为领导在知识共享资源配置方面的作用较大，一定的资源支持可以推动他们有知识共享的机会，从而更好地完成工作。

　　我们有经费让我们去交流学习，让我们能够去参加会议、研讨会，这样我们就可以有平台来获取我们需要的信息，为我们的办学提供反馈，这是非常重要的。（ABHA）

然而，工作年限较长的组织工作人员及教师则认为，知识是和个人紧密相连的，只有"拥有知识的人"才能真正决定和谁分享，分享什么，分享多少。

知识本来就是资产。我们很多老师就像"知识企业家",他都依靠知识来创业、赚钱,怎么会把他的核心知识分享给你。真的,他们经营知识就像乡镇企业家,只考虑眼前。他能告诉你的都是那些无关紧要的东西。(BCYB)

中外合作办学机构、项目的部分领导,也认为知识共享更多是个人行为,资源支持并不是决定性要素,而组织成员及教师个人才是共享的真正决定人。

综上所述,中外合作办学机构、项目领导都发挥了多重作用,他们为知识共享提供一个信任的环境,在选择中外合作办学机构、项目"进入""输出"知识方面发挥引领、筛选、榜样、支持的作用。虽然一些领导认为这些角色的有效履行无法保证中外合作办学机构、项目组织成员及教师能够开诚布公地共享知识,但如果没有领导的支持,知识共享肯定会失败。

(二)非正式领导的共享角色

中外合作办学的隐性领导是相对于其正式领导的概念,本书中是指没有正式组织领导职务、任命,但在知识共享实践中具有"号召力""领导力"的组织管理者或教师。

1.学术领导作为导师

中外合作办学是中外高校"合作关系"下进行的教育教学活动,"教育教学"是其核心内容。对于教师来说,学术领导是他们分享人才培养、科学研究等学术性知识的"导师"。中外合作办学中方教师大部分都是青年教师,他们参加工作的时间不长。在访谈中,许多中外合作办学专职、兼职教师的学士、硕士、博士学业中一段、两段甚至三段都在其就职高校完成,其学业导师本身就是该校的资深教师。这种学缘关系也会延续到工作中,他们会在自己学缘关系网络中共享知识。

我的导师在我的工作中给了我很多帮助,不论是工作上,还是在心态、角色调整上。我觉得他对我的帮助和支持真的特别重要。(BCYW)

他(博士生导师)一直支持我,对我的工作甚至生活都给予很多

帮助和指导,我也很信任他,有什么事情,第一时间肯定是想听听他的建议。(BCNX)

本书中的一位博士生导师,也进一步认同了这一观点。"一日为师,终身为父"。导师也认为和学生分享显性、隐性经验、知识,是他的责任。

学生不是毕业了就什么都可以独立完成。就我指导的很多博士,他们从来没有接触过社会。工作是很广泛和复杂的,他们都不知道从哪里开始。所以能够再带带他们、帮助他们、引导他们,然后发展他们的领域,直到他们能够真正独当一面。……我给他们出谋划策,告诉他们怎么做,看到他们一点一点做出来,再继续把我的这点经验分享给他们,我觉得很有成就感。这就是老师嘛。(BCYS)

本书受访者,尤其是教师,都表明了学术领导在个人职业成长中的引领作用,以及在其研究、教学工作中的指导作用。大部分中外合作办学机构、项目没有专职的教师,也就没有所谓的学术领导。这不利于中外合作办学知识共享和创新、应用。中方合作高校相关学科领导虽然加入了联合管理委员会,但并没有实际参与合作办学的教学和研究,远程派人容易把脉不准。不排除部分合作举办学科专业相关学术领导会选派能力较强的教师去中外合作办学机构、项目兼职教学,但大部分领导只会派其教学部门中"无关紧要"的教师参与中外合作办学教学工作。这是中外合作办学学术知识共享程度低的关键。

2.经验丰富的同事

中外合作办学机构、项目组织管理人员及教师并不总是向领导分享、请教,他们"不敢""不好意思"和领导分享知识。中外合作办学组织工作人员、教师和领导的经验、知识分享大多通过组织定期或不定期召开的正式工作会议,或者在领导安排工作、向领导汇报工作等正式情境中发生。这类知识共享通常由机构、项目领导发起,就近期工作中的具体问题进行讨论,并帮助培养经验有限的组织工作人员。相比而言,和有经验的同事分享经验、知识,是中外合作办学组织工作人员和教师的日常工作内容。这种同事间的正式或非正式互动对组织内或组织间的知识共享有促进作用。

> 最重要的平台就是你有一定的朋友圈、好同事，即使你有什么怪异的想法，你都会得到鼓励，也会听到建议。很多时候，和同事一起吃饭、喝茶、喝咖啡，都会不由自主地聊一聊各自这一段时间的工作，也会为对方出出主意，或者表达一下自己的感受。我觉得这种沟通既让人放松，又很有用。有时候专门去学习，也不一定能学到自己能用到的经验。（BCXY）

五、组织认同及学科认同

中外合作办学组织成员、教师，以及其举办高校相关部门组织成员对中外合作办学机构、项目的组织认同、对合作举办学科专业的认同，影响其知识共享行为。

（一）组织认同

组织认同通常被描述为一个组织的核心、独特和持久的特征。组织文化决定组织认同背景，组织认同又推动组织成员建构其组织身份和角色。中外合作办学机构、项目的组织认同感是由其组织成员在对话、互动中共同建构的，而不是自然产生，更不是由领导授予的。组织认同感使组织成员实现安全感、归属感等心理需求，做出更符合组织目标的行为。

中外合作办学机构、项目是中外高校合作建立的组织，这种合作性组织成员之间的冲突往往比同质性组织成员间的冲突更难处理。合作办学双方成员往往基于他们在前组织的身份、习惯行动，而不是基于中外合作办学机构、项目需要的组织身份。"每个人都在分享中保留自己的防御""基于旧的部门关系有个人的既定认知""这些感觉的一部分是在一个新的组织工作的正常结果"，即使有一定的合作基础，依然缺乏信任，工作中常常有"我们/他们"的思维。这使得中外合作办学机构、项目组织成员"很少就重要问题进行真正实质性的讨论"，他们避免谈论分歧，各自谨慎行动。

> 副院长试图让我们讨论双方标准的坚守问题，我们一直认为这

是一个永远不会达成一致的问题,最开始讨论问题的基调就定在那里,往后的讨论都是回避复杂而且有争议的问题,但这些问题才是核心问题。(BCFY)

组织成员意见被领导重视,是他们产生组织认同的重要参照。这种"在新组织中为解决问题所做的最初努力没有得到承认"而产生的"不被重视感",使得中外合作办学机构、项目组织工作人员和教师逐渐不再参与共享,并减少他们为整个组织建立新身份的努力,选择保持他们和原组织的情感联系、身份识别。

都是领导说了算。领导看似征求我们的意见,其实早就有了决定。我们和其他学院也没有区别,都是听领导安排。我在理智和情感上退出组织,虽然我会认真对待我的工作。(BCZY)

然而,中外合作办学机构、项目组织管理人员在创造理解、行使管理特权和建设性决策方面做得较少。这也使得其行政工作人员和教师在一起讨论组织目标、方向、政策问题时,他们更倾向于转移注意力、拖延时间、避免实质性问题的讨论,避免有效知识分享。

我也知道要去提供一个对话和互动的积极环境,这就意味着必须要去找到双方的共同点和不同点的价值,开放的互动交流可以让我们就机构的一些问题达成一致。但是给他们讨论的时候,他们反而避重就轻,拖拖拉拉,不表达意见。如果这样一直讨论下去,那我们就什么都做不了。(ABRJ)

不论是中外合作办学举办高校职能部门,还是中外合作办学机构、项目,都忽略其和我国高等教育的一般性而强调其特殊性。访谈中,中外合作办学机构、项目经常被描述成一个独立的组织,而不是其设立高校的一个连贯的部门。这种情况下,中外合作高校的声望因素显示出其复杂性。低声望高校会强调与其身份相关的替代特征,而不是强调其较弱的特征。中外合作办学机构、项目的中外方合作高校的国际地位并不是绝对相同的,我国鼓励引进优质教育资源,因此我国高校倾向于引进国际排名高于自身的高校来合作办学。然而,声望在中方高校对合作机构、项目的定位和认同中所起的作用并没有其声称的那么大,平均主义成为合作办学机构、项目常用的处理方式。

中外合作办学机构、项目的组织认同形成也是一个持续和反复的过程,这为其组织的灵活性和变化提供了可能性。尽管过度认同会导致组织缺乏灵活性,并限制其对新形势的适应能力,但主要的观点仍然是将多重、可变和不一致的特征视为有问题的,这可能导致身份的模糊、失认。中外合作办学的合作属性使其组织认同构建中要考虑不可避免的身份多样性、复杂性,甚至是矛盾。这种复杂性一方面是中外合作高校原有组织文化和身份以及对这些身份的不同解释所带来的;另一方面是中外合作办学机构、项目组织成员多重身份来源的自我建构。中外合作办学机构、项目混合了组织价值、目标、行为,个人价值、专业身份和影响组织内部识别的外部群体成员身份。这种复杂性不应被视为需要克服的问题。完全的多样性和单一性都是过分简化的,跨文化的多样身份混合可以相互影响、相互补充、相互充实。中外合作办学就是要结合、调和中外教育的各个方面,以产生凝聚力和创造力。中外合作办学机构、项目需要创造一种既与中外合作高校具有一定程度延续性,又具有其独立特性的文化。这就需要其组织管理人员和教师在一系列工作规范、行为上达成足够的共识,以便让其现有和新成员以此来定位自己。

(二)学科认同

中外合作办学作为一项教育教学活动,不论其办学性质如何,如何称谓,都是围绕着学科专业进行人才培养、科学研究的学术组织。其学科认同需要通过教师的互动来构建,但教师对于合作办学的必要性、实施过程存在不同的观点,很多中外合作办学机构、项目成了既不符合我国传统,又不符合外方传统的拼盘组合。

尽管中外合作办学机构、项目都有明确表述的合作办学目标,但这种目标很模糊。许多教师对此持怀疑态度,"各学科的文化差异很大,有些学科根本没有客观的学术标准",没有一个共同的框架来指导。合作办学谈判人员、申报人员、实施人员之间没有有效沟通,因此无法确定如何塑造新的文化和身份。

中外合作办学的学科认同是围绕着中外方的课程整合来进行的。围绕着这一主题的知识互动、共享,为合作办学这一组织的教师知识共享创造了机会,使他们在分享中对合作举办的学科专业设置目标,以及个人的特点和参与条件有所了解,也对个人承担角色、参与规则有了进一步的评估。这些决策讨论成为现有教师共享参与的"信号",也是影响组织新进成员共同工作的基础。缺乏相互了解,猜疑,会阻碍知识共享的发生。然而,大部分中外合作办学机构、项目并没有真正打造出一个共享的平台,让相关学科专业教师们参与讨论,发现不同教育体系的相似和不同之处,从而找到中外合作高校知识创新的共同基础,并以此鼓励合作办学机构、项目构建一个学科组织身份或者共同的工作能力。

中外合作办学项目"一般应当在中国教育机构中已有或者相近专业、课程举办。合作举办新的专业或者课程的,中国教育机构应当基本具备举办该专业或者课程的师资、设备、设施等条件"。中外合作办学的目标之一是减少专业重复,共享举办高校已有学科专业资源,并在此基础上整合资源。这就需要中外合作办学机构、项目更具包容性,和中外合作高校相关部门建立联系,更有效地整合、利用教育教学资源,引导其组织管理人员和教师达成某种共识;也需要教师们探索、寻找中外学科、专业、课程资源整合的共同点。有关这些问题的探讨、决定会影响教师如何看待自己和中外合作办学举办学科专业的关系。教师们也认为这些问题很重要。

我不得不承认,这种讨论会让你重新审视你一直以来的教学。我就是因为这个合作办学去牛津参加了培训,感觉很震撼。以前我们学校也请教育专家来讲教学改革,但是很少触动到我,很多时候我觉得讲得还不如我。但是去牛津3个星期,跟那边的老师交流,他们的一些看法、做法让我开始认真反思我20多年来的教学。我个人是很认可这样的交流、互动的,我觉得可以再多一些。(ABZJ)

学科专业的整合、合作并没有得到所有教师的认同。和人事关系的组织认同不同,学科专业的认同更缓慢。虽然这些"不认同"并未演变成明显的争执,但教师们会采用"边缘性修补",或利用拖延的方式来阻止实质合作的进程。也有教师认为这样的合作是在扰乱中方合作高校既有的学科专业计划，是对中方高校课程自主性的潜在威胁。通过访谈，本书发现，我国高等学校虽然谈论学科专业的国际化，但仅仅将其作为办学的"考核指标""统计项目"来完成，其改革发展受到外国教育的影响，并没有如其表述的重要。相反，国内"一流大学"和"一流学科"对其实际改革的作用更大，尤其是"一流大学"建设对其学科建设的影响。

> 所谓的共享也只是避免了关键问题的共享，并没有对合作的实质问题进行充分的探索。这也是普遍的问题。刚开始的时候我会说外方的什么课程挺好的，我们可以在非合作办学的学生身上用，改革一下我们专业（会计学）的课程。领导也认为挺好的，所有人都认为挺好的，但是最后还是没有用。领导觉得我们这个专业人家清华、北大都没有那么改，我们改了不太好。（BCWB）

"共享是创造意义的一种方式。"中外合作高校通过交换观点、看法，通过协商达成相互理解的信念和意义，尤其是当围绕多维价值和意义的模糊性、复杂性问题共享时，更需要共享主、客体通过多条线索和途径来确定新的意义，并寻找更接近这些线索和途径的路径。这种共享本身就是发展共同文化和组织认同感的方式，也是结果。然而，当有关课程整合的讨论被削减，可能会导致建立学科、学术共同理解的重要互动消失，教师们很难对新组织产生认同感，并逐渐脱离、退出其治理进程。

> 他们（中外合作办学非法人机构）的运作就像一个个自治个人的集合，不是传统意义上的学术部门。除了这门课（热力学与相变），我的工作都是在材料学院（受访者所在学院），我们（材料学院）是有学科身份和支持的，这是他们（中外合作办学非法人机构）没有提供的。（ABWH）

中外合作办学作为一个新的组织，没有为引进学科专业搭建富有成效的共享平台，因此，其教师认为他们没有能力达成一致协议来影响新组织学科专业发展。"没有共同的价值体系""共同理解存在漏洞"，彼此坚守各自原有学科、专业经验和理解,而不是向尚未确定的可能性努力。随着时间的推移,"超越过去从属关系和学科的可能性变得更小"。

角色关系认知是个体在组织中角色、责任、权利交互作用及关系的认知。具有独立法人资格和部分不具有独立法人资格的中外合作办学机构有专职教师,被纳入举办专业相近专业所在学院的中外合作办学项目有原组织专职教师,而其他中外合作办学机构、项目依靠其他学院教师来兼任。这些教师因为其组织关系以及聘用、考核权力并不属于中外合作办学机构、项目,因此,这些教师并不认为他们和合作办学机构、项目有"关系"。他们为中外合作办学就读学生上课是其组织关系所在部门的安排,而不是对合作办学学科、专业的认同。

第三节　中外合作办学知识共享知识因素分析

"分享什么"的问题是指个人或者组织选择分享的内容。并非所有的知识都可以随时在公共场合自由分享。中外合作办学机构、项目的共享内容取决于其引进的外方教育资源、中方合作高校投入的教育资源及给予的相关支持。虽然本书聚焦中外合作办学知识共享,但知识共享是围绕着"知识资源"进行的。尽管外方合作高校根据合作办学协议,将知识资源"打包"配置,然而,由于双方教育传统、价值、文化,以及学科专业设置的不同,中外合作办学过程中双方对知识资源拥有"不同理解"依然是常态。

虽然办公空间、教学设备和物理学习环境等有形资源在中外合作办学中很重要,但教师对这些资源的分配没有受到直接的影响。访谈中,无论是中外合作办学组织管理人员还是教师,都承认基于开放和诚实沟通的共享发展价值,然而,现实中他们在中外合作办学机构、项目内、外部知识共享行动存在差异。组织管理人员主要分享设备、人力资源、财务等方面的办学经验,教师则自动认为这些有形资源的获得、流动不在他们"关心"的范围内,学科专业知识、教育教学经验、科学研究机会是他们关心的共享领域。中外合作高校从机构层面并不会在获得、共享这些有形资源过程中相互指责或联系,他们认为"更强大的利益相关者控制这些资源的大部分"。

一、主要共享显性知识

教材、规则、行为准则、手册等编纂的知识因为其可以存储在网络平台上，因此很容易在组织管理人员及教师之间共享。尽管这些知识、经验可能会导致教师之间的紧张关系，但他们认为"合作就是要相互理解"，而不是互相指责。这些规则很多时候"不灵活"，但也正是这些规则为中外合作这种"伙伴关系"，以及双方的行动"提供了边界"。不论是中外合作办学机构、项目内部，还是这些机构、项目和其设立、举办高校其他组织部门之间，乃至全国范围内的中外合作办学机构、项目之间的知识共享都以显性知识为主。这也表明，这部分共享主、客体认为显性知识和隐性知识是可以分离的。

中外合作办学知识共享的具体内容依据共享载体、共享客体、共享情境而不同。每个中外合作办学机构、项目在实践中都有不同的制度分工，并非所有的组织管理人员和教师都能平等地"获得"或"调动"同样的资源。因此，共享内容会因为以下几方面而有所不同：一是共享主体在共享关系中的地位；二是显性和隐性知识本身并不存在明确边界，也是"不可分割"的。中外合作办学知识共享过程中，隐性和显性知识共同发挥作用，推动知识资源利用和迁移、转移。

> 我认为显性知识就是可以量化的，也更容易书面化，隐性知识更像你脑海中的那些。如果这样看的话，显性知识永远是你分享得更多的东西。（ABHY）
> 这得看是什么情境下。如果你问我的时候你这件事还没做或者准备做，那我可能会表达一些隐性经验性知识，或者我的想法、提示或者是推测，但是我不会在这时候说太多。但是这件事如果进行到尾声，那我就能看到越完整的过程，我就会分享显性知识，说出我明确的想法、态度，所以这是我分享最多显性知识的时候。（ABCJ）
> 我相信这一点（主要共享显性知识），是因为我喜欢在他们更强大，发展比较好的时候分享想法，而不是在他们自己都不确定的时候。（ABWL）

值得注意的是,虽然受访者声称他们只分享显性知识,但他们也都认为他们在分享显性知识的同时无意识地分享隐性知识。中外合作办学机构、项目作为中外合作高校的"组织间组织",隐性知识在其组织管理人员、教师的联系和沟通方面发挥着关键作用。隐性知识根植于个人的行动、习惯、理想、价值观和情感之中,是显性知识的必要补充,对中外合作办学组织管理人员和教师获取、共享、传递显性知识具有支持作用。

> 你可能在自己都没有意识的情况下就做到了这两点(分享显性知识和隐性知识)。这就是隐性知识的本质,你不知道你什么时候在分享它,知识必然同时是显性的和隐性的。我并没有真正区分这两部分。我不会说我在和别人的沟通交流中做出区分,但我想这两件事是同时发生的。当你外出展示你的成果,提出你的想法,人们肯定会问问题。这就是你在分享你的隐性知识,用它来支持你的显性知识。它(隐性知识)可能没有写在你的 PPT 中,但是在你解释你为什么会讲这个而不讲那个的时候,这些问题就是隐性的或者是隐含的。(ABZJ)

(一)组织管理知识

中外合作办学机构、项目之间侧重于共享合作办学目的、战略以及机构、项目的具体运作过程经验,主要集中在如何在我国法律法规制度框架下融合中外合作高校办学动机、目标,如何应对国家、地方监管,以及中方合作办学机构如何配置资源、适应法律法规要求。

> 围绕着合法合规的战略讨论提供了一个共享的机会,这样你就可以进一步明确自己学校的机构、项目还应该考虑哪些问题。(BCYS)

财务安排经验也是中外合作办学机构、项目共享的关键议题。重点是关注中外合作高校的前期投入,持续运行过程中的财务分配。共享的知识随着中外合作办学机构、项目自身的成熟度有所不同,设立、举办初期的机构、项目更注重政策知识在合作办学过程中的实际应用和实施,讨论影响合作办学组织标准和《条例》等相关政策法规的应用经验,共享其他机构、项目可持续发展的其他组织管理知识。而走上运行正轨、合作办学较成熟的机构、项目,则侧重共享如何在中外合作高校前期合作基础上进一步扩展合作范围,巩固、提高合作办学机构、项目在我国高等教育中的合法性地位。

(二)学术性知识

中外合作办学机构、项目师资主要由三部分构成:一是中方合作高校就举办合作办学学科专业相关的其他教学单位派出兼职教师;二是外方合作高校派遣教师,这部分教师大部分是"飞行教师";三是中外合作办学机构、项目共同招聘的教师。就实际办学情况看,除具有独立法人资格的中外合作办学和少部分不具有法人资格的中外合作办学机构之外,其他中外合作办学机构、项目并没有共同招聘的教师,也没有中外方合作高校派遣的专职教师。从组织归属来说,中外合作办学只对其招聘教师拥有考核权力。本书访谈对象中,只有23.50%的中外合作办学教师是通过中外合作办学机构、项目的社会招聘程序入职的,而且这部分教师大都是语言教师。这也回应了本书问卷调查研究中,72.20%的中外合作办学教师是兼职教师的现实。

中外合作办学中外教师知识共享主要是基于中外合作高校在合作办学协议基础上,我国派遣教师去外方合作高校参与培训,或者外方合作高校派遣其教师来中方合作高校开展培训来实现的。教师很少或者几乎不参与中外合作办学机构、项目之间的教育教学知识共享。"教学经验、知识并没有政策知识那么重要。"中外合作办学机构、项目组织管理人员虽然将办学质量挂在嘴边,但实践中只是将其作为政策知识共享的附属共享内容,"顺便看看其他中外合作办学机构、项目教育教学是怎么进行的"。

我们和外方教师在平时几乎没有交流,都是各干各的。(中外合作办学非法人机构)去年送我们去牛津(大学)培训了3周,那边的老师主要培训教学、教法,但是我觉得不适用我教的这门课("热力学与相变")。我觉得用什么教法需要看教学内容。就我上的这门课,本身我们学院(材料学院)就引进的是普渡大学的原版教材,因为是全英文上课,加上课时进行了缩减,我们上的效果就已经大打折扣了。按他们的要求,用他们的教学方式给这些学生(合作办学非法人机构学生)上课,我觉得学生真正学到的可能还要再打个折扣。(AB-WH)

中外合作办学机构、项目教学教师除参与合作办学协议内的培训之外,几乎不会有专门针对"合作办学的教学工作"和外方合作高校教师的其他交流机会。他们和其他中外合作办学机构、项目教师既"没有机会"分享,也"没有心情"分享,如前所述,学科专业背景不同,没有交流的共同点。几乎每一个受访教师都提到因为教育语言而缩减课程内容,从而导致中外合作办学课程实施过程和中外合作高校相同课程既不"等质"也不"等效"。这几乎是每个中外合作办学机构、项目的做法,也是中外合作办学机构、项目"不能分享的秘密"。受访教师认为强制使用英语教学,"丢失了我们国家的教育优势",而"我们国家的传统就是分享好的,这些'家丑'谁都清楚"。因此,对于中外合作办学教育教学等学术性知识的分享,"一直是围绕如何通过评估",由中外合作办学组织管理者来完成的,一线教师的参与度并不高。

二、依据共享主、客体特征来决定所分享的知识

中外合作办学知识共享一方面依赖中外合作高校各自拥有的知识存量,还取决于其在合作办学过程中总结、提炼的知识内容。当这种知识和共享主、客体所拥有的知识相近时,共享主体更倾向于分享其隐性经验。

这得看你和谁交流。如果那个人已经是这个领域里经验丰富,或者非常资深的人,我们就不必谈这些显性知识,可能人家了解得比我更多。但是对于不是这个领域的人,就是完全不同的方法。……我必须把显性的经验甚至是显性的知识说明白。(ABCJ)

如果我和那些了解我讲的内容的人沟通,那我肯定分享隐性知识。但是如果是和我有距离的人,那肯定就是显性知识。所以这肯定是两者都有。(BCNX)

但是对于隐藏在我心里的东西,我肯定需要一个跟我非常相似

的人来说,否则你还要解释好多细节,……这也是为什么通常面向广泛大众的都是显性知识。(BCFY)

然而,不同共享主体对共享经验距离的认知不同,部分共享主体在和不同领域的人分享经验时更倾向于使用隐性知识。这取决于共享主体对共享客体特征的感知,并基于这种感知对共享内容进行调整。

> 通常情况下我会分享显性知识,但是如果是不同领域的人,我可能会用很多隐性知识来阐述我的显性知识;如果是和同领域的交流,只需要显性知识就可以了。当你和对(中外合作办学)完全模糊的人交流,你就需要多做一些解释,隐性知识就可以帮你解释得更清楚。(ABAB)

知识共享本质上是社会过程,必须考虑共享主、客体之间的文化、制度、组织要素,经验距离越大,共享难度越大。

三、知识特征

上述中外合作办学知识能否顺利共享,还取决于知识自身是否具有可共享的特征。

(一)知识的清晰度

知识的清晰程度主要指知识被编撰、表征的程度。隐性程度较高的知识因为其与个人洞察力、直觉、行为相关,难以编纂,主要通过经历才能获得。中外教育文化、传统的差异使得其各自形成了不同的组织管理和教育教学等学术性知识,中外合作办学则是这种"不同"之间沟通的桥梁,知识共享对于这座桥梁是否稳固具有重要支撑作用。然而,"知识具有很强的情境依赖性""离开了具体情境的隐性知识,其适用范围和程度都会发生改变"。中外合作办学关注显性知识资源的引进,对支撑知识资源有效应用的隐性知识引进不足;在合作办学过程中,对有效合作办学经验性知识,尤其是教育教学经验性知识的提炼、整理、编纂不到位。这使得中外合作办学知识共享成本加大、难度提高。因此,中外合作办学能否在办学过程中探索、积累出具有一定清晰度的可信知识,是其自身能否可持续发展的条件,也是其推动我国教育教学改革的前提。

(二)知识的嵌入程度

知识嵌入程度和其复杂性相关。知识本身是有边界的,其产生、应用都依赖于特定的情境。中外合作办学机构、项目自身需要通过共享来"消化""吸收""创造"新的知识体系,而不论是中外教育教学等学术性知识,还是教育组织管理知识,都是镶嵌在各自国家教育历史、社会、文化中的,"那种量身定制的知识转移、分享是非常耗时的",这也使得其共享难度加大。当前,我国中外合作办学涉及国家(地区)众多,这些国家(地区)教育教学知识和我国教育的"匹配度有限","虽然可获得的知识很多,但能够用得上的很少",中外合作办学知识共享需要关注这种国别差异来提升中外知识的可嵌入程度。一些中外合作办学机构、项目自发成立了中法、中英、中德合作办学共享平台,但这些平台多大程度上能够推动这种基于国别的知识共享,还有待观察。

另外,中外合作办学机构、项目涉及我国 11 个学科门类的专业,工学、管理学、理学学科举办专业较多,而其他学科合作举办的专业较少,学科间的差异也是影响知识嵌入程度的因素。相同、相似学科专业能够共享的知识嵌入程度越高,可共享程度也就更高。

> 我们学校只有一个合作办学专业,我经常想知道其他艺术设计类合作办学是怎么办、怎么教的,但是每次去开会,大家都在谈怎么提高学生的外语。可是我想知道的是这个专业其他合作办学机构、项目是怎么教的,怎么融合中外双方不同的设计理念。(BCZQ)

(三)知识产权明晰程度

知识缺乏产权保护也是影响中外合作办学知识共享的因素。中外合作办学知识共享的"量"取决于对知识产权保护的程度和可用性。知识产权是否能够得到保护,是共享主体决定是否分享的重要考虑因素。

对于中外合作办学及其举办高校相关部门组织管理人员来说,知识本身就是其工作能力的证明,关系到其能否获得晋升。分享知识就意味着知识和其自身某种程度的"剥离",在知识所有权无法得到确认的情况下,中外合作办学及其举办高校相关部门组织管理人员出于对窃取思想的恐惧而拒绝分享。这也表明,除非被共享的知识得到某种明确的确认,否则共享主体倾向于不分享。

> 知识产权的管理变得很重要。虽然它属于学校或者学院,但是这件事也是我花时间和精力做的,我肯定不会随随便便就把我做好的所有材料给别人。……经验也是知识,更需要时间积累和用心摸索,这说大了才是真正的思想,更需要产权保护。否则怎么分享,怎么说得清这是我的思想,除非你把它写成书。(BCZQ)

> 即使是非常小范围的分享,都可能会削弱知识产权。如果这个想法可以变成一个商业项目呢?你想想这个产权保护有多重要。(ABDS)

然而,知识本身边界模糊,对情境依赖程度高,对其所有权的确认难度很大,对其情感所有权考虑不足,对不成熟知识所有权的确认难上加难,因此,这些知识容易被窃取。受访者也倾向于不分享未经自己充分开发的想法。

> 如果你把自己一个没有足够成熟的想法跟别人分享了,可能有人会不知羞耻地说这是他的想法,这就是为什么我不简单分享我的想法。当然,这(知识产权保护)还需要我们自身也关注这个问题,并且有一定的价值底线。你要把你的具体想法明确写出来,说明哪些确实是你的想法,如何对你的想法进行管理。(ABHY)

第四节　中外合作办学知识共享途径和信息技术因素分析

共享途径回答"如何共享"这一问题。中外合作办学机构、项目组织管理人员、教师,及其设立、举办高校相关职能部门成员主要通过以下途径来共享知识。

一、共享途径

(一)面对面分享

面对面分享是中外合作办学机构、项目组织管理人员、教师,及其设立、举办高校相关职能部门成员认为最有效的知识共享途径。这种共享途径可以使共享主、客体亲眼"目睹""体验"共享主、客体解决组织管理和学术性问题的过程,缩短共享主、客体"相互了解和理解"的时间、空间、制度距离,更加"开放地接受解决方案"、分享即时的想法。这不但可以让共享主、客体"拥有一个非常开放的心态",而且还可以"加强共享双方的关系"。

中外合作办学外方组织管理人员再三强调促进面对面共享的极端重要性。从国家层面来说,虽然中外合作办学强调引进外方先进教育资源对中国教育发展的重要性,但其他国家(地区)同样也需要中国的教育经验。从高校层面来说,"百闻不如一见",中外高校通过组织成员的面对面分享,才能真正找到各自需要的知识,这直接关系到"合作办学能否引进有效的资源,并有效地利用资源",如果没有这个前提,"再多的共享也只能是修补",而不能从根本上解决问题。从个人层面来说,不论是组织管理,还是教育教学、科学研究,都需要依据具体的问题和情境来决定要采取的方式方法,而面对面分享提供了"具体问题具体分析"的鲜活案例,对中外合作办学教师有效解决实践中的教育教学问题尤其重要。

> 是的,那些在英国工作的人,他们必须了解或者至少有一些在中国环境下教学的经验……我是说,英国的教师有时不知道为什么,我们(外方)面临的问题是什么,因为他们没有来过这里。(ABAB)
>
> 面对面沟通肯定更有用,尤其是和外方教师沟通。因为我可以看到他的面部表情。虽然我也读过一些信息改变世界的书,但我依然认为面对面是最好的交流方式,也是最有效的方式,可以很好地了解对方对一个问题的理解,在相互交流中很容易相互回应,及时澄清所有你不理解的问题。但是我能理解,像中外合作办学,电子沟通能够解决地理距离的问题,可能会更经济。(BCBH)

另外,隐性知识是中外合作办学知识共享的关键和核心,也是难点。对于不能表征的隐性知识来说,观察、"学徒制"才是最好的共享途径。面对面分享可以增加信息丰富度,提高非言语信息的利用程度,这对于有效"领会"知识具有支持作用。另外,中外合作办学知识共享的目的除了学习之外,更重要的是要"提升自己的造血能力"。因此,中外合作办学知识共享的目的除了"自我提升",更主要的是在这种共享中建构出能够适合我国教育教学改革发展的课程体系、管理经验来。面对面是实现这种共同建构所无法替代的途径。

> 我更喜欢面对面。面对面可以看到对方的表情和动作,也可以根据对方的声音、语调做出反应。虽然有一些知识可以放在邮件或者微信里面说清楚,但是它不能传达你的热情,所以我觉得面对面的事情是无法替代的。(BCYW)
> 这不仅仅是关于分享,而是关系到共同建构知识,我们应该花更多时间和同行进行交流,而且这种分享和建构最好面对面发生。(DASK)

共享主、客体之间的正式或非正式互动都会对他们的知识共享有影响。如前面所分析的,大部分中外合作办学机构、项目和其设立、举办高校共享师资,但他们并不拥有对这些师资的评聘、考核权,也很难"把多个院系的教师请到一起来",这就加大了其通过正式面对面的途径来分享知识的难度。因此,中外合作办学知识共享更多地依赖于其组织成员和教师的非正式面对面共享来实现。访谈中,大部分中外合作办学机构、项目组织成员和教师认为除讲座、教学论坛等共享途径之外,一起用餐是分享知识最多的时候。这种非正式的共享活动可以激发教职员工的想法,为他们提供和外界交流对话合作机会,引发他们某一方面的兴趣,提升他们创造性解决问题的能力。

> 我们有几个朋友,基本上会定期地聚聚,会聊聊自己工作的困惑什么的,其他人也会帮忙出主意。我觉得这种分享就比较放松,也不用担心其他人是不是别有用心,反倒能得到很多有用的建议。(BBZM)

(二)虚拟途径分享

通信和运输技术的进步大大降低了全球信息交换和人类全球流动的成本,也为中外合作办学跨区域、国家(地区)分享知识带来了便利。中外合作高校距离较远,面对面沟通、分享成本高,另外,各国(地区)对因公出访人员的出访手续、审批等制度性规定不同,这就为中外合作办学机构、项目的中外方组织管理人员、教师的面对面知识共享带来了挑战。通过虚拟途径分享,便是解决中外合作高校地理、制度距离,实现知识共享的重要途径。

电子邮件工作速度慢,不能得到对方及时的回复,共享周期耗时长,但可以克服距离、空间的障碍。访谈中,中外合作办学机构、项目领导及其设立举办高校相关负责领导,资历较深的学者,多采用电子邮件这一途径来沟通、探讨合作办学知识,并就某些"正式问题"达成协商。除了"方便",采用这一途径分享"正式问题",还在于这一途径便于存档,是工作的"痕迹"和"证明"。但是,由于"不同的写作风格",电子邮件沟通会造成新的分享"障碍""误解"。

> 我觉得电子邮件这样的书面沟通和其他的沟通方式的总体思路是重叠的。电子邮件也是书面沟通,它是在屏幕上完成而不是在纸上完成……对我来说,最重要的还是像报告、论文这样的书面文档。但是我觉得,当我想知道别人的建议时,我可能更喜欢书面的;涉及我分享给别人的时候,我觉得个人联系会更好一些,口头表达更容易。(ABKJ)

技术的迅猛发展为多种其他虚拟分享途径的应用提供了条件。中外合作办学机构、项目组织工作人员认为,虚拟的视频会议或者视频沟通功能和面对面分享一样,也可以看到对方的肢体语言和面部表情。尽管虚拟视频沟通的功能不如面对面演示有效,但是视频增加、提高了表达理解、预测响应,提供非语言信息,增强口头描述,表达态度。更重要的是,在中外方的知识分享过程中,视频可以缩短时间和空间距离,是一种更经济、高效的共享途径。

你不是在地理空间上面对面,但是你有能力选择非言语交流的优势。通过 Skype 语音或者视频通话,以及通过网络进行视频会议,同样可以看到大家的肢体语言和面部表情。(ABCJ)

我觉得传统的面对面是比较经典的面对面交流,而视频沟通是现代的面对面分享。我觉得现代的这种面对面和传统的面对面功能是一样的,而且还能节省时间。对中外合作办学来说,最重要的是经济。(BBLL)

虚拟通信某种程度上也是面对面的,比如任何类型的视频会议。虽然它(虚拟通讯)与你和对方面对面坐在一起分享不完全相同,但是我觉得这已经是我们能得到的最好方式了。尤其是中外合作办学涉及外方,虚拟沟通的效率肯定最高。(BCYS)

采用虚拟途径来分享知识并达成关于某一问题的决议,是中外合作办学组织管理人员从实用角度出发选择的"退而求其次"的分享途径,但中外合作办学机构、项目教师很少采用这种途径来分享知识。对教师来说,他们认为最好的方式就是面对面分享,最好是能够完整地"观摩"一门课的"教法"。

因此,虚拟途径的知识分享,只是针对中外合作办学机构、项目发展中的组织"决议""决定"类问题更有效,而对教育教学等"需要精耕细作"的学术性问题,是无法实现有效共享的。

(三)根据共享内容选择共享途径

中外合作办学机构、项目在知识共享中使用了多种共享途径,具体方式、途径的选择因中外合作办学自身发展阶段,共享主、客体的角色,共享本体,即共享内容而不同。

中外合作办学知识共享途径的选择会因为其自身发展阶段,及其要解决问题的进程而不同。从中外合作办学机构、项目自身发展进程来说,其和外方合作高校面对面的知识分享随着办学时间的推移而减少。面对面共享主要聚焦中外合作高校就其合作办学机构、项目初期的合作设计,合作办学过程中的重要决策,和教师的培训三个方面的问题。中外合作办学机构、项目教师的共享途径选择则围绕共享内容,对思路、想法类内容,采取和信任的人面对面分享,而对已经"成形的知识",则选择虚拟途径共享。

> 在事情(中外合作办学)的开始阶段,面对面沟通是非常必要的。当这个事情稳定下来之后,它就可以慢慢用电子邮件、视频会议、电话会议沟通了。合作生成阶段面对面沟通很重要。(BCYS)

> 取决于你分享的内容。如果是共享思路或者想法,面对面肯定是比较好的。如果是分享结果性的知识,主要还是通过微信。如果是比较正式一点的内容,可能会用电子邮件。老外会觉得用微信沟通工作很不正式。如果是分享想法、建议,或者对某件事的新想法,那最好还是面对面地沟通。但是和外方的话,还是电子邮件比较多。(BCZQ)

> 每种方式都很重要,我不认为哪一种就更好。具体采用哪个渠道,要看你当时在什么地方,要沟通什么内容。有时候你就想聊聊你的研究,有时候你想聊聊学生、教学,有时候就是单纯地表达一下对这个事情(中外合作办学)的想法。看情况吧。(BCYW)

> 我喜欢在工作的时候听听别人的意见。具体什么渠道可能会跟我事情的进展情况有关。当我有想法去做什么事,但是又不确定的时候,我会找人坐下来聊聊。当我开始做了的时候,就网络沟通,微信、QQ,或者电子邮件,都有。当然,我认为最好的还是面对面。但是大家都太忙了。(ABWB)

另外,从中外合作办学知识共享的主、客体关系看,共享主体更愿意通过虚拟沟通工具来和共享客体分享其知识,而共享客体则更愿意通过面对面的途径来分享知识。

> 这要看目的是什么。当我需要别人的经验的时候,我更喜欢面对面学习或者阅读相关的书面材料。如果是给别人分享自己的知识,我可能就更喜欢通过微信什么的。这个完全取决于个人需要。(BCBH)

由此可见,共享途径并不是中外合作办学知识共享的关键性决定因素,而是重要的支撑要素。共享途径的选择,依赖于共享主、客体关系,更依赖于共享内容,还取决于中外合作办学自身发展阶段。

二、信息技术因素

信息技术因素是指中外合作办学机构、项目组织管理人员及教师为了实现知识共享、对话沟通等工作而使用的信息和通信技术。信息技术为中外合作办学知识共享提供了集成知识和创建共享网络两种基本功能。作为促进和协助知识共享的资源,信息技术因素是一种在高校知识资源共享中利用不足的资产。中外合作办学知识共享的技术系统主要包括:外方的在线知识库,仅对合作办学组织管理人员、教师及学生开放,促进中外合作高校知识资源共享;官方网站、微信公众号、微博等,以促进其外部知识共享;组织内部设备,方便其组织内成员访问和联系;其他社交媒体和信息技术系统等应用程序。

(一)信息技术是知识共享的重要支持要素

中外合作办学引进的外方教育知识资源中,包括外方的在线学术知识资源。访谈中,中方教师表示会利用在线资源获取工作知识,通过"数据库会获得一些教学支持信息",帮助他们"理解外方教学内容、教学方法"。另外,信息技术因素可以让中外合作办学知识共享超越"购买"的静态资源,及时共享动态知识资源,让中外合作双方高校的沟通更方便,为中方教师提供了一系列支持性知识。

> 因为我们举办的是艺术设计专业,所以我们会和外方及时沟通学生的设计作品,我们有一个专门的网站,我可以从这个数据库里下载外方同年级学生的作品拿给我们项目的学生看,让他们知道同样的年级,我们的学生和外方高校学生各自处在什么样的水平,有什么不同的设计理念。(BCZQ)

中外合作办学机构、项目网站是知识共享活动最基础的信息技术支持系统。中外合作办学机构、项目网站可以传播其组织、人员及活动信息,有助于学者了解其他同类单位的基本工作信息。然而,网站并不会及时公布其最新的信息,这就阻碍了合作办学知识及时跨越组织边界实现共享。

我们有很完备的网站,信息很全面,更新也很及时,从上面基本上可以了解我们的全部信息,包含了每个员工的详细信息,他们的研究方向、工作分工,大学/学院内外的人都可以访问这些信息。(ABWL)

另外,电子邮件、院校数据库建设、数据分析软件、数字媒体也被认为对知识共享具有促进作用。

我们学校也有数据库,会把最新的信息及时传上去,我们可以申请访问,不过这个根据级别设权限,不是所有人都能看到同样的东西。但是我从来没有登录过,感觉是专门为领导服务的。我觉得数据库开放是很好的共享途径,但是现在感觉我们要知道校内的信息比登天还难。(ABHA)

学校开发了数据库,每个部门、学院都必须上传相应的数据,包括开网络研讨课、播客等,不管是和外方开会还是讨论,都相对比较方便。我需要哪方面的信息,打报告申请就可以,这样就减少了一些不必要的人情往来。(BBZM)

数据库是一个知识共享的重要平台。然而,部门之间的协作技术使用不足,没有将其与知识共享联系起来。对于技术使用不足的情况,有几种解释:一是缺乏集中的财务和技术支持,无法为合作办学机构、项目提供应用程序和技术;二是在合作办学机构、项目内没有支持和拥护者来促进知识任务的技术使用;三是除了熟悉的电话和电子邮件使用工具之外,组织成员对其他信息技术使用的兴趣有限。

(二)信息技术使用不足

中外合作办学机构、项目信息技术系统的开发是随着时间的推移而发生的,通常是在需要的基础上进行的,这导致技术系统开发是零散的,并且存在应用程序(而不是集成系统)的兼容性问题。

缺乏集成系统会影响共享方式。虽然技术可以在一定程度上缩短合作办学的空间距离,然而,并非所有的合作办学成员都有视频会议技术,大部分中外合作办学机构、项目也没有积极推进信息技术的应用。信息技术可以提供对显性知识的即时访问和远距离分享,但这取决于共享主

体决定何时分享。另外,共享主、客体解决基础设施和技术支持不兼容的
能力也会影响通过信息系统的知识共享,否则,再好的知识也是"摆设"。

中外合作办学机构、项目知识共享过程中对信息技术因素利用不足,
还因为当新的技术工具被引入到一个组织中时,组织预算的大部分应用
于技术工具的开发和实施,但并没有及时向其成员提供适当的应用培训,
还忽视对可能发生的任何为解决错误进行持续维护等变革管理问题的关
注。对于中外合作办学机构、项目组织管理人员及教师来说,适当的信息
技术培训是推动他们使用技术工具来分享知识的重要推动力量。但是中
外合作办学机构、项目组织成员在信息技术使用初始阶段没有好的体验,
也会成为他们后期排斥使用信息技术来分享知识的阻力。

> 我觉得微信、QQ 都不能算是一种共享工具,它现在完全就是
> "发通知"和"拍马屁点赞"的,对于这种技术,还是要减少使用,这样
> 大家才能多一些见面的机会,才有可能慢慢形成共享的氛围。
> (BCBH)

也有部分中外合作办学机构、项目工作人员对技术的使用持谨慎态
度,虽然他们认为一些在线资源很有价值,但是需要跟进。技术是"工
具",其是否有用最根本还在于如何使用。

> 我觉得这种所谓的信息技术反而让人和人之间的距离更远了。
> 过去我们做得最多的就是讨论问题,共同解决问题。现在就变成快
> 速谈话,开始通过邮件、微信来交流了,虽然很快,但是又觉得缺点什
> 么。所以如果有什么建议,那就是要回归基础,回到可以看着别人的
> 研究和他们交谈的这种状态。(BCYB)

中外合作办学机构、项目及其设立、举办高校对信息技术的有效使
用,可以为其组织管理人员和教师储存和检索相应知识提供一定的便利。
然而,这种"便利"有时候也会成为某种"权力""特权"。技术作为一种"工
具",其如何使用,谁可以使用,依赖于组织其他因素。另外,"双一流"高
校和地方高校在数据库建设方面差距很大,纵使校内信息系统使用有诸

多权限设置,很多教职员工依然表示有效的信息技术支持是知识共享的基础设施。

> 其实我们对很多软件的使用不足,不论是 Moodle 还是 Blackboard,都有很大的分享知识的潜力,但是它的具体使用还是会回到我们地方和学校文化上来,学校并没有特别用于分享的目的,也基本不怎么用。(BCNX)

另外,在组织、个人、信息技术三个影响知识共享的因素中,信息技术因素受到教职员工关注最少。这意味着,知识共享中,共享主、客体都会优先考虑与其他同事互动的关键问题,领导的支持、组织文化比技术这样的"硬"要素更具支持性。

第五节　中外合作办学知识共享调节因素分析

中外合作办学知识共享的调节因素是指上述四节论述的个人因素、组织因素、知识因素、共享途径因素和信息技术因素对中外合作办学知识共享成效的影响方向和强弱,受到第三个因素的影响,这个因素就是调节因素。经过第四章第四节对中外合作办学激励因素和阻碍因素两个调节因素的分析,发现调节因素通过个人因素、组织因素和共享途径在中外合作办学知识共享成效的影响中发挥正向调节功能。本章这一节在前一章对调节因素研究的基础上,继续深入探索中外合作办学知识共享的调节因素。

一、激励因素

中外合作办学知识共享行为在很大程度上受到中外合作办学机构、项目及其设立、举办高校激励因素的推动。中外合作办学知识共享激励因素分为内在和外在激励因素。内在激励即中外合作办学机构、项目组织管理人员、教师及其设立、举办高校相关组织部门工作人员因自我意识和自我成长等自我推动而参与知识分享的动力;组织内在激励即组织用以提升其成员参与知识共享以推动其有效发展的措施等。外在激励主要是中外合作办学机构、项目及其设立、举办高校对其发展的期望,以及对其组织成员工作的外在要求。

(一)组织激励因素

在人才培养、科学研究、社会服务等方面做出社会贡献,进而获得一定的资金支持和社会认可,获得组织合法性地位,是中外合作办学参与知识共享的主要推动力。

1.提升自主知识创新能力

中外合作办学的目的是要引进外方优质教育资源,促进我国教育改革创新。优质知识资源是优质教育资源的核心,也是中外合作办学知识共享的出发点和最终追求目标。当前,中外合作办学机构、项目更多处于引进、模仿阶段,对知识创新仍不足。2010 年《国家中长期教育改革和发展规划纲要(2010—2020 年)》颁布,尤其是 2016 年《意见》的颁布实施,从国家层面要求加大高校对"示范性""高水平"教育资源的引进力度。浙江大学、中国科学院大学、中山大学、电子科技大学等"双一流"高校依托其已有的一流学科专业,引进世界领先的相关学科专业知识,进行硕士、博士高层次人才培养的同时,注重合作科学研究,最终实现我国自主知识创新能力。

> 从纯粹的学术角度来看,通过参与国际学术合作,分享国外学术(知识),我们可以发展新的理论并发展知识体系。通过知识共享,我们可以在各个部分学习国外知识,改进我国的学科专业体系,最重要的是增加特定学科领域的价值。(BCYW)
>
> 我是想真正扩大知识。有些人真的想要将他们正在做的事情扩展到世界其他地方。它们(知识共享)为它(知识)增添了价值,也可以改变社会或经济状况或改变外部世界。(ABAB)

中外合作办学知识共享意味着我国学者可以深入了解不同国家研究模式、研究主题、研究方法,为我国科学研究发展提供信息;参与外方高校的知识共享网络,向世界学习先进知识,深入了解如何解决特定的研究问题,甚至可以为新的研究问题提出新的想法,提高研究效率。然而,"我们可以引进外方的知识,可是知识创新的能力是无法'买'来的"。中外合作办学过程中,"外方合作高校会告诉你如何做,但是为什么这么做,他们很神秘"。中外合作办学不是我国高等教育发展的最终目的,但是,依托中外合作办学,我国在实质性引进、消化、吸收外来知识资源的过程中,提升我国高校在诸多学科领域的自主创新能力、标准制定能力,才是合作办学的最终目的。这是中外合作办学知识共享的自我内在激励,也是我国设立、举办中外合作办学机构、项目的外在要求。

同样,中外合作办学机构、项目的发展愿景、组织文化、组织结构、领导力,其设立、举办高校对中外合作办学机构、项目的积极态度、重视程度、资源投入等因素,中外合作高校积极良好的合作关系,都会对中外合作办学组织管理人员和教师的知识共享行为产生激励。

2.提高国际化人才培养质量

纵观世界一流大学,其在不同的领域做出了世界性的贡献,但一流人才的培养是其共性。中外合作办学引进外方教育资源,推动知识共享的重要关注点也在于国际化人才培养。中外合作办学机构、项目知识共享的程度、水平直接影响其知识传承、创新和应用,进而影响其人才培养质量。访谈中,不论是中外合作办学机构、项目组织领导,还是教师,均对知识共享在提高中外合作办学人才培养质量方面的作用做了肯定。

中外合作办学质量的体现,最终是要通过学生,通过人才培养质量来体现。没有响当当的人才质量作为名片,中外合作办学怎么说你能推动我国高等教育改革?(ABKJ)

英国在培养学生自主探索性学习方面特别值得我们学习。我们也借鉴了英国在这方面的经验,不断完善学生学习的支持机制,落实保障措施,营造良好的学习氛围,促进第一课堂和第二课堂相结合,培养学生主动探索的意识、能力。(ABCJ)

从根本上说,作为一名大学老师,你不能只是教教科书中的内容。你需要有一个研究的背景,还需要经常和同行进行交流、沟通,单纯传播知识并不会让你获得知识。你要么通过研究,要么通过交流、学习,不断更新自己的知识体系,才能培养出好的学生来。但是,研究能提供给你的知识只能是某一个领域的,有时候对你不了解的领域,你就必须从同事那里了解,这是工作的重要部分,不能忽视。
(DAGP)

近年来,中外合作办学学生在国内外高水平科创赛事中获得了良好的成绩。例如西北工业大学伦敦玛丽女王大学工程学院参赛项目"深蓝立方水下多功能航行器""Bridge Flaw Detection Sensor""3D 打印生物陶瓷骨支架"分别获得"International Entrepreneurship Contest for University Students 2019AW in OSAKA"二等奖、三等奖,该学院"基于自修复纳米摩擦发电机技术的桥梁安全检测器"在第五届中国"互联网＋"大学生创新创业大赛中获得全国银奖;华中科技大学中欧清洁与可再生能源学院学生作品"太阳能-生物质能耦合气化制氢装置"获得第六届中国研究生能源装备创新设计大赛全国总决赛三等奖。这些获奖团队指导教师均为由中外合作办学机构中外教师共同组成,他们之间的知识共享可以缩短我国国际化人才培养的探索时间,提高人才培养效率。

这些人才培养方面的成功案例、经验,是中外合作办学机构、项目共享知识的重要激励,也是其继续探索在"合作关系"中培养高质量人才的动力。

3.扩大举办高校国际影响力

科学研究经历了个人、国家、制度三个时代之后,进入以国际合作为主要特征的第四个时代。自 1945 年以来,美国和欧洲作为研究超级大国一直是研究领域的主导者。然而,到 2045 年,或者到 2020 年,这个大西洋轴线可能不会成为研究的主要焦点。[①] 中外合作办学是对这种合作、共享发展趋势和对全球知识经济发展的回应,是共享发展的具体方式和创新,也是我国实现知识资源最大化、最优化配置的重要课题。中外合作办学知识共享扩展了引进外方教育资源的使用范围和应用深度,为我国高校和世界高校的良性互动构建了平台,扩大了我国高等教育的国际影响力。

---

① ADAMS J. Collaborations: the rise of research networks[J]. Nature, 2012(20): 335-336.

我们今天的很多自然科学研究,已经变成了一项世界性的集体事业。我们在做某一项研究的时候,需要通过共享来解决世界性的问题,也需要通过这种共享来取得某项突破。这个过程也会提升我们的研究水平和质量。(DAGP)

从一个学校发展来说,这(中外合作办学知识共享)很重要。我们(中外合作办学机构、项目)就像是我们学校的使者,推动大学的发展。这也是我们了解世界,提升国际化水平的重要途径,这是我们在为学校做广告。(ABWL)

访谈中,几乎所有的合作办学机构、项目都认为扩大其设立、举办高校国际影响力是其"最主要的动力"和"奋斗目标"。然而,这种影响力的构建和壮大仍需要国家实质性的规划和政策支持,最终取决于中外合作办学机构、项目设立和举办高校自身的知识创新能力、合作办学治理能力和水平。[①] 这也说明,扩大我国高校的国际影响力是推动中外合作办学知识共享的关键动力和外在激励因素,然而,并不能说这是高校真正的内在激励因素。

4.获得相应的资源支持

获得外界资源支持是中外合作办学机构、项目知识共享的另一激励因素。部分中方高校举办中外合作办学的出发点并不是如其高呼的"推动学校国际化办学水平""引进优质教育资源"。通过合作办学,实现资源配置部门的评价标准,获得相应的资源支持,才是其通过合作办学共享知识的动力。基于这种动力设立、举办的中外合作办学机构、项目为兑现所"获得资源"的条件,也会"效仿"同样的激励模式,将部分获得资源用作支持其组织管理人员和教师参加国内外相关学术会议、研讨会等知识共享活动。

我们学院会有预算支持我们去参加会议或者研讨会。……这种

① MOK K H. The quest for regional hub of education: growing heterarchies, organizational hybridization, and new governance in Singapore and Malaysia[J]. Journal of education policy,2011(1):61-81.

国际性的经常性的交流就主要是和外方合作院校。我们可以和他们展示教师、各个年级学生的设计作品,我们也可以和外方教师面对面交流。(BCZQ)

我们学院会拿出经费固质性地组织教学工作坊,这对于教师讨论教学知识、方法很有帮助;还会提供经费让老师出去交流,这不光对他们业务提升有帮助,也可以让他们了解到同一件事情,其他单位是怎么做的,我们可以向谁学习、请教。有时候这种关系会延续到平时的工作中来,可以协助他们工作。(BBLL)

上述访谈材料表明,中外合作办学机构、项目及其设立、举办高校一方面将合作办学作为自身获得资源支持的途径,另一方面又通过提供基础设施、管理、经费等资源支持中外合作办学机构、项目组织管理人员和教师的知识共享活动。

(二)个人激励因素

中外合作办学机构、项目组织管理人员、教师及其设立、举办高校相关职能部门组织管理人员的知识共享行为除了受到组织激励因素影响之外,还由他们个人因素所驱动。

除本章第一节"互惠感知"中所论述的,中外合作办学组织管理人员和教师为获得职业晋升,经济、社会收益,建立社会、学术关系网络而积极参与知识共享活动外,中外合作办学知识共享还可以使其组织成员扩大知识共享范围,摆脱"孤岛工作状态",促进自身知识体系增长、工作能力提升。

我们知道,在许多领域,当人们在(知识/学科)边境一起工作并共享他们的知识时,就会发生进步。如果你想要参与其中,想从这种网络中受益,想增长知识体系,你就必须要做出自己的贡献。你不能只是静静坐在那里,而其他人都在讨论,这样你就没有价值。(ABDS)

另外,中外合作办学知识共享也可以推动其举办高校教师扩大个人学术网络,寻找到以后教育教学、科学研究工作需要的潜在合作者。

　　　　这(知识共享)可以让我和那些有共同"语言"的人会面,他们可能是我潜在的合作者。这有助于教学,特别是研究,尤其是对于未来获得更大的研究项目。(BCXY)

　　也有中外合作办学机构、项目组织管理人员及教师认为,参与知识共享是他们除了教学、研究工作之外的责任,是他们做好本职工作必不可少的部分。而通过中外合作办学来分享外方合作高校经验,可以更好地拓宽其教学、研究思维,及时更新个人教学、研究工作。

　　　　写本子(课题申请、做预算)、写教案、做教学计划、技术转让等不再是外围、无用的、次要的,它们也是学术工作的重要方面。国外(英国)在这方面就做得很好,尤其是他们的校企合作,在这方面我们向他们学到很多。我觉得这(知识共享)应该是我们的职责,但是我国做得还不够,方式方法还不够灵活,制度支持也不够。(ABWH)

　　　　在没有进行研究、教学,并与他人分享的情况下,就成为真正的大学教师,这是不可能的。我的意思是你的教学、研究必须增加你的知识体系并推动它向前发展,增加你的教学研究水平。世界变化很快,我们必须知道人家(其他国家)正在做什么,做到什么程度了,为什么要这么做,这样我们才能培养世界性人才。你不能简单地就让世界从你身边经过。(DAXA)

　　中外合作办学知识共享的个人激励因素是多样化的,也是复杂的。中外合作办学组织管理人员和教师参与知识共享并不是出于某个单独的激励因素,而是多方面因素的综合、权衡考虑,更多是基于当下个人工作需要来决定是否参与知识共享。

二、阻碍因素

　　引进差异性教育资源,从结构和水平上促进我国高等教育发展是中外合作办学的一个潜在优势,但有时候这也是阻碍。中外合作办学的"合作关系"会增加其知识共享的行动主体,他们之间的潜在冲突也是共享过程中产生摩擦的因素。

（一）组织因素

如本章第一节、第二节所述,中外合作办学机构、项目组织因素和个人因素都是其知识共享的结构性因素,这种结构性因素在其知识共享中作用的发挥还存在一定的障碍。

1.工作量系统

中外合作办学知识共享活动需要时间来完成。系统的工作分配是中外合作办学机构、项目组织管理人员和教师能够有效参与知识共享的保障。中外合作办学非法人机构、项目组织管理人员和教师的工作量系统由其设立和举办高校来安排,具有独立法人资格的中外合作办学机构工作量系统由其独立安排。这种工作量系统可以帮助其组织成员在教学、研究和行政工作之间取得平衡。这意味着,通过适当的工作负载平衡,中外合作办学机构、项目组织成员有可能有更多时间参与知识共享。然而,这种工作负载还和中外合作办学机构、项目组织管理人员和教师的级别、聘用类型有关。

> 我们新进老师会有 3 年的试用期。这期间,工作量也会慢慢上升,加班是常态。有时候会很恐慌,感觉自己被消耗,没有成长。我觉得这种变态的工作量应该调整一下。共享也是学习的重要方式,尤其是对我们新老师。但是现行的工作量真的不允许。(BCLJ)

> 大学就是这样,把你做的每一件事都按它的计算方式给你算成它要的量。说心里话,这(知识共享)又不算工作量,还需要额外的时间和精力,每天能把当天的事情忙完就已经很不容易了,哪有时间去做额外的事情。(BCFY)

> 我认为时间非常重要。我在这里 7 年,从技术上讲,我的工作量是没有改变,但是实际上可能是翻倍的。我觉得我们没有那么多时间进行沟通、分享知识。现在我们的压力就让这个事情(知识共享)更加困难,评价标准里面并没有这一项,学校也不会在意你有没有共享,有没有正确共享。(DASK)

同时,很多中外合作办学机构、项目没有自己的专职教师。其基本教学任务的完成需要多个学院师资共同参与。"中外合作办学的教学工作并不是这些学院的分内工作",多数情况下,中外合作办学机构、项目相关学科专业学院并不会安排其"核心""经验丰富"的教师,相反,会优先选派其"年轻老师来锻炼"。这些"来援助中外合作办学的教师也都是在他们繁重的工作中抽时间来的"。这种情况下,如何联络、统筹、协调这些相关学科专业部门的"援助教师"参与知识共享,是中外合作办学试图"通过共享师资来共享知识"的制度设计显然无法妥善解决的问题。

2.工作人员和教师的频繁更换

大多数中外合作办学非法人机构、项目的组织工作人员和教师都不是静态的,而是不断更换的。这种"频繁流动"主要是中外合作办学机构、项目的大部分组织成员并不是我国传统的"体制内"成员,而是"招聘制"的"非正式工作人员";外方专业课教师大多是"飞行教师",在某一时间段内集中完成教学任务;中方教师大多是举办学科专业相近的其他学院教师。这种"临时组队"的成员对中外合作办学机构、项目的运作了解甚少。他们在整合、学习中外合作办学背景知识和决策方面的技能,以及习得不同背景下的知识资源方面的能力,影响了他们充分参与知识共享的能力。这种"临时性"也是他们不愿意投入精力参与知识共享的原因。

3.生源质量参差不齐

中外合作办学学生"对外语教学接受困难""文化权威意识强""学术成就评价标准难改变""对获得成就的感知存在差异""选择性接受外方高校课程内容和教学方式"。这促使中外合作办学机构、项目在国际化人才培养过程中困难重重,尽管中外合作办学机构、项目提供了国际化的师资与硬件设施,但这种多元文化"硬件背景"并未真正融合为一个国际化的学术社群。这也回应了我国钟秉林等学者 2012 年对北京 3 所中外合作办学机构、38 个项目的学生所做的研究,中外合作办学学生对中外合作办学条件、服务管理、情感投入三个方面满意度低。[①] 从制度层面看,中外合作办学"课程学习的多元文化氛围与中国本土的管理体制环境不相容"。

本书访谈中,大部分中外合作办学教师也是"苦不堪言",认为中外合

---

① 钟秉林,周海涛,夏欢欢.中外高等教育合作办学机构和项目的学生满意度分析[J].中国高教研究,2012(9):22-26.

作办学"通过高收费来降低学生质量"。"生源质量"阻碍了中外合作办学教师之间的知识共享。"给中外合作办学学生上课,相比同专业非中外合作办学学生打了很低折扣。"一部分中外合作办学机构、项目确实引进了优质教育资源,也招收了较高水平的学生,但不排除部分中外合作办学机构、项目依然靠降低学生招生标准来实现正常运行,这给中外合作办学教师教学带来相当的困难,无法实现知识共享。

4."一校两制"的治理机制

如前所述,中外合作办学参与知识共享的主要推动力在于争取其组织合法性。虽然中外合作办学已有30多年的办学历程,然而,中外合作办学机构、项目"很多时候,仅仅是多了教育机会",并没有普遍形成具有社会广泛认可度的人才培养模式,"社会满意度低"。这也是中外合作办学机构、项目知识共享的障碍。中外合作办学机构、项目在大部分高校,乃至我国高等教育发展中仍处于"被观望的地位",这种地位具体体现为"一校两制"的区别对待,但这种区别对待并不总是其优势。为争取或改善其在设立、举办高校中的竞争地位,中外合作办学需要整合、共享多方教育资源,当这种共享影响到其举办高校其他相关组织核心竞争力的时候,既不能共享其引进的优质教育资源,又无法共享中方合作高校优质教育资源。"中外合作办学常常被视为例外。""一个学校两套制度""制度和制度之间无法衔接",这是中外合作办学知识共享的障碍,也是其还没有形成自身行之有效的治理体系的体现。

> 我们经常跟学校其他部门反映问题,现在人家都烦我们了。常常质问我们,为什么就我们这么特殊,这也不行那也不行。我觉得我们就应该像X学院那样(另一所高校的国际学院)从学校独立出去。中外合作办学和我们传统的教学管理太不一样了。如果独立出去,我们就可以自己聘请教师,独立核算财务,不用像现在这样,处处看人脸色。很多时候明明是学校派来的老师质量不过关,还总嫌我们教学质量差,事情多。(BCZY)
>
> 我觉得这要思考我们国家整个的教育和环境。我们也要问问自己,我们真的希望这样的教学、研究,真的需要这样的办学吗?答案可能是不。我觉得我们现在确实需要做真教学、真研究。如果这些

都是真的,那这个交流、沟通就是很自然的事情,大家也都不需要藏着掖着,有什么就说什么。关键你看现在这些乌七八糟的,都不知道在干什么,反正都一个比一个忙。(BCYS)

(二)个人因素

中外合作办学知识共享的个人阻碍因素更为个性化,除本章第一节中论述的个人因素之外,还有以下因素阻碍中外合作办学机构、项目组织管理人员和教师的知识共享行为。

1.害怕失去权力(竞争力)

对失去权力或竞争力的恐惧是阻碍中外合作办学知识共享的关键个人因素。部分中外合作办学机构、项目组织管理人员和教师将知识视为个人权力、竞争力的关键,因此他们拒绝参与知识共享,或者在分享过程中有所保留,他们在竞争性较弱的环境中会分享较多知识。处于职业生涯早期阶段的组织工作人员和教师比中级、高级阶段的组织管理人员和教师更少担心这一问题。

老实说,我之前从未想过这种情况。现在我知道这种经历……我的知识也是我这么多年来获得的,这就是我的竞争优势,我不想失去这个优势。如果别人这么容易就获得我这么多年辛苦积累的东西。不管别人怎样,我现在开始考虑这个问题了。(DAXA)

学术界有个人竞争力。显然,你不会分享太多的关键知识,因为这就是你竞争的核心。当然,别人也肯定不会把他的核心知识分享给你。(BCYB)

当个人知识与其社会地位、职业前景和个人声誉有关的时候,其分享复杂性增强,因为它涉及个人被组织重视的程度。

2.害怕窃取想法

对窃取思想的恐惧是阻碍中外合作办学知识共享的主要抑制因素之一。如中外合作办学知识因素一节所分析的,中外合作办学涉及"合作关系",中外合作高校输入知识的清晰度、嵌入程度、产权明晰度都比较低,这为其共享带来障碍,也是最大的障碍。在中外合作办学机构、项目及其设立、举办高校对知识共享支持文化较少的情况下，这一特征会阻碍其组织成员的分享行为。中外合作办学机构、项目组织管理人员和教师即使有了好的想法，也往往会拒绝与其他同事分享，因为他们担心自己的想法可能被盗。

> 如果你的想法、做法还是在发展阶段，就最好不要跟别人说。要不有的人会嘲笑你的东西，还有那些比你有时间、有资源的人，就会抓住这个想法，让它变成他自己的东西，比你更快做出来。……当你的想法仍然很粗糙的时候，很难证明这些想法就是你的。除非你把它写在纸上或者记录好，所以我不分享我的想法，除非能有办法证明这就是我的想法。（DAXA）

这也表明，除非被共享的知识得到某种明确的确认，否则共享主体倾向于不分享未经自己充分开发的想法。

3.缺乏信任

缺乏信任是另一个抑制中外合作办学知识共享的因素。如本章第一节个人信任倾向所论述的，信任是黏合中外合作办学机构、项目组织管理人员和教师以共享和适应方式行事的黏合剂。没有信任，他们会倾向于囤积个人知识，而不会选择与他们分享或向他人学习。显然，无论哪种形式的中外合作办学，信任都是其知识共享的关键影响因素。

4.缺乏信心

缺乏信心是中外合作办学知识共享的影响因素。能力较强，对提供有价值的知识有信心的共享主体更有可能参与知识共享，并倾向于向自我成就感较高的同事分享知识。工作资历较短、职位较低的中外合作办学组织工作人员和教师，他们对自己的工作内容缺乏信心，也缺少和其他组织成员沟通交流的机会，在知识共享中更容易信心不足。

> 我不认为不愿意分享的人是对某个问题不感兴趣，他只是没有信心而已。因为你初来乍到，和他们（同一组织中的其他同事）也没有太多共同的东西，所以也就不敢轻易表达。当然，这也可能是我自己多想了，说不定是我自己低估了自己。（ABHA）

　　也有一些教师认为,作为共享客体参与知识共享会"显示出自己在专业方面的不足""还会让其他同事认为自己很无趣、无聊",因此,他们通常因为信心不足而隐藏问题。作为共享主体,中外合作办学机构、项目组织管理人员和教师往往怕被认为"无趣""好为人师"等原因而放弃主动的知识共享。共享主、客体共同的"自我担心",阻碍了知识共享行为的发生。

　　5.时间限制

　　时间限制是影响高校中外合作办学知识共享的另一阻碍因素,也是中外合作办学机构、项目组织管理人员和教师从个人阻碍因素层面对组织工作量系统和工作量负荷的回应。访谈中,几乎受访对象都认为沉重的工作负担限制了他们参与知识共享。"缺乏时间"限制中外合作办学组织管理人员和教师传递、获取知识的机会,进而无法实现引进教育资源的增值。

　　　　教学和研究的平衡对所有学科领域的教师都至关重要,大学教学需要研究和教学同时进行,然而,教学负担、其他管理任务、研究工作已经占据了所有时间,很少有额外的时间去参与共享。(BCYB)

　　但是中外合作办学机构、项目领导并不这样认为,他们认为"没有时间是伪命题",而"工作效率低""工作能力不强""懒惰""没有规划"才是无法知识共享的障碍。

　　　　这都是个人行为。有些人,即使你给他所有的时间去学习交流,他都不会做出什么好东西来,他们只会做更少的工作。有的老师一门课教好多年,我看他从来都没有更新过什么内容,也没有用过什么新的教法,但是他也从来没有什么好经验分享给别人。所以没有时间是个伪命题。这是生产力的问题,是效率的问题。(BBLL)

第七章 国内外跨国教育知识共享案例

▶▶▶

　　中外合作办学涉及中外,如果仅仅研究我国层面的知识共享,就会陷入"自说自话"的困境。中外合作办学知识共享是两个或两个以上国家(地区)教育机构"合作关系"的桥梁。为更立体地探究中外合作办学知识共享影响因素,本书从国际、国内两个视角来选择案例。本书案例分析尊重其本身的体系,没有按照本书的分析框架将知识共享各维度影响因素掰开来分析,是为了保持案例本身的完整性,从整体视角研究案例对象如何将本书分析框架中拆开的各因素有机融合在一起,以及它推动知识共享的关键、核心举措是什么。

第一节 英国跨国教育的共享发展

　　英国是比较早期进入到工业革命,也是率先推动全球化进程中的国家。英国目前是仅次于美国的第二大跨国教育发展国。"后脱欧时代",英国将跨国教育作为维持和提升英国教育世界领先地位,有力参与国际教育竞争,实现教育"全球英国"的理性方案。[①]

　　英国重视从国家层面采取协调一致的方法,将跨国教育作为其教育事业整体发展的组成部分和招收国际学生、发展伙伴关系的重要通道。

---

　　① 陈慧荣."后脱欧时代"英国跨国教育发展趋势研究:基于《国际教育战略:全球潜力,全球增长》的分析[J].比较教育研究,2020(5):1-10.

1999 年以来,英国政府发布了两项总理倡议,从国家层面明确了跨国教育的政策方向,及相关组织的权力和责任。总理倡议 1(1999—2005)[Prime Minister Initiatives Ⅰ(1999—2005)]将跨国教育视为向英国高等教育机构提供资金,增加英国国内外的国际学生招收的活动,目标是招收 5 万名国际学生。总理倡议 2(2006—2011)[Prime Minister Initiatives Ⅱ(2006—2011)]更加重视发展国际合作伙伴关系,注重扩大英国教育的国际市场配额和英国高等教育的全球影响力。2010 年 5 月成立的保守党-自由民主党联合政府也同样重视跨国教育的综合价值。2013 年 7 月 29 日,英国商业、创新和技能部以及教育部共同发布《国际教育战略:全球增长与繁荣》(International Education Strategy:global growth and prosperity)①,规定英国政府和其教育部门合作,利用英国在高等教育、继续教育、海外学校、教育技术、产品和服务,以及英语培训方面的优势,扩大全球影响力,打造英国品牌,确保英国经济增长和发展,推动英国与世界更广泛的联系。

为了应对不断变化的全球政治经济网络,英国对其国际化战略进行了重组和改革。2016 年 6 月,英国以 51.9% 的支持率公投"脱欧";2017 年 3 月,英国正式与欧盟展开"脱欧"谈判;至 2019 年 3 月底,英国下议院三次否决"脱欧"协议,"脱欧"进程悬而未决;2020 年 1 月 31 日,欧盟议会通过脱欧投票,英国正式脱欧,进入"脱欧过渡期"。脱欧并不意味着英国将中心转向国内而淡化其国际角色,而是将深入英国历史与文化的国际化视野转向全球,重新塑造英国的世界定位。为应对"后脱欧时代"的不确定性,英国一方面改组内阁,专门成立脱欧部负责脱欧谈判,组建内阁部长级国际贸易部加强全球贸易关系,为正式"脱欧"后"高速过渡"到自贸协定做准备;另一方面密集出台政策文件和立法,把"全球英国(Global Britain)"理念内化为政策文件,从宏观、政策层面对"后脱欧时代"英国对外关系和政策进行实质性、整体性调整,力图在不断变化的全

---

① DEPARTMENT FOR EDUCATION. International education strategy:global growth and prosperity[EB/OL].[2023-09-29].https://assets.publishing.service.gov.uk/government/uploads/system/uploads/attachment_data/file/340600/bis-13-1081-international-education-global-growth-and-prosperity-revised.pdf.

球格局中实现新的世界角色定位。[①] 为在教育领域实现"全球英国"这一终极目标,2019 年 3 月 16 日,英国教育部和国际贸易部共同发布《国际教育战略:全球潜力,全球增长》(International Education Strategy:global potential,global growth),寻求与全球合作伙伴接触并最大限度发挥其教育潜力,巩固英国全球教育领先提供者地位,扩大"全球英国"市场份额。

跨国教育是英国国际化教育战略中的重要组成部分。随着跨国教育在英国教育国际化及教育出口中份额的增加,其重要性日益凸显。为保持英国教育的全球竞争地位,开发和推广英国高等教育海外市场,近年来,英国不仅重视跨国教育对英国政治、经济、社会的影响,也重视通过跨国教育学习他国(地区)教育的经验,共享世界教育的良好实践,实现英国跨国教育的反馈作用。

一、英国跨国教育概念及其类型

(一)概念

国际层面尚缺乏公认、透明的跨国教育概念。跨国教育概念及实践因各国(地区)教育发展情况、政策、法规有很大差异。[②] 英国主要从学习者、教育资源提供者、学历/学位授予者所在位置,国家(地区)地理及法律管辖边界等维度来定义其跨国教育,认为跨国教育是英国教育机构跨越英国地理和法律管辖边界,为海外学生提供课程、教学,授予英国学位的教育教学活动。[③] 这一概念强调教育机构和学术项目的流动,将跨国教育焦点转向知识产权、监管责任、质量保障等相关问题。

(二)类型

随着跨国教育的发展,其多样性和复杂性日益增加。如表 7-1 所示,

---

① 张飚."全球英国":脱欧后英国的外交选择[J].现代国际关系,2018(3):18-25,63-64.

② WILKINS S. The international branch campus as transnational strategy in higher education[J]. Higher education,2012(5):627-645.

③ DEPARTMENT FOR EDUCATION, DEPARTMENT FOR INTERNATIONAL TRADE. International education strategy:global potential,global growth[EB/OL].[2023-09-29].https://assets.publishing.service.gov.uk/government/uploads/system/uploads/attachment_data/file/799349/International_Education_Strategy_Accessible.pdf.

英国按其教育机构与办学目的国(地区)间的角色、关系及交付方式,将跨国教育分为特许经营/认证项目/课程、远程跨国教育、海外分校、合作/衔接提供四类,以及除以上类型之外,日益多样化的其他形式。如一些跨国教育将学位课程与最后一年的特许经营权相结合,通过远程/在线学习支持学生获得英国学位。[①] 从 2007—2008 至 2016—2017 学年英国各类型跨国教育就读学生规模来看,英国教育机构和其他国家(地区)合作/衔接提供的跨国教育类型增长空间较大,是英国跨国教育未来发展的主要形式;远程跨国教育近年来增长强劲,是英国要重点发展的教育出口形式及跨国教育工具。[②]

表 7-1　英国跨国教育类型、特征及相关案例

类型	特征	案例
特许经营/认证项目/课程	英国教育机构提供课程,办学目的国(地区)实施教学;学生在目的国(地区)注册、学习,获得英国大学学位	特许经营项目、课程等
远程跨国教育	海外学生在英国教育机构注册,在办学目的国(地区)通过远程、灵活和分布式学习获得英国大学学位	在线提供课程、项目等
海外分校	海外学生在英国教育机构注册,在其海外教学实体学习,获得英国大学学位	海外独立和联合校园等
合作/衔接提供	海外学生在英国教育机构海外合作伙伴注册,学习英国教育机构部分课程,获得英国大学学位	联合/双/多学位课程等

———————

① UNIVERSITIES UK. The scale of UK higher education transnational education2016-17〔EB/OL〕.〔2023-09-29〕. https://www. universitiesuk. ac. uk/International/Documents/UUKi％20the％20scale％20of％20HE％20TNE％20education％202016-17. pdf.

② DEPARTMENT FOR EDUCATION. UK revenue from education related exports and transnational education activity in 2016〔EB/OL〕.〔2023-09-29〕.https://assets. publishing. service. gov. uk/government/uploads/system/uploads/attachment＿data/file/773167/SFR_Education_Exports_2016.pdf.

续表

类型	特征	案例
其他形式	海外学生在目的国(地区)学习,以获得英国大学学位	以上四种类型中的两种或两种以上的混合形式

资料来源:根据 UNIVERSITIES UK INTERNATIONAL. The scale of UK higher education transnational education2016-17[EB/OL].[2023-09-29].https://www.universitiesuk.ac.uk/International/Documents/UUKi%20the%20scale%20of%20HE%20TNE%20education%202016-17.pdf 整理所得。

　　无论其复杂性如何,跨国教育都代表着一种"相对较新,但发展迅速的现象"。但这种复杂性也意味着当前英国对其跨国教育的定义不能捕捉或反映其跨国高等教育的完整性,也使得其分类产生了差异,缺乏有关跨国教育的全面统计数据。另外,由于跨国教育中伙伴关系的配置因跨国教育安排的国家边界、利益相关者利益需求和选择、学科专业的不同而动态发展,因此,在动态发展中找到沟通的共同基础成为难题。

二、英国跨国教育知识共享内涵、价值及原则

(一)内涵

　　知识共享是将知识作为一种资源或生产要素,并将其"所有权"和"使用权"分离,使原来不可交易的资源进入可交易的范围,增加知识的使用范围和效率。[①] 英国通过国家战略,赋予其高等教育机构更多自主权,高等教育机构一方面基于一定的契约,通过课程、课程组合、项目的跨国界流动出售自己的知识"使用权",扩大知识资源的适用范围;另一方面推动英国教育机构在跨国教育过程中实现知识的增值,吸纳其他国家(地区)良好的教育实践经验,反馈跨国教育举办机构,并以此丰富、完善英国教育体系,形成新的知识产权。这种共享范式通过战略性安排缩短了英国教育机构和世界其他知识资源的地理和心理距离,一定程度上降低了相应的知识交易成本。英国跨国教育不论是从国家层面还是从教育机构层面,都是计划性地输出知识资源,并将输出资源和其他国家(地区)教育需

---

① 陈慧荣,刘咏梅.知识资源共享视野下的教育枢纽构建动因、共享体系及举措[J].比较教育研究,2019(9):27-35.

求战略性地链接,在这种共享发展中实现跨国教育目的,避免了英国教育机构和其他国家(地区)教育实践间的偶然、临时互动;其他国家(地区)也通过跨国教育和当地教育形成互动、交流,发展了当地教育。

(二)价值

知识资源共享具有边际收益递增的优势。对于英国高等教育输出机构来说,知识资源是相对有限的,但通过跨国教育可以为其提供拓展世界联系网络的机会,带来一定的经济收益和声誉回报,增加自身生产力和创造力;对于引进英国教育资源"使用权"的国家(地区)及其教育机构来说,跨国教育可以为当地增加受教育机会,从结构、水平上补充当地教育方面的短板,推动教育和当地经济社会发展的相关性,同时实现本国教育能力提升。^① 不论是跨国教育输出国,还是接受国,跨国教育都是两国(地区)教育机构基于国家(地区)和机构自身发展需求和战略重点,选择共享的知识内容,规划具体的共享形式,最大化知识价值,以期实现自身发展目标。

(三)原则

跨国教育是"全球英国"战略在教育领域的深化,是"后脱欧时代"英国对其教育出口利益的诉求,主要遵循、坚持以下原则:

1.建立和扩大英国教育全球影响力

英国最新的跨国教育战略在"全球英国"战略下、《贸易白皮书:我们未来的英国贸易政策》(Trade White Paper:our future UK trade policy)《高等教育与科研法案》(Higher Education and Research Act)等系列贸易和教育政策法律基础上,加强教育服务贸易,大力发展跨国教育,扩大英国教育的全球影响力,在教育出口领域实现"脱欧"红利。

2.确保英国高等教育进一步国际化

英国在研究、创新领域的框架和平台,应对复杂科学和研究挑战的研究基础设施,影响世界、人类健康福祉及社会变革等领域的研究成果,都是其发展跨国教育,增加国际联系的基础。英国颁布《国际教育战略》,强调在此基础上进一步审查其教育国际合作框架,充分挖掘跨国教育潜力,深化英国教育全球参与,推动英国高等教育最大限度地利用和受益于全方位的国际机会,在已有全球成功基础上进一步国际化。

---

① 王连娟,张跃先,张冀.知识管理[M].北京:人民邮电出版社,2016:26-27.

3.为国际教职员工和学生提供世界领先的服务

跨国教育是英国国际服务贸易和高等教育体系的组成部分,代表英国国家形象。为英国跨国教育教职员工和学生提供领先的国际化服务,提升他们的工作和学习体验,培养英国教育的终身倡导者,是英国在激烈的国际竞争中能持续吸引学生,发展长久国际合作关系,实现"全球英国"的重要保障。

4.推动英国教育全球参与,培养"全球公民"

跨国教育可以培养未来影响世界的领导和专业人才,提供更多国际联系和机会,提升英国软实力。"后脱欧时代",英国坚持、丰富和深化了这一原则,一方面通过跨国教育招收更多国际学生,另一方面将其作为发展英国商业、政治和外交联系的桥梁,为英国现在和未来培养文化敏捷、能够打破社会流动障碍,从全球化市场中获得成功的"全球公民"。

三、英国跨国教育共享发展的驱动因素及其发展目标

(一)驱动要素

英国跨国教育是其高等教育市场化和"吸引国际学生"及其资金的竞争产品。[1] 在教育构成及影响要素日益多元化、复杂化的今天,跨国教育的驱动要素也更加复杂、立体和多元。"后脱欧时代",英国将其跨国教育视为英国参与世界经济、政治、社会文化及教育联合互动,构建其教育全球角色的途径。

1.经济因素

加强英国教育与经济之间的联系,确保教育对关键经济目标产生更大影响,是英国高等教育机构发展跨国教育的主要推动力。2010—2016 年,英国教育出口及跨国教育价值稳步增长,7 年间,跨国教育增长 72.90%。[2]

---

[1] DE V G, CASE P. Rethinking the internationalization agenda in UK higher education[J]. Journal of further and higher education,2003(4):383-398.

[2] DEPARTMENT FOR EDUCATION. UK revenue from education related exports and transnational education activity in 2016[EB/OL]. [2019-08-30].https://assets. publishing. service. gov. uk/government/uploads/system/uploads/attachment _ data/file/773167/SFR_Education_Exports_2016.pdf.

然而,英国大学 16% 的科研经费直接来自欧盟[①],对英国经济贡献额的 5.07% 来自欧盟国家学生[②]。"脱欧"使英国不得不应对国家经济停滞、教育财政紧缩、国际学生减少的境况。跨国教育可为英国带来三方面的收益:出售知识使用权的直接收益,通过跨国教育增加的国际学生带来的间接收益,跨国教育学生参加英国教育机构假期学校、毕业典礼、短期游学计划带来的额外收益。另外,跨国教育可以站在经济转变的最前沿,抓住全球教育市场快速变化和扩张的机遇。[③] 这为英国经济发展带来长期经济收益,实质性推动英国经济发展的同时,也为英国教育机构扩宽了经费来源渠道。[④]"后脱欧时代",英国更加关注跨国教育共享发展中知识的经济增值,强化教育市场化政策,逐渐将商业中的市场、营销理念应用于教育领域,以期从教育出口,尤其是跨国教育共享发展中获得更大的国际市场份额[⑤],进而搭建更广阔的经济外交合作机会,增强英国教育经济的增长及引领能力。

2.政治因素

英国大国地位、身份及国际影响力与"脱欧"谈判结果及其国际角色

① JEREMY G. "Not on the same page": Brexit poses threat to British universities [EB/OL]. [2023-09-29]. http://uk. reuters. com/article/us-britain-eu-universities-idUK-KCN0ZK10S.

② AFTAB A. Brexit result: what does it mean for the UK's higher education sector and students? [EB/OL]. [2023-09-29]. http://www. independent. co. uk/student/news/eu-referendum-result-brexit-leave-remain-higher-education-sector-students-a7100106.html.

③ DEPARTMENT FOR INTERNATIONAL TRADE. Transcript of international trade secretary Dr Liam Fox's speech at an international education strategy event in London[EB/OL]. [2023-09-29]. https://www. gov. uk/government/speeches/secretary-of-state-speech-at-international-education-strategy-event.

④ HESA. Income of UK HE providers by source of income and location of HE provider 2016/17[EB/OL]. [2023-09-29]. https://www. hesa. ac. uk/data-and-analysis/publications/higher-education-2016-17.

⑤ HEMSLEY B J. Universities in a competitive global marketplace: a systematic review of the literature on higher education marketing[J]. International journal of public sector management, 2006(4):316-338.

紧密相关。① 教育是推动国家(地区)间双边、多边合作的种子基金。② 英国基于跨国教育的海外关系不仅保证了机构、项目、课程、学生的流动,而且奠定了其他国际战略的基础。截至 2018 年 7 月,世界各地在职的君主、总统和总理中,有 57 人在英国接受过教育,比排名第一的美国少 1 人③;联合国、世界银行、欧盟委员会等国际组织中,有 24 位高级官员具有英国高等教育背景④。这种教育的亲情作用是英国联结其他国家(地区)的纽带,也是英国和其他国家(地区)构建跨国教育这一知识共享载体的重要链接。作为英国高等教育的组成部分,跨国教育通过构建积极的伙伴关系和战略重组,培养进入商业或政治领域的国际化人才,是实现知识增值,发展更广泛国际关系和有影响力的政治话语权的"助推器"。"后脱欧时代",英国从现实发展中评估自身全球地位,为跨国教育注入更多政治内涵,将其作为实现政治外交的利好工具,赋予其促进国家(地区)间合作发展的使命,力图在欧盟以外的国家(地区)出口教育,实现教育在塑造国家使命和身份、制定对外政策、加强国家安全、发展国际关系、构建全球新角色中的推动作用,进一步提升英国的软实力。⑤

   3.社会文化因素

   英国与欧洲在文化身份上的联系是密不可分的。⑥ "脱欧"进程的不

---

   ① JAMES H. Britain and Europe: what ways forward? [J]. Economic affairs, 2017(4):1-8.

   ② UNIVERSITIES UK. Five (financial) reasons why UK institutions engage in TNE[EB/OL]. [2023-09-29]. https://www.universitiesuk.ac.uk/International/Pages/5-financial-reasons-UK-institutions-engage-in-TNE.aspx.

   ③ SKIDMORE M P. My vision for global higher education[EB/OL]. [2023-09-29]. https://www.gov.uk/government/speeches/minister-skidmore-my-vision-for-global-higher-education.

   ④ 郭婧.英国高校国际组织人才培养与输送研究[J].比较教育研究,2019(2):12-19.

   ⑤ JEREMY H. Britain's role in a post-Brexit world [EB/OL]. [2023-09-29]. https://www.gov.uk/government/speeches/foreign-secretary-hunt-britains-role-in-a-post-brexit-world.

   ⑥ BORIS J. Exclusive: there is only one way to get the change we want-vote to leave the EU[EB/OL]. [2023-09-29]. https://www.telegraph.co.uk/opinion/2016/03/16/boris-johnson-exclusive-there-is-only-one-way-to-get-the-change/.

确定性加剧了英国社会的对立、分裂,加大了英国构建全球角色的难度。[①] 作为全球最具软实力的国家之一,英国教育的良好国际声誉对其加强国际地位和社会凝聚力至关重要。[②] 英国跨国教育是其文化载体和新兴跨文化组织,具有强大的文化传播能力,能够为英国突破岛国心态,在世界舞台上发挥更大作用,实现"全球英国"理念搭建桥梁。[③] 因此,英国通过多种渠道阐述"全球英国"理念,营造重视、支持跨国教育和多元文化的社会氛围,充分挖掘英国文化和英语技能对跨国教育的支持作用和地位,引导文化向更加市场化的方向转变。跨国教育是"全球英国"理念和教育相结合的载体,聚焦教育出口及跨国教育,一方面凝聚多方力量应对"后脱欧时代"的不确定性,增强英国国内凝聚力;另一方面推动英国教育跨越地域、语言和文化障碍,力图把英国教育打造成为世界"品牌资产",从深层结构上促进国家(地区)间的互动、理解,为英国建立长远的社会文化联系,实现知识的文化增值。[④]

4.教育发展因素

经费和国际学生是英国教育持续、高质量发展的重要保障。"脱欧"使英国来自欧盟的研究经费减少[⑤],来自欧盟国家的国际学生所占

---

① 王展鹏,夏添.脱欧公投与英国国家身份变迁[J].武汉大学学报(哲学社会科学版),2019(1):187-200.

② PORTLAND'S IN-HOUSE CONTENT,BRAND TEAM. Soft power 30:a global ranking of soft power 2017[EB/OL].[2023-09-29].https://portland-communications.com/publications/a-global-ranking-of-soft-power-2018/.

③ LIAM F. "Malaysia and Britain:partners in a post-Brexit World" [EB/OL].[2023-09-29].https://www.gov.uk/government/speeches/malaysia-and-britain-partners-in-a-post-brexit-world.

④ DEPARTMENT FOR EDUCATION,DEPARTMENT FOR INTERNATIONAL TRADE. Damian hinds addressed the higher education sector at an event to promote the ambitions of the international education strategy[EB/OL].[2023-09-29].https://www.gov.uk/government/speeches/education-secretary-sets-out-plan-for-international-education.

⑤ JEREMY G. 'Not on the same page': Brexit poses threat to British universities[EB/OL].[2023-09-29].http://uk.reuters.com/article/us-britain-eu-universities-idUKKCN0ZK10S.

份额下降①。跨国教育不仅是英国教育经费及贸易收益来源,还是招收优秀国际生源的重要渠道。英国除采取内部挖潜之外,不断扩大跨国教育规模和范围,通过跨国高等教育将招收国际学生的触角伸向海外,将跨国高等教育作为吸引高层次国际学生,分散风险的长期投资;拓展英国中等教育跨国发展,直接为英国高等教育机构输送国际学生;推介英国初等教育和幼儿教育,为英国高校"储备"更多未来生源。2019 年,英国在中国开办的分校将再增加 46 所,增幅为前两年的 2 倍以上。②

跨国教育是英国教育更具国际竞争力的重要途径。英国通过跨国教育向其他国家(地区)输送英国教育质量保障、课程、教学内容和标准,加深这些国家对英国教育体系和教育品牌的认可。更重要的是,跨国教育可以对英国国内教育起到重要的反馈和激励作用,促使英国从其他国家(地区)的教育实践和创新中汲取新经验,推进英国教育改革。例如,英国借鉴德国和荷兰职业培训系统的要素,并将其引入英语系统;引入上海数学教材和教学方法。跨国教育作为英国教育和其他国家(地区)知识共享的载体,对英国教育自身丰富和完善有正向激励作用。

(二)发展目标

以上驱动因素为英国确定教育出口及跨国教育目标提供了保障和动力。2016 年,英国教育出口和跨国教育总值 199 亿英镑,比 2010 年增长22%,其中 19 亿英镑来自跨国教育收益,约 67% 来自高等教育部门。③

---

① DEPARTMENT FOR EDUCATION,DEPARTMENT FOR INTERNATIONAL TRADE. Damian hinds addressed the higher education sector at an event to promote the ambitions of the international education strategy[EB/OL].[2023-09-29]. https://www.gov.uk/government/speeches/education-secretary-sets-out-plan-for-international-education.

② DEPARTMENT FOR EDUCATION,DEPARTMENT FOR INTERNATIONAL TRADE. Damian hinds addressed the higher education sector at an event to promote the ambitions of the international education strategy[EB/OL].[2023-09-29]. https://www.gov.uk/government/speeches/education-secretary-sets-out-plan-for-international-education.

③ DEPARTMENT FOR EDUCATION. UK revenue from education related exports and TNE activity 2016 [EB/OL]. [2023-09-29]. https://www.gov.uk/government/statistics/uk-revenue-from-education-related-exports-and-tne-activity.

2016—2017 年,占英国高等教育机构 84.7% 的 139 所大学在世界 228 个国家(地区)开展跨国教育活动,几乎涉及所有学术领域和办学层次[①];共707915 名学生参加了英国跨国教育活动,是同年英国国内国际学生的1.6倍;2013—2017 年,英国跨国高等教育学生人数增长了 17.6%[②]。在此基础上,英国通过《国际教育战略》确定了英国教育出口及跨国教育的中长期目标:到 2030 年,将英国教育出口额增加到每年 350 亿英镑,选择在英国高等教育系统学习的国际学生数增至 60 万人。这意味着英国教育出口值比 2016 年的 200 亿英镑增加近一倍,年均增长 4%;国际学生数比2016 年的 44.2 万人增加 1/3 以上。

虽然英国最新的《国际教育战略》提供了对英国教育出口价值的量化理解,但没有提供这些出口在运营管理方面给教育机构带来的挑战。这并不是说教育出口的经济价值微不足道。这些价值使英国及其相关决策部门能够评估教育贸易的进展和价值。

四、英国跨国教育知识共享举措

英国从其更广泛的战略稳定、繁荣和安全为出发点,理性评估英国教育出口市场潜力、机遇,以及英国教育的优势和能力,并将战略原则、目标落实到行动中。

(一)推动整体政府行动,发挥英国教育国际共享潜力

"全球英国"是英国所有行业、领域共享的核心信念和责任。跨国教育是英国教育领域对"全球英国"的战略性响应,和其他相关战略共同构建了"后脱欧时代"英国在全球舞台上的系统举措。作为整体推动实现"全球英国"的方案,《出口战略:支持与连接企业全球发展》(Export Strategy: Supporting and Connecting Businesses to Grow on the World

---

① UNIVERSITIES UK. About our TNE work[EB/OL]. [2023-09-29]. https://www.universitiesuk.ac.uk/International/heglobal/Pages/about-tne-work.aspx.

② DEPARTMENT FOR EDUCATION. The scale of UK higher education transnational education 2016—2017 [EB/OL]. [2023-09-29]. https://www.gov.uk/government/statistics/announcements/uk-revenue-from-education-related-exports-and-transnational-education-activity-2017.

Stage)强调促进政府与行业合作,为行业提供打破出口壁垒的资源和行动支持,扩大英国现有贸易关系。[①] 这些举措和资源也支持英国跨国教育的实施。

跨国教育在英国整体政府框架下推动实施。一是推动整体政府行动。英国外交和联邦事务部,国际贸易部,英国文化协会,国际发展部,商业、能源和工业战略部共同开发贸易机会,促进跨国教育市场准入,制定推进议程,推动教育和其他产业出口协同输出。二是成立专门组织。英国教育部、国际贸易部和外交部共同成立由公务员和教育专家组成的专门咨询小组,把对教育出口,包括对跨国教育的支持放在优先位置,确保教育出口、国际研究与创新、海外机会拓展等行动相互支持;为英国教育机构发展跨国教育调整政府服务,提供建议,改善国内外政策环境。三是加强全球外交。向全球宣传英国教育,为跨国教育搭建国际网络,开发机遇,建立伙伴关系。四是出台支持文件。如英国发布的《普通话卓越计划》(the Mandarin Excellence Programme)、《西班牙访问教师计划》(the Spanish Visiting Teachers Programme)有针对性地促进教育出口。这种整体政府行动强调组织资源的协调、沟通和效率,将英国各部门、行业的优势结合在一起,有利于丰富和加强英国的整体国际竞争力。

(二)确定优先发展区域,遴选"国际教育冠军",拓展共享机会

为实现有限资源利益最大化,提高资源使用效率和方式,"后脱欧时代",英国推动英国政府及教育机构与全球合作伙伴接触并确定优先发展区域,遴选"国际教育冠军"并给予奖励。

1.确定优先发展区域,发挥独有共享价值

英国综合分析咨询小组和市场情报部提供的其他国家(地区)战略及优先发展事项,英国跨国教育在该国(地区)的参与程度及相关经验的综合反馈等信息,确定增长速度快、发展机会多的优先发展区域,以期建立

---

① HM GOVERMENT. Export strategy:supporting and connecting businesses to grow on the world stage[EB/OL].[2023-09-29].http://www.gov.uk/government/publications/export-strategy-supporting-and-connecting-businesses-to-grow-on-the-world-stage.

更有效的多边关系网络,对冲"脱欧"影响。①

一是确立"高价值区域":中国、中东和北非、拉丁美洲、东盟。这些区域的国家(地区)优先投资教育和研究,有向技能、知识和服务多样化发展的需求,并需要教育发达国家的经验。这些特征支撑了英国在该区域发展跨国教育的机会、价值和潜力。英国在中国的跨国教育取得了显著的成功,是英国发展跨国教育的重要市场和国际学生的重要来源地。中东和北非地区和英国加强教育联系的愿望强烈,但这一地区政治、经济、文化复杂,稳定是其主要目标,英国对在该地区发展跨国教育保持警惕。如英国支持其教育机构识别《沙特 2030 愿景》(Saudi Vision 2030)机会,并与潜在的沙特合作伙伴进行接触。英国在拉丁美洲举办跨国教育的成功经验促使它继续赋予该地区高期望,并通过解决法律和监管障碍支持跨国教育发展。如英国年度巴西教育工作组(Annual Brazil Education Working Group)专注于英国在这一地区的关键教育主题,为英国发展跨国教育突破障碍、拓展机会提供平台。东盟发展跨国教育机会多,但需求差异大。英国需要在解决监管障碍、推动资历承认等方面给予支持,并引导其教育机构针对不同国家需求提供不同方案。

二是确定"潜在增长区"。"脱欧"为英国提供了深度接触非洲的机会。英国在肯尼亚、尼日利亚和南非等国的跨国教育经验,为它在非洲建立更广泛的教育国际联系提供了借鉴。英国将在非洲大力发展从学前到高等教育的各级各类跨国教育活动,并发挥国际竞争力。印度学生留学英国历史悠久,英国继续通过战略行动推动跨国教育在印度市场份额的增长。另外,英国继续巩固其在欧洲的教育技术领导者地位,为英国教育机构在欧洲开展跨国教育提供监管咨询;加强与美国、澳大利亚和加拿大的关系。虽然这些国家教育发达,但都渴望创新,英国可和这些国家开展教育合作创新,拓展教育机会。

2.遴选"国际教育冠军"拓展跨国教育共享发展机会

英国最新的《国际教育战略》继承、重申英国在教育评估过程中挖掘、

---

① ROBIN N. Britain, Europe and the world rethinking the UK's circles of influence [EB/OL]. [2023-09-29]. https://www.chathamHOuse.org/sites/files/chathamHOuse/20151019BritainEuropeWorldNiblettFinal.pdf.

开发成功案例,充分发挥优秀案例榜样示范作用这一传统,成立 500 万英镑的"重大挑战基金",奖励 2019 年度表现突出,可与海外利益相关者建立长期关系,并受到行业尊重的"国际教育冠军"。"冠军"接受咨询小组意见,围绕优先发展区域战略性年度计划开展活动,及时向咨询小组汇报教育出口机会和解决障碍的进展情况。英国给予"冠军"部分特权,如在海外代表英国与海外政府和教育部门建立联系,推广英国教育的国际首选合作伙伴资格;领导英国教育机构海外代表团,补充英国教育部部长和贸易使节承担的角色。"冠军"也要承担更多责任,主要是将其创新、经验和其他跨国教育机构、项目交流、共享;推动英国教育机构应对全球日益复杂的教育需求;瞄准重点区域建立英国教育国际网络,促进英国在关键市场的教育利益,拓展"全球英国"海外市场。

(三)提高教育质量,促进跨国教育共享发展的广度和多样性

质量是英国教育全球卓越的核心,也是其跨国教育广泛和多样性发展的保障。

1.英国教育、研究的卓越声誉是其促进跨国教育广泛性和多样性的竞争优势

2018 年 QS 世界大学排名中,英国高等教育机构有 4 所进入前 10 名,17 所进入前 100 名。[①] 英国的科研具有全球影响力。2014 年,英国发表了 15.2% 的世界上引用率最高的文章,在研究质量指标上,排名高于美国、加拿大、德国、日本、巴西和中国。在具有海外学习经历的诺贝尔奖获得者中,38% 的获得者具有在英国学习的经历。[②] 英国拥有欧洲近 1/4 的教育技术公司,是欧洲教育技术的领导者。[③] 这些成就是推动英国跨

---

① QS. The QS world university rankings 2018[EB/OL]. [2023-09-29]. https://www.topuniversities.com/university-rankings/world-university-rankings/2018.

② SKIDMORE M P. My vision for global higher education[EB/OL]. [2023-09-29]. https://www.gov.uk/government/speeches/minister-skidmore-my-vision-for-global-higher-education.

③ STERN N. Building on success and learning from experience: an independent review of the research excellence framework[EB/OL]. [2023-09-29]. https://www.gov.uk/government/uploads/system/uploads/attachment_data/file/541338/ind-16-9-ref-stern-review.pdf.

国教育世界认可度的重要支撑。

2.英国完善的教育质量保障体系是其推进其跨国教育的重要保障

20 世纪 80 年代开始,英国就以"效率""竞争力""质量提升"来评估其高等教育教学及科研,并将质量问责与"资源分配"紧密结合。[①] 2014 年,英国使用"科研卓越框架"(Research Excellence framework);2015 年,英国推出"卓越教学框架"(Teaching Excellence Framework)。两个"框架"为英国高校重视、改进教学、科研质量提供依据。"后脱欧时代",英国 2017 年颁布《高等教育科研法》(Higher Education and Research Act),从法案高度关注高校教学科研质量。2018 年 3 月,英国设学生办公室(Office for Student),强调关注学生满意度,突出竞争驱动的市场问责质量保障。英国日益完备的质量保障体系引领了欧洲高等教育区、博洛尼亚进程中高等教育质量框架构建,推动了其跨国教育在更大范围和规模的可信度,为其"脱欧"后在世界舞台发挥作用奠定了基础。[②]

3.英国跨国教育的双重质量保障体系推动其跨国教育的广泛多样发展

2013 年,《国际教育:全球增长与繁荣》提出,提高英国跨国教育质量。[③]《国际教育战略》在已有质量标准基础上对英国跨国教育质量保障提出了更高要求,对其跨国教育实行双重质量保障:一是跨国教育举办机构对其跨国教育机构、项目、课程所进行的经常性评估;二是由英国第三方评估机构,即高等教育质量保障署(Quality Assurance Agency for Higher Education,QAA)进行的不定期评估。英国高等教育质量保障署每年选择一个拥有英国跨国教育机构、项目、课程的国家(地区),深入评估该国(地区)英国开展跨国教育的特点和挑战,实施质量评估,并通过报

① 沈伟.趋同抑或求异:英国高等教育质量保障的过去与未来[J].高等教育研究,2018(10):92-99.

② QAA. Post-EU referendum:the UK,European higher education area and the Bologna process[EB/OL].[2023-09-29].http://qaa.ac.uk/docs/qaa/about-us/qaa-view-point-posteu.pdf? sfvrsn=593ef6814.

③ BIS. International education strategy:global growth and prosperity[EB/OL].[2023-09-29].http://www.gov.uk/government/publications/international-education-strategy-global-growth-and-prosperity.

告和案例研究公布评估信息。英国对其跨国教育实践实行"安排的发展、批准和管理",而不是"一刀切"。① 作为英国高等教育质量准则的一部分,QAA 的质量准则涵盖了跨国教育的质量保证问题。在 2006 年对在中国运行的英国跨国教育机构、项目进行评估之后,QAA 在 2012 年对中英合作办学机构、项目进行了第二次审查,并提交了 10 份关于中英合作办学机构、项目的审查报告和 4 份案例研究,以解决维持学术标准的不同问题。另外,英国也接受跨国教育目的国对其跨国教育进行的监管。

以上质量保障措施为英国及时掌握其教育供给能力,维护和提高其跨国教育声誉、质量和标准,预测动态竞争环境中的教育输出战略重点、竞争优势,理解和响应其他国家(地区)需求、偏好和行为,为推动英国跨国教育更大规模和更广范围发展提供了有力保障。

(四)重视学生体验,提升跨国教育共享吸引力

制度化地应对国内外环境是英国增强教育国际竞争力的保证。学生签证制度是影响国际学生留学决策选择的第七因素②,跨国教育是英国留学生重要来源通道,因此,学生签证制度必须进一步完善。2018 年《移民白皮书》(The UK′s Future Skills－Based Immigration System)将国际学生中的本科生和硕士生的学习后签证期限延长至 6 个月,博士生的学习后签证期限延长至 1 年。《国际教育战略》在此基础上持续改善签证程序,强调加强跨国教育学生学习成果的证据基础,检测英国签证制度在国际学生招收和体验方面的比较地位。2019 年 9 月,英国政府推出"毕业后就业计划(Post-Study Work)",将在英留学生学习后签证期限延长至 2 年,且不受技能水准和行业领域限制。这是帮助英国向全球招收优秀国际学生和留住全球优秀人才,为英国在科研和其他世界领先领域带来更多突破和成果的重要举措,旨在巩固英国作为科学强国的地位,及其在科

---

① QAA. UK quality code for higher education[M]. London：quality assurance agency for higher education,2012:1-50.

② DEPARTMENT FOR EDUCATION. Damian hinds addressed the higher education sector at an event to promote the ambitions of the international education strategy [EB/OL].[2023-09-29].https://www.gov.uk/government/speeches/education-secretary-sets-out-plan-for-international-education.

技、工程和数学领域的世界领导者地位。①

高质量的学生体验是提升跨国教育国际竞争力的核心。然而,英国跨国教育物质设施和环境差异较大,英国教职员工参与度有限,学生的课外支持不足,不同国籍学生的互动交流少。② 为此,《国际教育战略》着重从以下方面提升英国跨国教育学生学习体验:一是改进对跨国教育营销和沟通的支持,督促英国教育机构批判性地审查目的国(地区)在物质设施和学习环境等方面为跨国教育提供的具体支持,确保跨国教育能公平地反映举办学科、专业、课程在当地的可接受性。二是为跨国教育学生提供更多学习支持服务。英国教育机构要充分考虑目的国(地区)背景和学生需求,为跨国教育学生提供和英国教育机构具有可比性的支持服务,如虚拟学习平台、就业支持;督促目的国(地区)为跨国教育学生提供当地学生可享受的课外活动、学生社团、工作实习或志愿服务等发展机会。三是增加英国教职工对跨国教育的支持。英国教育机构要遵循可持续模式,将英国教职工选派与定期访问、质量审查相结合。四是建立跨国教育学生与全球校友的联系。英国教育机构要寻求与跨国教育学生更加主动、有效的联系方式,增加学生跨文化学习机会,发展广泛的国际联系。五是做好学生体验定期调查,以此预测学生的需求,调整教学方法、回应并关注学生的兴趣和观点,创新跨国教育。

(五)提高数据的规范性,促进跨国教育共享发展科学决策

信息、数据的收集和研究是政策制定和资源配置的客观标准和依据。《国际教育战略》是基于2017年前英国教育出口及跨国教育数据的方案。这些数据来自多个部门,缺乏统一标准,且统计滞后,仍需要充分开发和严格测试。这对及时、准确、科学预测英国跨国教育在世界舞台的价值,做出科学决策非常不利。

---

① JOHNSON J. Immigration status: ministers reverse may-era student visa rules [EB/OL].[2023-09-29].https://www.visabureau.com/united-kingdom/visas-and-immigration/post-study-work-visa.

② CAREERS RESEARCH & ADVISORY CENTRE. Transnational education: the wider benefits to the UK-2017[EB/OL].[2023-09-29].https://www.gov.uk/government/publications/transnational-education-value-to-the-uk.

英国教育部将与国际贸易部、其他关键机构（如国家统计局）合作，寻求更科学、快捷的方法，准确、及时地提供和发布能反映跨国教育最新进展的数据。一是确定数据收集的覆盖范围，引入因数据质量问题或缺乏数据而被排除在外的跨国教育类型；二是增加数据准确性，改进对跨国教育总体估值的假设；三是确保数据收集及发布的及时性，尽可能利用最新数据；四是做好所收集数据的说明，更好地沟通数据源的局限性；五是以正确的形式和方式发布数据，满足用户的需求并使其更易于获取。除正式、系统的数据收集之外，《国际教育战略》还注重对反映跨国教育独特性的"故事性叙述"案例的收集，为基于数据分析的一般情况提供补充。这可使跨国教育利益相关者了解这一事业的整体表现，寻找自身在全球市场中的定位及增长机会；最大限度地提高教育绩效，发展英国利用教育资源和数据的能力；为推广英国教育提供进一步的研究、知识和数据，帮助英国大学开发新的机会，制定更加透明、科学和高效的政策。

五、对英国跨国教育共享发展的评价

英国将跨国教育作为其对国际科研合作、共享发展趋势和对全球知识经济发展的回应，是共享发展的具体方式和创新，也是实现知识资源最大化、最优化配置的新课题。英国重视通过其跨国教育的共享发展实现更广泛的经济、政治、社会利益，跨国教育是目的，更是手段。其根本宗旨是推动"后脱欧时代"英国整个教育行业的发展，构建教育的"全球英国"新角色。作为教育国际化的具体形式和载体，英国赋予其跨国教育更广泛的理解和认识，从纵向上整合了从学前到高等教育的各级各类教育，并采取差异化行动支持策略；横向上将教育出口及跨国教育与国际留学生招收、其他领域产业出口整合在一起，进一步拓展了教育出口和跨国教育的内容。在共享行动方面，英国将教育出口和跨国教育融入国家经济、政治、外交、贸易、社会文化等更广泛的部门，为跨国教育挖掘潜在的市场洞察，并通过多种途径搭建平台，共同推动"全球英国"的实现。

英国的跨国教育作为高价值教育的生产者，具有巨大的象征力，其在世界各地不断增长的态势使英国成为跨国教育的全球第二大市场。英国跨国教育作为新的经济增长极，和其他经济形势共同推动"全球英国"对外贸易的发展；作为一项政治选择，推动英国和其他国家（地区）建立教育战略伙伴关系[①]；作为文化交流的基石，促进不同文化之间的交流、协作、理解和宽容，为目的国（地区）增加受教育选择机会，是加强自身教育能力建设和跨文化理解的载体[②]；作为具体的教育形式，不断扩大英国学术网络，使学术研究多样化；为目的国（地区）了解植根于西方文化的国际教育参与规则，最大限度地发挥当地教育潜力和教育话语权[③]，实行特定的教育和培训计划，为推动当地教育改革[④]提供动力。然而，与英国对其跨国教育提出的乐观增长愿景相比，英国跨国教育的未来前景仍具有不确定性。没有和目的国（地区）发展融合创新的跨国教育可能会降低当地教育系统自主创新能力，破坏当地政府在教育能力建设中的作用，也会为英国跨国教育可持续发展带来不确定因素。[⑤] 英国跨国教育如何突破全球"通用产品"模式，和各国（地区）不同教育体系在交流、对话的基础上真正融合[⑥]，并从目前的大规模、低回报关系转变为小规模、高回报、高质量伙伴关系[⑦]，是其最终能否真正促进英国提升国家竞争力、扩大国际话语权的基础，也还要进一步研究。

---

① HSIEH H. Challenges facing Chinese academic staff in a UK university in terms of language，relationships and culture[J]. Teaching in higher education，2012(4)：371-383.

② HE L. Transnational higher education institutions in China：a comparison of policy orientation and reality[J]. Journal of studies in international education，2016(1)：3234-3234.

③ RUI Y. International organizations，changing governance and China's policy making in higher education：an analysis of the world bank and the world trade organization[J]. Asia pacific journal of education，2008(4)：419-431.

④ MOK K H，HAN X. From "brain drain" to "brain bridging"：transnational higher education development and graduate employment in China[J]. Journal of higher education policy & management，2016(3)：369-389.

⑤ BUTT M M. Transnational higher education：the importance of institutional reputation，trust and student-university identification in international partnerships[J]. International journal of educational management，2018(10)：227-240.

⑥ MOUFAHIM M，MING L. The other voices of international higher education：an empirical study of students' perceptions of British university education in China[J]. Globalisation societies & education，2015(4)：437-454.

⑦ BENNELL P. Transnational higher education in the United Kingdom：an update[J]. International journal of educational development，2019(5)：29-40.

英国跨国教育拓展了知识资源的使用范围和应用深度,为教育、研究机构和经济、政治、社会文化的良性互动构建了平台。尽管教育、研究机构和其他相关产业存在功能差异,也依然存在诸多可共享、融合的元素,这也充分显示了知识资源通过共享能够参与和组建教育、研究机构和产业共享发展的网络。另外,虽然经济民族主义在这个全球化时代经常被视为一种时代错误,但跨国教育的发展揭示了经济民族主义与经济全球化之间的共同构成关系。跨国教育对知识创新经济的支持仍需要实质性的规划、政策支持、基础设施和金融投资,最终取决于其开发独特研究和平台建设的能力,批判性地审视跨境教育治理和学术质量监管的水平。

第二节　中山大学中法核工程 与技术学院知识共享发展

中山大学中法核工程与技术学院(Institut Franco-chinois de l'Energie Nucléaire;Sino-French Institute of Nuclear Engineering & Technology,Sun Yat-sen University;SFINET)是中山大学与法国民用核能工程师教学联盟(FINUCI)合作设立的非法人设置中外合作办学机构。SFINET围绕我国核能发展对高层次人才培养和先进核能技术的需要,共享中、法双方优质教育资源,合作开展核电人才培养、科学研究和学科建设,深入挖掘中法多方位合作内涵,在管理模式、课程体系和培养模式、教学质量监控、师资队伍建设、科研条件与能力建设方面取得显著成效。

一、中法核工程与技术学院发展背景

中国和法国核电合作基础深厚。自 1987 年中法合作建设大亚湾核电站开始,中法核电领域的合作空间不断拓展。如何引进法国核能核电领域工程师培养的世界领先教育资源,与我国工程教育优势相结合,形成符合我国核工程与技术高级人才培养体系,为我国经济、社会发展提供稳固的智力支持,成为我国重要关切。中山大学地处广东省,其理学、工学学科在发展中形成了独特的学科优势及优秀教学、研究经验。包括法国格勒诺布尔国立综合理工学院(L'Institut Polytechnique de Grenoble,

France)、法国原子能委员会—国立核科学与技术学院(Le Commissariat à l'énergie atomique-Institut national des sciences et techniques nucléaires，France)、法国国立南特高等矿业学院(L'Ecole des mines de Nantes，France)、法国国立蒙彼利埃高等化学学院(L'Ecole nationale supérieure de chimie de Montpellier，France)、法国国立巴黎高等化学学院(L'Ecole nationale supérieure de chimie de Paris-Chimie Paris Tech，France)在内的 FINUCI，在人才培养、科学研究和核能产业服务方面具有高度自主性和资源调配能力。

　　基于上述背景，从 2006 年起，中山大学和 FINUCI 积极磋商核能、核电领域的合作办学，确定了合作办学的基本模式与治理架构。2009 年 12 月，双方正式合作设立 SFINET，并于 2010 年 9 月开始招生。目前，SFI-NET 拥有核科学与技术一级学科硕士和博士点、核能工程与技术专业学位硕士点。自 2010 年以来，学院已招收 9 届学生，在管理、服务、育人工作机制上日渐稳定、成熟。

二、中法核工程与技术学院知识共享体系

　　SFINET 的资源引进、共享是围绕"人才培养、科学研究和学科建设"这一核心目标来进行的，其知识共享也主要体现在以上方面。

　　(一)重视知识引进和传承

　　SFINET 将法国工程师培养方案和我国"学士—硕士"培养体系相结合，培养核能、核电领域的国际化精英人才。SFINET 采用了与国际接轨的法国工程师课程体系和教学模式，将法国"3+3"精英工程师培养体系和我国"4+2""学士—硕士"培养模式相结合，形成新的融合中、法双方工程领域人才培养优势的人才培养模式。SFINET 组织管理人员和教师知识共享的目标之一是重视中、法核能、核电领域知识引进和传承，即培养既具有多元文化、创新能力、沟通能力和扎实前沿专业知识，又能够解决复杂工程问题、应对国际化竞争环境的核能精英国际化人才。围绕以上人才培养目标，SFINET 构建了融合中法教育理念的递进式课程体系。

　　1.注重核心课程和教材的引进

　　我国核能行业整体技术水平与世界核能发达国家在核能、核电领域存在较大差距。SFINET 引进包含大量国际核能领域最新采用的技术和

研究成果的 FINUCI 原版教材。原版教材的引进、使用避免了翻译的局限。FINUCI 的五所核能工程师学院办学历史悠久,积累了大批优秀的法语、英语核能专业教材。因此,如表 7-2、表 7-3 所示,SFINET 在 9 年合作办学过程中陆续引进了 40 多本法语、英语教材,并在教学中不断更新,形成了具有国际先进性的核能学科专业特色、体量大、覆盖范围广、充分融合核能领域学术前沿的课程体系。

表 7-2 引进代表性核心课程分布表

专业	课程类别	课程名称	引进教材
核工程与核技术	专业必修课	热力学,界面,溶液化学和电化学(Thermodynamics, Interfaces, Solution Chemistry & Electrochemistry)	Chimie physique Thermodynamics:Fundamentals for Applications
		电子学实验课(Lab Sessions in Electronics)	Principesd'électronique Du capteur àl'ordinateur Georges Asch Editeur
	专业选修课	有限元法求解扩散方程[Finite Element Methods (FEM) for Solving Diffusion Equations]	A First Course in Finite Elements
核能与核技术工程	专业必修课	核反应堆设计原理(Principles and design of nuclear reactor)	Nuclear Reactor Engineering:Reactor Design Basics/Reactor Systems Engineering
		反应堆及燃料循环设备的腐蚀(Corrosion in reactors & fuel cycle facilities)	Chemistry in two dimensions Corrosion Mechanisms in Theory and Practice (Third Edition)
		两相流和传热(Two phase flow and heat transfer)	Nuclear Systems Volume I:Thermal Hydraulic Fundamentals Nuclear Systems VolumeII:Elements of Thermal Design
		反应堆动力学(Reactor kinetics)	Nuclear Reactor Analysis
	专业选修课	中子输运计算代码(Deterministic and probabilistic codes for neutron transport)	Computational Method of Neutron Transport

表 7-3　引进原版法方代表性教材分布表

专业	课程类别	课程名称	代表性教材名称
核能与核技术工程	专业基础课	辐照与物质的相互作用及中子物理基础	Radiation Detection and Measurement
		流体力学	Fluid Mechanics
		主回路和二回路化学	Intermolecular and Surface Forces Chemistry of the Solid-Water Interface：Processes at the Mineral-Water and Particle-Water Interface in Natural Systems
		辐射防护与剂量分析	Introduction to Radiological Physics and Radiation Dosimetry Neutron Physics
		反应堆及燃料循环设备的腐蚀	Chemistry in two dimensions Corrosion Mechanisms in Theory and Practice（Third Edition）
核工程与核技术	专业必修课	热力学，界面，溶液化学和电化学	Chimie physique Thermodynamics：Fundamentals for Applications
		模拟和数字电子基础	Ted Belytschko. A First Course in Finite Elements The Finite Element Method- a Pratical Course
	专业选修课	有限元法解瞬态扩散问题和线弹性问题	Principes d'électronique 7ème éd. The Art of Electronics, 2nd ed.

2.促进中、法双方共同课程开发

SFINET 深度融合法国核能工程师培养精髓与中山大学优势资源,创建我国本土化精英核能工程师课程体系。SFINET 共享、整合中、法教育资源,设置公共课、专业基础课、专业核心课、选修课、实践与实验课五大系列课程。学生需用 6 年时间修满约 480 学分,约 9 400 学时,修读的学时和学分数量约为我国传统工科学生的 2 倍。SFINET 不仅关注知识引进,还重视推动中、法双方教师在知识共享基础上实现知识创新,即共同开发课程。如表 7-4 所示,除公共课之外,SFINET 专业基础课、专业核心课的共同开发课程比例分别达到该类课程总量的 69.51% 和75.00%,选修课、实践与实验课的共同开发课程比例也分别达到 20.83% 和 33.33%。从课程来源总分布情况看,SFINET 中、法共同开发课程占其全部课程的 53.54%,引进法方课程占比 11.03%,课程共同开发程度较高。

表 7-4　人才培养方案课程信息表

类别	中方开设课程		共同开发课程		引进外方课程		总课程数
	门数	所占比例	门数	所占比例	门数	所占比例	
公共课	8	100%					8
专业基础课	15	18.29%	57	69.51%	10	12.20%	82
专业核心课	1	25.00%	3	75.00%			4
选修课	15	62.50%	5	20.83%	4	16.67%	24
实践与实验课	6	66.67%	3	33.33%			9
总计	45	35.43%	68	53.54%	14	11.03%	127

3.推进本土化教材编写、创新

SFINET 引进并使用法方原版教材有利于提高学生外语水平,但在教学中使用原版教材仍存在一定困难。一方面是中、法文化有差异,原版教材中有些知识不符合我国对合作办学的要求。对此,SFINET 在积极引进原版法方教材的同时,坚持对引进教材的知识审查,规避或纠正与我国高等教学思想意识形态不相符的内容。另一方面,法方原版教材体系庞大,教师在有限的教学时间采用外语完成全部教学内容压力很大,学生充分理解所有法方课程体系也有难度。因此,SFINET 根据学生学习特点对课程改进和创新,推动我国核能、核电领域本土化教材的改进和创新。如表 7-5、表 7-6 所示,学院中、法双方教师共同开发了系列课程。例如,由法方主讲教师带领中方教师团队根据法国物理实验教学理念、中国物理实验教学特点开发物理实验系列课程。为使中国学生更好地理解法国工程师体系的数学教学内容,SFINET 借鉴现有的法国工程师教育体系的数学课程所用教材,在中国核能工程师数学教学实践中探索出具有中国特色的数学教学理念、教学方法和模型。结合我国学生的实际情况和前期课程开设情况,中、法双方教师共同编写培养国际精英工程师的数学教材英语和法语数学教材 *First Steps in University Level Mathematics*

和 *Advanced Undergraduate Mathematics 1*。另外,SFINET 还组织中法教师共同开设"有限元求解弹性力学问题""反应堆一回路与二回路循环水化学""大型压水堆核电厂运行与仿真"等课程,并以课程建设为基础编写相关教材。其中,"大型压水堆核电厂运行与仿真"在开设核工程及相关专业的国内高校尚属首例。

表 7-5　本土化创新课程分布表

专业	课程类别	代表性课程名称	备注
核工程与核技术	实验课	物理实验 Ⅰ, Ⅱ	物理实验课程建设
	理论课	大学数学 Ⅴ, Ⅵ	First steps in university level mathematics 大学数学的第一步(英文版);Advanced undergraduate mathematics 1 大学数学进阶一(法文版)
		有限元求解弹性力学问题	有限元方法的原理、编程、前处理、计算、后处理、结果分析的全过程介绍与演练
	理论课/实验课	反应堆一回路与二回路循环水化学	核电站一回路和二回路的水化学基础、控制原理、计算程序等系统介绍
核能与核技术工程	实验课	大型压水堆核电厂运行与仿真	结合实际核电站的构成和工作过程,依托原理型压水堆仿真软件平台,全面直观地介绍压水堆核电站的系统设备

表 7-6　本土化创新教材分布表

专业	课程类别	教材名称
核能与核技术工程	工程师阶段必修课	热力学(法文版)
		质点力学(法文版)
		电学和几何光学(法文版)
核工程与核技术	预科阶段必修课	普通化学和物理化学(法文版)
		大学数学进阶 1(法文版)

　　SFINET 推动中、法双方教师共享学术性知识,推进了合作办学的教学创新与改革,目前已获得了 9 个教学改革项目的立项,主要包括:2015 年教育部本科教学改革与质量工程建设项目"本科专业综合改革试点项目——核工程与核技术"和 2015 年广东省本科高校教学质量与教学改革

工程立项建设项目"核工程与技术实验教学示范中心"。另外,2014 年"物理学创新型人才培养体系的构建与实践"获得国家教学成果二等奖。

4.探索"知行合一"的教学模式

SFINET 探索、实践"知能合一"的教学模式。SFINET 针对课程体量大的特点,采用"大课教学＋导学课＋辅导课"的教学模式。大课教学针对同一年级学生实行,导学课和辅导课采用不超过 18 人的小班或者不超过 9 人的小组教学。每门课程由 2 位中方老师和 1 位法方老师共同完成,引导学生掌握知识、解决综合性问题。理论课不局限于教材中的知识,根据国际国内相关领域的发展不断补充教学内容,保证课程、知识的前沿性。SFINET 在 2010 级、2011 级两届学生教学中,由法方教师主讲,中方教师配合完成导学课和辅导课教学并进行部分内容试讲。2011年之后的教育教学中,中方教师承担主讲任务。

实践教学方面,SFINET 联合国内外多家核能企业和科研机构共建校外实习基地,设置了满足法国工程师协会认证需要的三段式校外实践教学体系。目前,SFINET 已签订 6 个境内和 6 个境外共计 12 个实践基地,为学生提供为期 9 个月的校外实践课程。

外语教学方面,SFINET 重视培养学生中、英、法三语交流能力,开设了内容和形式丰富的语言课程。其中,法语和英语课程教学贯穿人才培养全过程,课程总学时数达到 1450 学时。为营造沉浸式语言学习和应用环境,从第二学年开始,学院 80％以上的数理课程和专业课程采用法语或英语教学;学生毕业均需要用英语或法语撰写学位论文及报告,并完成英语或法语答辩。这样的外语课程设置及相应的教学安排,实现了中法全方位合作培养高端核工程类的具有国际视野和领袖气质的技术和管理人才。

(二)关注知识合作创新

SFINET 从设立之初就重视知识创造,即科学研究。SFINET 立足人才培养与科学研究协同发展的目标,建成核能教学科研实验室群。目前,SFINET 已建成 16 个实验室和教育研发实验场地。其中,如表 7-7所示,中、法双方共同合作项目、共建实验室 5 项。在建成教学科研实验室群的基础上,SFINET 的整体科研能力、学科建设水平不断提升。2016年,SFINET 与中国科学院高能物理研究所合作完成了中国东莞散裂中子源谱仪中子探测器的研制工作和阳江核电站冷源海生物监测系统,并已投入使用;同年,SFINET 教师共发表学术论文 160 多篇,获得国家专利授权 10 余项,获得广东省科技进步奖二等奖 1 项,为华南地区核能安全应用、核电发展提供坚强后盾。

表 7-7　双方共同合作项目、共建实验室情况分布表

项目/实验室名称	受资助情况
中法核工程与技术联合研发中心	广东省财政厅 5000 万专项资助
中山大学核工程与技术高端引智专项	国家外专局"教外专函〔2010〕33 号"资助 540 万
广东省核工程与技术国际科技合作基地	
中法核工程与技术联合研发中心	广东省科技厅 150 万资助 获得广东省科学技术奖二等奖 1 项
法国电力集团"蒸汽扩散和冷凝:模型和实验研究"	国际科技合作项目

　　SFINET 凝聚中法优秀研究团队,围绕核电站的系统安全设计与评估、核严重事故的监测与应急技术、核探测器研制、核燃料循环与核材料开展研究,取得一系列重要学术成果。在核电站的系统安全设计与评估方面,SFINET 进行了中国先进压水堆评估,开发了核电厂氢气安全分析三维 CFD 程序,并在中广核研究院加以应用。另外,SFINET 还与中广核研究院、法国电力集团研究院进一步合作,开展了压水堆事故中蒸汽扩散与冷凝的模拟与实验研究,发展了新的壁面冷凝模型和体冷凝模型,实现了对压力、温度和冷凝率的高精度预测,目前已经用于阳江核电站机组的设计和安全评估。在核辐射环境监测系统,SFINET 与广东省核应急监测指挥系统的研制方面,建成了广东省环境辐射监测中心大亚湾核电站政府监督性监测环境辐射自动监测系统、应急移动监测系统及广东省运营核电站环境监测数据库系统,还承担了广东省核事故应急响应环境监测指挥系统建设与维护工作。在核探测器研制方面,2015 年,SFINET 与中国科学院高能物理研究所正式成立了"中子探测技术与应用联合实验室",并进一步合作研制中国散裂中子源的中子谱仪探测器,承担通用粉末衍射谱仪、多功能反射谱仪和小角谱仪探测器的关键性能研究和部

分探测器的批量研制工作。

（三）增强知识应用能力

中山大学在和 FINUCI 合作之初就将学科建设、人才培养、科学研究纳入学校整体对外开放发展战略中。SFINET 基于中山大学的粒子物理与原子核物理博士点和引进法方优质教育资源，融合法国工程师教育体系精髓和我国高等教育特色构建学科，取得核能专业"本科—硕士—博士"学位点并建成省部级研发平台。SFINET 还利用广东省投入的 5000 万元建成了近 3000 平方米核安全相关的教学研发实验室群；打造特色研究方向，如设置了核仿真与安全、核反应堆热工水力、核探测与核辐射防护、核材料与燃料循环四个专业特色鲜明的研究方向，取得了可观的研究成果。经过中法研究人员 10 年密切合作，SFINET 已建成广东省核安全与应急技术工程中心、广东省"核工程与技术"国际科技合作基地，与中广核集团共建了核电安全与应急联合研发中心；并在以上合作基础上，凝练了四个学科方向：核仿真与安全、反应堆热工水力、核探测与核辐射防护、核材料与燃料循环。以上学科方向团队成员均由中方教师和法方教师共同组成，共享核能、核电领域国际前沿知识，共同承担学科建设工作。另外，在学科国际化建设方面，法方教师还发展学科国际关系网络，同时负责与法方民用核能工程师联盟、法方行政部门和企业的联系，并推动相关学科申请并持续通过国际工程学科相关认证。

三、中法核工程与技术学院知识共享举措

SFINET 的成功运行，离不开其一系列有效共享举措，具体而言，SFINET 从以下几方面来推动了其组织管理人员和教师的知识共享行为。

（一）打造行之有效的中、法联合管理体系

SFINET 积极探索中法合作办学行政管理体制机制，并形成了行之有效的中法联合管理体系。如图 7-1 所示，SFINET 设立中法联合行政管理委员会，委员会由中山大学校长、广东省发改委能源局局长、法国民用核能工程师教学联盟的校长或法定代表人、中国广核集团董事长、中国和法国核能工业界和研究机构的专业人士等中法双方 6 名人员组成。联合行政管理委员每年召开一次会议，轮流在中国和法国举行，讨论、决策

学院的发展策略。SFINET 的教学和运作相关的管理工作由中、法双方共同分担。除联合行政管理委员会之外,SFINET 还设立改进与教学委员会、科技委员会两个咨询委员会,以及学术委员会、教师职务聘任委员会、教育与学位委员会三个决策委员会。两个咨询委员会均由中法双方的相关学科专家和院系党政负责人组成。其中,改进与教学委员会负责对课程设置、培养方案、教师教学方法、教学质量监控、中法教学合作的内容提出非约束性意见;科技委员会的成员主要来自产业界、专业界,以专业水平为遴选标准,对 SFINET 的研发中心建设、实验室建设、与企业和科研机构核能或相关领域的科技合作等提供意见和建议。决策委员会对中法合作办学的合作模式、合作内容、招生计划、培养方案、办学条件、师资配备、质量保障等进行统筹规划、综合协调和宏观管理,确保合作办学的国际先进性和有效实施。

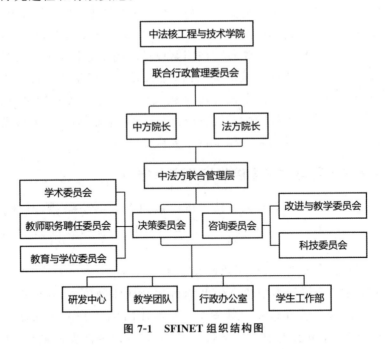

图 7-1　SFINET 组织结构图

教学方面,SFINET 构建了"中法方院领导—教学负责人—教学组组长/骨干—教师"教学管理纵向架构。中方教学副院长和法方教学负责人分别对 SFINET 的教学管理和师资队伍提出要求和建议,双方在充分交流的基础上,上报学院党政联席会讨论教学管理的细节调整和师资队伍的招聘和借调需求,中法双方共同商讨教学计划调整方案和教师招聘计划。

学科建设和科学研究方面,SFINET 构建了"中法方院领导—直接负责领导—实验室主任—教师和研究生"梯队管理结构。SFINET 建立以中方为主、法方紧密参与的联合学科建设模式,按照核安全领域的重要学科建设和科学研究方向,共设置了核仿真与安全、核热工水力、核辐射监测与应急、核探测、核材料与力学、核化学与放射化学六个方向。

学生服务方面,SFINET 构建了"中法方院领导—学院党总支副书记—辅导员、教师—学生"的思想关怀与服务管理架构,保障学生在高密度的课程学习、高质量的实验实践、高要求的毕业论文训练中能够取得良好的效果,保持学业与生活的平衡。

(二)构建"引进—融合—培养"的教师共享发展梯队

水平一流、结构合理的国际化师资队伍是实现中外合作办学知识共享的核心。SFINET 重视师资队伍的建设,构建了"引进—融合—培养"相结合的教师发展模式。如表 7-8、表 7-9、表 7-10 所示,SFINET 的课程都由中法教师联合教学。在合作办学初期,SFINET 的教学以法方为主导,采用法方的教学计划,由法方派遣专业教师负责每门课程的教学,中方教师合作开展教学。与此同时,SFINET 加强中方老师的培养,不仅要求中方老师旁听法方教师课程,熟悉并掌握法方的教学方法,鼓励中方教师学习法语,创造机会选派教师赴法国参加培训,还有计划地组织中、法双方教师结合核能技术发展和中国教育特色编撰教材。在此基础上,中方老师逐渐成为教学主体,法方老师参与教学指导。经过以上两个阶段,SFINET 围绕四个研究方向建立起由中、法双方教师组成的稳定科研团队,针对核能领域的关键科学问题开展联合攻关。SFINET 每年还会邀请核能领域中外合作企业安排高级技术和管理人员直接参与教学工作,或担任企业导师,与学院导师一起共同指导学生的毕业论文等,在合作、共享过程中提高教师专业教学能力。

表 7-8　任课教师信息统计表

教师类别	中方选派教师		外方校内选派教师		国际招聘教师		中外方选派教师人数	连续教学满3年的外方教师人数
	人数	比例	人数	比例	人数	比例		
教师	56	46.70%	48	40%	16	13.30%	120	35
生师比	9.6		11.2		33.6			

表 7-9　任课教师学位结构及职称结构分布表

教师类别		中方选派专任教师人数	法方高校选派及国际招聘专任教师人数	总数
学位结构	博士	52	45	97
	副博士	0	0	0
	硕士	3	18	21
	学士及以下	1	1	2
职称结构	高级	13	28	41
	中级	35	25	60
	初级	8	11	19

表 7-10　中、法双方教师任课分布表

类别	中方选派教师						法方校内选派及国际教师					
	人数	比例	课程门数	比例	教学学时	比例	人数	比例	课程门数	比例	教学学时	比例
公共课												
专业基础课	72	53%	72	88%	6239	86%	64	47%	67	82%	985	14%
专业核心课	4	57%	4	100%	138	55%	3	43%	3	75%	114	45%
选修课	11	61%	20	83%	1028	78%	7	39%	9	37%	296	22%
实践与实验课			9	100%	1099	56%			3	33%	850	44%

（三）搭建共享发展平台

　　SFINET 积极搭建学院教师发展平台，推动中、法教师在教学工作中实现知识共享，并拥有一支中法紧密合作的国际化教学团队。在此基础上，SFINET 不断拓展教师共享发展平台，与 FINUCI 签署"关于在和平利用核能领域进行科学技术研发合作"的意向书,与法国电力集团签署研发合作协议,邀请国内核电行业的专家举行研讨会,探讨如何在引进、使用法方教材进行教学基础上,补充中国核电技术特点,梳理法方教材未涵盖的国内核电站现场设备和工作过程的重要知识点,去掉法方教材中经过核电技术更新当前已不常用的一些知识。这样的多方探讨、共享,推动SFINET 中、法教师在多年的教学和科研合作基础上,深入融合法方老师教材、讲义和国际、国内核能技术发展,全新编写了更加贴近中国核能工程师培养所需的教材,经过 10 年时间已经积累了一大批内容丰富,专业特色鲜明的新教材体系。2015 年,SFINET 与科学出版社签订了 10 本教材的出版协议,签订了 6 本教材的出版合同,获批中山大学本科教材建设项目 6 项,3 本教材入围广东省"精品教材"项目建设。

SFINET 还依托我国外专局支持,引进法方合作单位大批专家和教授来 SFINET 合作教学和科研。以 2018—2019 年度为例,法方共派出教师 44 人次来 SFINET 主讲 22 门专业基础课和专业课。此外,SFINET 充分发挥中法全方位合作优势,通过聘请法方教师担任兼职教授、短期教学、举办讲座、合作指导本科和硕士学位论文、担任本科和硕士论文答辩评委等多种方式参与教学和科研。

四、对中法核工程与技术学院知识共享发展的评价

SFINET 依托中山大学与法国五所"核能工程师学校"合作创建,是"双一流"高校中外合作办学的成功范例。SFINET 的教学和人才培养已形成中国本土化精英核能工程师培养模式,获得法国工程师职衔委员会和欧洲工程教育的认证;学科建设取得核能专业"本科—硕士—博士"学位点并建成省部级研发平台;科学研究已取得一大批重要成果并已应用到核电站设计或技术改造中。

SFINET 在筹备、运行过程中,始终围绕核电、核能人才培养、科学研究和学科建设来构建知识共享、创新体系。SFINET 的知识共享体系并不是将中、法双方的学科专业知识简单相加,而是在合作办学关系中,搭建中外教师的知识共享网络,在筛选、引进、再筛选、共享、创新的过程中构建起世界领先,且符合我国发展需要的核能、核电人才知识体系,并在传承、创新及应用过程中不断推进知识体系升级。

第八章 推进中外合作办学知识共享的建议

▶▶▶

在前七章的基础上,本章分析中外合作办学知识共享的问题,提出推进中外合作办学知识共享的对策建议。

第一节 研究结论

一、中外合作办学知识共享的关键影响因素

影响中外合作办学知识共享的因素很多,但每个影响因素发挥的作用并不相同,中外合作办学知识管理的成功与否,取决于其自身的组织、结构和个体行为的互动是否良性。

(一)办学动机决定中外合作办学知识共享行为

中外合作办学知识共享行为受到中外高校合作办学动机的影响。

1.外方合作高校合作办学动机影响其知识资源投入和承诺

外方合作高校通过中外合作办学向我国输送其教育标准、教育资源,加深我国对其教育体系和教育品牌认可的同时,也重视我国教育对其教育改革发展的反馈和激励作用。虽然扩大国际竞争力、建立全球网络关系、招收优秀国际生源也是外方合作高校及其国家(地区)来中国合作办学的重要原因,但获得经济收益、招收优质国际生源,才是其通过中外合

作办学这一载体来分享知识的主要动力。① 外方合作高校通过输出包括知识在内的教育资源,可以获得出售知识使用权的直接收益,招收优秀国际学生的间接收益,和学生参加外方合作高校假期学校、毕业典礼、短期游学计划带来的额外收益。中外合作办学也是其他国家(地区)了解我国教育市场快速变化和扩张的机遇的前哨,为外方合作高校扩宽了经费来源渠道。从知识共享、共创出发的合作办学机构、项目,其中外合作高校采用高承诺的方式,对中外合作办学投入较多教育资源,并承担更多监管责任,即使这种高承诺意味着更高的投入成本;而以寻求市场为动力的高校对合作办学知识投入倾向于采用低承诺模式,甚至委托中介不断开拓我国教育市场。

2.我国高校合作办学动机决定中外合作办学知识共享行为

我国高校设立、举办中外合作办学机构、项目的目的是提升其国际化办学水平(79.9%),相关学科专业国际影响力(47.9%),获得经济收益(43.2%),提高教育教学质量(36.2%),服务国家外交大局(23.3%),补充相关学科专业发展不足(14.4%)。由此可见,首先,教育发展因素,即引进具有声誉和影响力的知识资源,提升我国教育质量,推动我国教育现代化建设;探索建立符合我国和世界的教育质量监管体系和质量标准,增强我国教育的国际话语权是我国推动中外合作办学知识共享的首要因素。其次,政治因素也是中外合作办学的重要推动力量。近年来,中外合作办学在国家高级别人文交流机制建设、人类命运共同体构建、促进国家(地区)间相互理解,加强和深化国家(地区)间双边、多边关系,寻求本国高等教育在全球舞台上产生更大影响力方面发挥了重要作用,是我国高校配合国家外交大局,打造本国(地区)开放包容的多元文化,实现高等教育系统的多样化的重要途径。再次,中外合作办学是我国教育的组成部分,公益性是其原则,也有部分高校将其视为经济手段。这部分中方合作高校设立、举办中外合作办学机构、项目没有系统安排其知识共享,因此它们的知识共享是零散、无规划的。以主动获取知识资源为目的的中外合作办学机构、项目具有更强的知识共享动机。这些中外合作办学机构、项目

---

① ALTBACH P G. Knowledge and education as international commodities: the collapse of the common good[J]. Peking university education review, 2003(3):2-5.

及其设立、举办高校制定系统有序的知识共享制度、步骤,系统保障其国际化办学的持续发展;为中外合作办学知识共享提供经费支持和保证;激励中外合作办学机构、项目组织工作人员和教师参与国际、国内知识共享,并拓展知识的影响力。

3.如何平衡中外方高校合作意图是中外合作办学知识共享成效实现的关键

中外合作办学知识共享的开放性取决于中外合作高校之间的竞争重叠。基础知识重叠会增加合作高校之间的相互理解及对合作高校的知识吸收能力,从而能够增强分享知识的能力。[1] 如果一方合作高校怀疑另一方合作高校的合作动机,并且双方存在竞争时,中外合作高校都倾向于保护自己的知识[2],而没有直接竞争关系的合作伙伴对知识保护较少[3]。即,以主动获取知识为动力的中外合作机构、项目,如果其中外合作高校具有较多重叠基础知识,且不存在直接竞争的情况下,其知识共享程度会更高。中外合作办学机构、项目组织管理人员"普遍"认为外方合作高校在研究能力、声誉和国际排名方面比其国内高校更靠前,中方高校能够借助外方高校的知识力量提高办学水平,但这取决于合作办学机构、项目在合作过程中有效整合双方知识及知识相关配套资源。《条例》及其实施办法规定了中外合作办学机构、项目设立、举办的具体条件,但无法判断双方合作高校合作办学动机,而这一问题又直接关乎中外合作办学机构、项目能引进什么样的知识,如何分享知识,取得什么样的办学成效,更关乎我国高等教育质量提升。因此,国家如何构建有效的知识筛选机制,从制度设计上规范高校办学自觉性;高校如何规范自身办学自主性,有效识别外方合作高校合作办学动机,并保障合作办学过程中中外合作高校的知识资源投入,不仅关乎中外合作办学知识共享成效,还是其自身质量保障

---

① LYLES S M A. Explaining IJV survival in a transitional economy through social exchange and knowledge-based perspectives[J]. Strategic management journal,2000(8):831-851.

② NORMAN P M. Knowledge acquisition,knowledge loss,and satisfaction in high technology alliances[J]. Journal of business research,2004(6):610-619.

③ MEIER M. Knowledge management in strategic alliances:a review of empirical evidence[J]. International journal of management reviews,2011(1):1-23.

的关键所在。

（二）中外合作办学发展阶段影响其共享知识的类型

中外合作办学机构、项目并不是每时每刻都在分享知识。这种分享是基于其自身发展阶段，或某一具体事项进行的。中外合作办学机构、项目不论是作为共享平台，还是作为共享主体、客体，都是基于其不同发展阶段的现实需要而分享不同类型的知识。中外合作办学机构、项目在其不同阶段分享知识的频率不同。总体而言，组织管理知识共享频率高于学术知识分享频率。中外合作办学机构、项目组织管理人员以及其举办高校相关职能部门成员经常谈到的是组织管理知识共享，而很少或者不提及学术知识的共享；教师在合作办学初期和外方基于培训而分享学术性知识较多，随着办学的逐渐发展，这种共享呈递减趋势。

1. 筹备阶段

本书样本中只有 37% 的中外合作办学机构、项目在设立、举办之前有中外方高校相关的合作基础，而其他 63% 在合作办学之前并没有任何合作基础。没有前期合作基础情况下，部分中方高校会就合作办学申报事项、教育资源引进的具体安排向其他已设立、举办的中外合作办学机构、项目共享知识，也和外方合作高校就双方的学术知识及其相关配套资源的投入、配置、运行进行协商；部分中方合作高校会组织校内相关成员就合作办学相关学科、合作办学形式及其组织管理等问题进行可行性论证。这一时期，中方高校处于共享客体的地位，不论是和意向外方合作高校，还是和已经设立、举办的中外合作办学机构、项目，共享组织管理知识和学术知识共享频率都较高。

2. 成立阶段

中外合作办学机构、项目通过省级、国家教育行政部门审批后，其知识共享进入了另一个阶段。大部分中外合作办学机构、项目的申报、实施是"流水工作"，负责具体运行的成员并不完全是申报、谈判成员。部分机构、项目的申报、谈判、运行成员完全不同。这种"脱节"为中外合作办学机构、项目实际运行带来了困难。中外教师的学术知识共享按照合作办学协议，中方合作高校派教师赴外方合作高校参加引进学术知识相关的培训，或者外方高校派教师来中方合作高校对相关教师进行集中培训。这一时期，中外合作办学教师的知识共享围绕中外合作高校投入的学术知识进行,而组织管理知识的共享则围绕合作办学组织管理实践的需要,和其他发展较成熟的中外合作办学机构、项目展开,共享频率呈上升趋势。

3.发展阶段

经过筹备、成立初期的探索,中外合作办学机构、项目进入发展阶段。这一时期,中外合作办学机构、项目的学术知识共享和成立阶段一样,按照合作办学协议,围绕引进学术知识进行学术知识的共享,而组织管理知识的共享则相对前一时期,呈下降趋势。这是因为中外合作办学机构、项目在中外高校知识的应用、探索、创新过程中逐渐找到了对话、协调、适应的共享途径,更加专注自身的探索。

4.成熟阶段

中外合作办学机构、项目运行成熟之后,其学术知识的共享呈下降趋势,而组织管理知识的共享较之前一阶段呈上升趋势。这是因为,我国引进外方教育资源的最终目的是以开放促改革,提升我国自己的教育水平。"从引进、学习,到自我能力的提升,这正是中外合作办学的目的和意义"。因此,这一时期中外合作办学更加注重在前期共享基础上的创造,而组织管理知识的共享方向侧重向外,一是向其他处于筹备、成立初期、发展阶段的中外合作办学机构、项目分享自身组织管理经验;二是向我国传统高校、院系分享中外合作办学组织管理经验。

(三)个人因素是中外合作办学知识共享的核心因素

中外合作办学知识共享的人员由中外合作办学机构、项目组织管理人员、教师,中外方合作高校与之相关的其他职能部门负责人员组成,他们是中外合作办学知识共享的核心因素。

1.个人归因影响知识共享行为

中外合作办学组织管理人员和教师的知识共享行为根据其共享的驱动力来源,主要有以下三种类型:

内在驱动型的知识共享。这一类型主要由具有高共享动机、意愿、态度和自我效能的组织管理人员和教师组成。他们有提供高价值知识的能力和信心,并且有动力与同事分享知识。尽管中外合作办学机构、项目运行过程中存在可能限制、减缓他们参与知识共享的因素,他们仍然有内在动力参与知识共享。内在驱动型组织管理人员和教师善于自我探索,对组织正式或非正式支持需求不强烈,更有机会获得较好的教学、研究或工作成绩。这些成绩更多体现在职业生涯较长的组织管理人员及教师身上,但他们在不同职业生涯阶段都善于从多渠道寻找问题解决办法,尤其是本书访谈中的 ABZJ 和 ABWH。ABZJ 热爱教学,会主动找人探讨专业课("理论力学")的教育教学理念、方法,从教 22 年的她获得其所在高校、国家多项教学成果奖,并且多次被评为学生最满意教师。ABWH 是该校院士科研团队成员,科研工作繁重且科研成果斐然。为探索"热力学与相变"这门课程的英文教育教学方法以及国际前沿专业知识,他主动找遍国际上其他知名高校同类课程的教学视频,也通过其他途径收获所教课程经验,并分析课程背后的理念。这样的归因模式也使得内在驱动型教师更有可能主动共享知识,产生高质量的教学、研究或工作成绩。

外在驱动型的知识共享。外在驱动型教师参与知识共享的动机、意愿、态度、互惠感知是基于外部尤其是组织因素驱动的,包括组织、领导、同事的正式或非正式支持。这一类型的教师参与知识共享更容易受到教学、研究或行政工作等外在条件、环境限制和影响,尤其是处于职业生涯早期阶段的组织工作人员和教师。本书中,中外合作办学机构、项目 71.96%的组织管理人员及教师参加工作时间不超过 10 年,93.05%的人员做中外合作办学相关工作在 10 年以内。这部分组织工作人员和教师对知识共享的接触程度较低,缺乏参与知识共享的信息,自我效能较低,互惠感知较弱,受到外在驱动或在很大程度上受到组织制度、政策的推动。另外,他们对组织支持需求高,更加将个人发展与组织联系在一起,希望"学院将教学研究知识等相关资源整合在一起"。这就需要中外合作办学机构、项目设立、举办高校及其本身明确中外合作办学发展愿景,构建合理的支持性治理模式,给予组织工作人员和教师更多的共享支持。一方面要重视设计、开发和实施支持知识共享的政策、制度;另一方面要密切配合中外合作办学机构、项目设立、举办目标来支持、推动共享主客体的互动。然而,中外合作办学机构、项目仅靠政策和制度不一定会提高其整体效益,还要配合政策、制度构建有效的共享文化。文化,尤其是隐性文化可以帮助塑造和改善中外合作办学机构、项目组织管理人员及教师对知识共享的思维方式。

内在－外在共同驱动型的知识共享。这一类型的中外合作办学组织管理人员和教师是内在驱动型和外在驱动型的组合,他们本质上是自我激励的,但对参与知识共享缺乏信心,需要组织、领导、同事正式或非正式的指导和支持。内在—外在共同驱动型的组织管理人员和教师不容易受到外界约束的影响,但如果没有正确的支持,他们对知识共享的参与可能会被扭曲。因此,中外合作办学机构、项目设立、举办高校及其组织需要给予这部分组织工作人员及教师引导性的支持。本书样本中外合作办学机构、项目设立、举办高校本身并没有相应的支持来推动其教职员工跨部门分享知识,中外合作办学机构、项目作为其设立、举办高校的组成部分,很难超越学校整体的组织支持去单独完成共享。受访对象认为他们对其就职高校中外合作办学机构、项目的价值观很了解,但并不认为他们的个人专业知识在此得到了重视,合作办学机构、项目同事间的人际信任、对缺乏经验的教职员工的支持,对内在—外在共同驱动型共享参与者尤为重要。

2.信任倾向影响知识共享行为

信任不仅是维系共享价值的信念、期待和承诺,是个人和组织在长期工作关系中建立的社会资本,是影响中外合作办学机构、项目组织管理人员和教师决定是否分享、分享什么、分享多少的关键因素。

信任是中外合作办学知识共享的前提要素。中外合作办学机构、项目组织管理知识及教育教学、科学研究方面的学术性知识的传承、创新和应用,都需要通过其组织管理人员和教师进行实质性的系统知识交流和共享。中外合作办学机构、项目作为一个"合作""分享""转移""创造"知识的共享载体,目的是系统引进优质教育资源,为其组织管理人员和教师搭建知识共享的"平台""链条"。信任是这一共享载体最主要的支柱。然而,保持个人独有价值是在组织中获得优势的重要途径,分享就意味着这种优势的"减弱"。在没有信任的前提下,中外合作办学组织管理人员和教师并不会选择分享知识,或者选择有所保留地分享。信任是个人能够克服这一"潜在风险",促进其"优势增值"及中外合作办学组织价值实现的个人信念、组织关系。彼此信任的组织管理人员及教师更有可能为实现中外合作办学机构、项目的组织及个人目标而和共享客体建立有效的共享,而不是过于自我保护。

情感和能力信任是中外合作办学知识共享的重要推动力。信任是中外合作办学机构、项目有效知识共享的基本条件,也使其组织管理人员和教师感知"不被利用""愿意尝试""敢于创造"的文化氛围。也正是这种信任,使合作办学机构、项目组织成员在共享中维持、推动中外高校的"合作关系",而不是担心个人优势的削弱。当然,仅靠合作办学机构、项目对预期风险的控制、信任氛围的创设还不够,信任人和被信任人的特点也影响其组织成员的信任感知。如图 8-1 所示,个人在特定领域所具有的能力、完整的价值观、愿意示好的仁慈,都会影响其能否容易获得他人信任。[①]组织成员对预知风险的感知、对被信任人的特点的感知,共同决定了其知识共享的信任关系。基于认知的信任强调个体对于他人的判断和信心,是在具有信任感的证据的推理基础上产生的;基于情感的信任强调涉及相互关心、关注的个体间情感纽带。

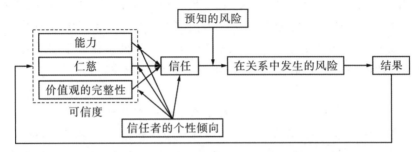

图 8-1 Mayer,Davis 和 Schoorman 的组织信任模型图

来源:MAYER R C, DAVIS J H, SCHOORMAN F D. An integrative model of organizational trust [J]. Academy of management review,1995(3):709-734.

本书中,中外合作办学机构、项目知识共享参与人员分别有 52.11%、59.55%、66.25%、52.36% 不认为其所在高校或部门同事有能力分享知识、给他们有效的支持、待人真诚、了解自己所在的工作领域。这说明中外合作办学机构、项目组织管理人员、教师信任倾向度不高。本书进一步发现,中外合作办学的真实信任关系是建立在其组织工作人员和教师进入中外合作办学机构、项目这一办学实体时所感知到的情感、才能、行为基础上,并随着时间推移不断变化的。

① MAYER R C, DAVIS J H, SCHOORMAN F D. An integrative model of organizational trust [J]. Academy of management review,1995(3):709-734.

基于认知的信任是中外合作办学机构、项目组织成员知识共享的理性选择。认知和情感是信任关系的两种不同基础,中外合作办学共享主、客体倾向于基于对彼此工作能力的信任而分享其知识。个人、组织的共享行为是理性选择,是在一定情境下对信任证据推理基础上而做出的选择。① 即中外合作办学机构、项目组织管理人员及教师的信任是合理行为,也是计划行为,他们更倾向于建立基于认知的信任关系,这种信任是共享主、客体对彼此某一方面能力的认可。对方是否具有"有用的知识"和"有价值的推理"是决定信任关系是否建立的认知基础。中外合作办学组织管理人员、教师通过中外合作办学机构、项目这一共享载体,逐渐对其他行动主体的专业能力、工作态度以及在此基础上的行动预期有所了解,并基于这些了解建立信任关系。研究发现,尽管存在情感信任关系,但中外合作办学组织管理人员和教师更愿意与"更专业""更真诚""更有责任心"的同事建立信任关系,以此获得知识。中外合作办学组织管理人员和教师的"责任"是信任关系、共享发生的重要条件。

> 我经常和Z老师探讨我对于教学的一些想法和体验。因为她对这门课非常了解,即使教了20多年快30年,也还是会认真做准备。这就是一个人的态度和能力,当你做好自己的工作的时候,没有人会不相信你。(ABWH)

中外合作办学知识共享是基于工作关系的社会活动,中外合作办学机构、项目行政成员、教师"高质量""负责任"地完成工作任务,是认知信任建立的前提。与此同时,共享主、客体彼此尊重、明确界限、提供建议、遵守承诺是构建信任关系的重要因素。

(四)组织因素是中外合作办学知识共享的关键结构因素

组织因素是指影响中外合作办学知识共享参与程度的组织文化、结构和政策等要素。本书中影响中外合作办学知识共享的组织因素主要来自组织文化、组织结构和组织领导力三个方面。

---

① LEWIS J D, WEIGERT A. Trust as a social reality[J]. Social forces,1985(4):967-985.

1.中外合作办学组织文化影响其知识共享行为

文化和气氛等较为温和的因素是影响知识共享的关键因素之一。中外合作办学机构、项目组织文化既明确又隐含,其组织管理人员及教师参与知识共享既受到中外合作办学举办高校政策的推动,同时也由举办高校内部隐性文化所驱动。一所高校设立、举办中外合作办学机构、项目,其组织管理人员和教师如何参与知识共享,他们对知识共享的看法等,都反映了该合作办学机构、项目及其设立、举办高校的"个性"、文化。无论什么类型、规模、学科专业的中外合作办学机构、项目,其举办高校的文化都会影响合作办学知识共享的方式、效率。因此,中外合作办学的知识共享行为因为其举办高校文化的不同而不同。

"双一流"高校中外合作办学更注重隐性文化建设。隐性文化是组织文化的深层部分,涉及每个教职员工随身携带的规范,且一旦建立起来,就不容易改变。中外合作办学机构、项目知识共享隐性文化是其举办高校共享文化的体现,它结合了显性和隐性文化。随着时间的推移,这两种文化不断相互作用,并在调和、适应中不断发展,但这种文化相冲突的时候,就会成为其组织管理人员及教师参与知识共享的压力。"双一流"高校教职员工在知识拥有量,知识相关技能、数量和成熟度方面,乃至对知识共享的信心及自我激励方面,都更占优势。这些高校设立、举办的中外合作办学机构、项目能够依托的知识资源更多且更具有选择性,其大部分组织管理人员和教师工作的独立性更高,参与知识共享并不完全遵循"自上而下"的方式,而是认为知识共享是日常工作的组成部分。"双一流"高校领导、其合作举办的中外合作办学机构、项目领导,重视知识共享,并支持其组织工作人员和教师参与知识共享,各层领导的充分支持也对中外合作办学机构、项目行政工作人员及教师产生高效知识共享行为起到了积极作用。相反,地方高校对隐性文化的关注程度不够,其中外合作办学机构、项目共享知识在很大程度上依赖于领导及其他资深教授来带动。

地方高校中外合作办学更注重改善其显性组织文化。显性的文化是指规则和条例、政策和程序、目标、外部建筑、行为模式、语言和仪式等可表征的文化。中外合作办学机构、项目组织管理人员及教师作为其举办高校的成员,也会在这种文化中参与知识共享并继续影响、动态构建其所在机构、项目,乃至影响其设立、举办高校文化的发展。地方高校更注重追随"双一流"高校建立、改善其显性文化,而忽略了改变其隐形文化的重要性。地方高校设立、举办的中外合作办学机构、项目组织管理人员及教师普遍认为他们工作的巨大压力主要来自应对其所在高校以及合作办学机构、项目层层叠加的制度要求。尽管通过制定、执行各种明确的制度能够改善高校共享文化,然而,改变显性文化只是冰山一角,"问题远比看上去的多"。如果不改变发展的理念、行为和规范,组织成员只会基于"要求""象征性地",而不是自愿地参与知识共享。中外合作办学机构、项目组织工作人员和教师因为外力推动而参与共享。访谈中,大部分地方高校中外合作办学组织管理人员认为:

> 开放倒逼改革。我们的领导在中外合作大学挂职 5 年,受外方合作高校影响很大,挂职回来就任(中方合作高校)副校长。紧接着就对国际学院整体的建筑、装修进行了改造,也把他在那边(中外合作大学)好的制度搬到了 w 大(中方合作高校)。(BCXY)

> 我们就是有了中外合作办学机构之后,领导才意识到国际化办学很重要,所以明年打算给我们盖一栋楼。(BBZM)

然而,"中外合作办学文化看起来是开放的、合作的,实际走向了更封闭"。地方高校更关注改善中外合作办学的显性文化,而非其隐性文化,也是这种显性和隐性文化之间的不平衡将他们与"双一流"高校区别开来。

"双一流"高校更关注中外合作办学学术文化建设。中外合作办学推动了中外合作高校不同组织制度和学科文化相遇,这种互动使中外合作办学机构、项目的学科文化具有了特殊性。学术组织和其他组织背景不同,教师对其学科有很高的认同感,他们对学科的认同多于对组织的认同,这会影响机构本身的隶属关系。本书受访者尚未确定其专职或兼职中外合作办学机构、项目是不是"一支队伍"的感觉,也不确定其他同事是否认同合作办学的学科立场,然而,他们经常提到他们对自己学科组和合作研究者的友好,也认为中外合作办学知识共享可以增强、拓宽学术网络联系,推动更广泛的知识共享,获得有针对性的建议、指导和帮助,寻求到教育教学、科学研究思路、方法等方面的支持。和"双一流"高校学术人员更加分散,更依赖学科不同,地方高校学术人员往往更加集中,对组织的依赖性较强,且学术人员之间缺乏密切的互动,更多采取自上而下的互动方式,提倡通过合作办学共享中外教育资源,并没有真正支持中外合作办学机构、项目知识共享行动;制定和执行多种制度推动中外合作办学机构、项目及其其他相关学术组织"做什么",但在指导、支持如何通过个人、组织互动提升组织绩效方面的实质性支持较少。

2.合作高校知识资源配置影响中外合作办学知识共享行为

合作高校原有知识资源结构、配置情况决定中外合作办学机构、项目组织管理人员和教师的知识共享行为。除具有独立法人资格的中外合作办学机构拥有独立组织结构之外,不具有独立法人资格的中外合作办学机构和项目,其具体的结构安排都由其中方合作高校所决定,实行"一校两制",但这种"两制"并不会完全脱离中外合作办学中方合作高校原有的组织架构。

中外合作大学知识共享对外方合作高校依赖程度高。中外合作大学实行董(理)事会领导下的校长负责制。然而,这种治理、决策机制更注重创造和外方合作高校高同质化的知识资源,忽略探索支持中外合作高校发挥双方优势的多样性知识融合。

> 中方合作高校的存在只是为了实现中外合作办学的合法性,并没有实质作用。当然,也可以为它们(中方合作高校)国际化排名加分。(DASK)

当前中外合作大学结构安排呈现出向外方合作高校倾斜的现象,部分访谈对象甚至认为"中外合作大学是其外方高校在我国的分校",或"中国校区"。中外合作大学强调如何将外方合作高校学术性知识和组织性知识移植到我国高等教育环境中,并注重从校园基础设施、组织架构、人员配置等方面为这种复制提供支持,将外方合作高校教学语言作为教学媒介、为学生提供更多国际流动机会、重视学生课堂参与;强调外籍教师的比例,而对其中外组织工作人员及教师的知识互动、融合考虑较少。这种情况也促使中外双方组织管理人员及教师将外方合作高校作为参照系来建立日常互动,而不是试图理解、构建中外合作大学本身作为一个实体应有的共享结构和文化。

3.中外合作办学组织领导力影响其知识共享行为

本书中的领导有两类:第一类是正式领导,包括中外合作办学举办中方高校校长,中外合作办学机构、项目运行机构院长;第二类是非正式领导,即没有行政职务的关键组织部门工作人员及资深教师。

正式领导的支持和承诺是中外合作办学知识共享的关键结构因素。正式领导的支持和承诺是加强组织知识共享的关键成功要素之一。本书发现,正式领导倾向于采用强调设计、开发、执行和传播共享政策和制度的自上而下的方法而非交互方法推动中外合作办学知识共享,专注支持知识共享的"硬"要素,相对忽视"软"要素。他们监督组织工作人员、教师建立知识共享的关系,而很少示范如何实现这些期望,也因此,他们不太可能是知识共享的"榜样""指导者"。中外合作办学机构、项目实施机构组织工作人员及教师认为高校直接领导在共享制度设计中对中外合作办学特殊性考虑不足,统一化的政策、制度不能为中外合作办学组织工作人员及教师的知识共享提供有效支撑,甚至无法应对工作中的挑战。正式领导对中外合作办学机构、项目的跨校、跨部门知识共享的支持直接关系到这些组织行政工作人员和教师的共享水平。正式领导主导设计、制定的政策对一些组织工作人员和教师是"胡萝卜",吸引他们去积极参与共享;对另一些组织工作人员和教师则是"大棒",不仅没有推动他们参与知识共享,反而打击了他们参与共享的信心。这部分人员为响应共享政策,选择不逃避,但也不主动去参与共享,进而对政策导向起到相反的影响。

非正式领导对知识共享支持差异较大。中外合作办学非正式领导处于工作一线,他们通过与和工作资历较浅的组织工作人员和教师进行的个人知识共享是最常见的做法。非正式领导,尤其是具有工作权威的行政工作人员和教师的支持对中外合作办学知识共享更有效。他们之间的日常互动,可以发起、促进、塑造和创造支持性的组织共享文化、行动,塑造中外合作办学知识共享的格局,在激励部门内部知识共享参与方面发挥引导作用。他们使中外合作办学机构、项目实施机构经验不足的工作人员和教师意识到中外合作办学组织工作和教育教学、科学研究中什么比较重要,如何去实现、处理这些问题。这种有针对性的指导和建议可以帮助青年组织成员成长,这使得非正式领导的知识、技能和网络能够得到充分利用,新组织成员的个人能力得到提升。作为一名无名领导,他们可以建立强大的隐性共享文化,让每个人彼此联系,并主动参与知识共享,扮演着榜样、导师、倡导者和大使的角色,激励组织成员理解、重视和参与知识共享。然而,没有适当的现实政策,只有组织人员和教师自发地支持知识共享,不会产生有广泛影响力的共享文化、行动,也不能实现更高水平的质量、效率提升。

知识共享还未被中外合作办学正式领导和非正式领导普遍认同。知识共享是中外合作办学机构、项目及其设立、举办高校的政策,但并不是正式领导和非正式领导普遍接受的做法。尽管中外合作办学机构、项目正式领导认为他们一直支持知识共享,但行政工作人员及教师却否认了这一点,他们认为正式领导强调等级职位、工作职责、控制和权威,他们的共享角色比较"低调",某种程度上"相当严格",很少关注到和组织新成员的互动支持,也较少有"方式方法类知识"的共享,更多是告诫类知识共享。中外合作办学机构、项目组织成员认为他们的领导对共享几乎没有兴趣,即使他们个人已经准备好自愿参与,他们希望领导灵活、开放、诚实,对别人的观点敏感,并且要善于授权,而不仅仅是发通知。中层正式领导认为他们缺乏权力,凡事需要经过更高级领导的同意。非正式领导认为自身并不是领导,强调知识、专业认可和专业知识、个人素质和团队接受,几乎没有时间预留给他人,只专注于维持和扩展个人的组织工作、教学研究,提高个人形象,忽略了以知识共享的形式交互支持、指导、鼓励中外合作办学机构、项目其他同事。

（五）中外合作办学共享途径选择取决于其发展阶段

中外合作办学知识共享途径的选择在很大程度上取决于中外合作办学机构、项目发展阶段,面对面互动是其知识共享,尤其是学术性知识共享的最佳途径。

中外合作办学机构、项目在筹备、设立、举办初始阶段更倾向于面对面共享,由于该阶段主要涉及传递、寻找隐性知识,因此面对面的互动相对比较重要。发展阶段,中外合作办学机构、项目不论是和中方还是外方的沟通都倾向于使用自身认为便捷的方式,其中面对面、虚拟或者书面途径都会使用,共享途径的选择取决于共享的知识类型。相对于显性经验来说,中外合作办学机构、项目更多选择面对面或虚拟方式共享隐性经验。对于一般性的问题,中外合作办学机构、项目通常采用虚拟通信,例如视频会议、电子邮件等方式进行共享,他们认为,视频会议类似于面对面沟通,同样可以看到对方的肢体语言和面部表情。如果共享本体仅涉及显性经验,书面沟通则是最常用的途径。成熟阶段,中外合作办学机构、项目一般选择书面或者面对面的途径来共享,尤其通过会议或者研讨会分享知识,也会将经验总结发表,通过书面形式实现更大范围的共享。总之,就中外合作办学知识共享而言,共享途径的选择是基于其特定办学阶段而不同的。

(六)信息技术因素是中外合作办学知识共享支持但非决定因素

信息技术可以为知识共享提供基础设施,是组织知识共享的重要因素,补充和扩大了个体知识共享的范围,构建了基于过程和功能的知识共享框架。尽管信息技术(如数据库、电子邮件、数据分析软件)对于帮助中外合作办学知识共享很重要,但它不是最重要的因素也不是决定性因素。

信息技术的使用使得中外合作办学机构、项目的中外合作高校可以缩短空间距离来实现共享,但目前我国举办高校对信息技术更多功能的挖掘不够。信息技术系统为共享知识提供了"知识库",搭建了共享的通道,但能否通过信息技术推动中外合作办学知识共享,还在于其使用者如何使用技术。信息技术主要适用和支持高度编码的知识,仅通过信息技术实现有效知识共享是困难的。中外合作办学机构、项目信息技术的过度使用减少了中外合作高校、同事间更丰富的经验交流和共享,面对面是信息最丰富,并且可以产生丰富反馈的知识共享形式。另外,中外合作办学设立、举办高校不同部门、不同"层级"的组织管理人员及教师对信息平台及平台知识的访问权限不同。中外合作办学非法人机构、项目外方合作高校派遣教师及其招聘国际教师,没有权限访问其中方举办高校信息平台;中外合作大学也对其国内教师和国外教师访问本校信息系统设有不同权限。大部分中外合作办学机构外方合作高校给予合作办学机构就读学生访问该校电子图书的权限,然而,中外合作办学项目并没有这样的权限,这是由中外双方合作高校"协议"决定的。

技术的有效使用必然伴随着组织、结构和个体行为方式的转变。信息技术无法脱离文化的支持单独发挥作用。缺乏对信息技术的积极看法可能会阻碍中外合作办学机构、项目组织管理人员及教师使用共享信息系统,从而使有限的信息技术成为"摆设"。知识共享信息技术的使用伴随着组织价值观和实践的根本变革,人与人之间的互动、组织信任和支持等问题比信息技术支持这一"硬"因素更为重要。

二、中外合作办学知识共享的主要调节因素

知识作为一种有价值的资源,能否通过共享获得"收益",是共享主、客体选择是否共享、如何共享、共享多少的调节因素。

（一）政策是影响中外合作办学知识共享的"双刃剑"

中外合作办学知识共享不仅受到国家、地方政府政策影响,也受到其举办高校政策、制度影响。这种影响就像一把"双刃剑",具有内在和外在价值。一部分中外合作办学机构、项目认为国家、地方政府政策和相关制度是推动它们积极参与知识共享的外部推动力量。政策对一部分高校来说既是鼓励也是鞭策,这些中外合作办学机构、项目组织管理人员及教师将这些政策视为推动他们知识共享的动力,这些人相对具有良好的工作成就,他们认为政策激励他们分享更多的东西。另一些中外合作办学机构、项目组织管理人员及教师则将这种政策视为迫使他们分享的压力,这些机构、项目及其组织工作人员和教师大多是"中外合作办学的新手",虽然在工作方面积累了一定的经验,但并不成熟。有些中外合作办学机构、项目设立、举办高校自身国际化办学水平较低,对这部分高校而言,"指标化了的知识共享"成为压力。另外,还有一部分高校本身没有设立、举办中外合作办学的内在需要,但为"获得更多办学资源",获得一定的发展地位,而不得不"想出各种办法举办合作办学项目"。

在政策问题上,任何类型的高校都没有其他选择。通过遵守政策设定的国际化办学标准,高校设立、举办中外合作办学机构、项目试图提升高校国际化办学水平,更重要的是为获得更多办学资源。例如,2018年,河南省政府办公厅印发《关于印发河南省深化省属本科高校和职业院校生均拨款制度改革实施方案的通知》,鼓励河南省属本科高校与国外高水平大学合作办学,对于引进世界排名前100名、101～200名高校到河南省设立具有独立法人资格中外合作办学机构分别奖励1亿元、6000万元,设立不具有法人资格的中外合作办学机构分别奖励5000万元、3000万

元,举办本科及以上中外合作办学项目分别奖励 500 万元、300 万元。[①]
政策相对应的资源配置标准吸引当地高校引进国际排名靠前的教育资源
的同时,也是"向另一部分合作办学内生动力不足的施压"。这种"胡萝卜
加大棒"的政策既吸引又鞭策当地高校向其组织管理人员及教师施压,试
图通过达到政策目标来争取更多的发展资金;组织管理人员和教师的选
择也有限,他们试图达到高校目标,进而取得职业生涯的晋升。然而,这
些高校忽视自身薄弱的国际化办学水平,盲目跟风引进国外教育资源,不
但不能促进其已有资源和引进资源的有效整合、共享,反而分散了自身办
学能力。

(二)获得社会认可是中外合作办学知识共享的关键组织激励因素

通过共享中外高校组织管理和学术性知识,构建完善的学术体系,提
高教学、研究水平,建立社会网络的内在需求,推动中方合作高校教育教
学改革,赢得社会认同、获得政府资金支持的外在需求,共同驱动中外合
作办学参与知识共享。然而,中外合作办学作为跨国教育在我国的主要实
现方式,难以摆脱跨国教育被视为贸易手段的属性,以及教育发达国家与
发展中国家的利益矛盾、文化冲突。另外,中外合作办学也是我国经济社
会转型和高等教育体制机制改革大环境下的产物,其在推动我国高等教育
开放发展,发挥变革与创新作用的同时,也会产生制度上的不适应。在办
学目标模糊、外部环境不确定的情况下,组织对本领域中成功组织的模仿
是获得其自身合法性的主要途径。中外合作办学的组织模仿主要来自三
个方面:一是对外方合作高校的模仿;二是再现中方合作高校相关专业院
系的治理;三是对成功举办的其他中外合作办学机构、项目的模仿。正是
这些组织间与组织内的模仿、共享,国内外行之有效的组织管理和学术性
知识被引入合作办学机构、项目,进而触碰、影响到我国高等教育改革。

对成形制度的改革非常困难。中外合作办学尽管是中外高校合作关
系的产物,但也和中外方高校存在一定的制度冲突。从外部环境看,中外
合作办学与我国传统高等教育的地位不平等,无法获得政府同等的政策

---

① 河南省政府办公厅.关于印发河南省深化省属本科高校和职业院校生均拨款制
度改革实施方案的通知[EB/OL].[2023-08-30].http://www.henan.gov.cn/2018/05-07/
249560.html.

和经费支持。从人事制度看,中外合作办学除中外合作高校派遣的组织管理人员和教师之外,其招聘的组织成员是"编制外"人员,具有临时性和不稳定性。从内部环境看,中外合作办学组织合法性危机来源于中外合作办学机构、项目的从属地位。"一校两制"在名义上给了中外合作办学独立性,实际运行中,中外合作办学机构、项目没有形成自身独有的课程体系和治理体系,有些甚至是"中方合作高校原有课程的加水和简单化而已",这和中外合作办学的初心完全相悖。部分合作办学机构、项目的违规办学使中外合作办学整体声誉受到质疑,社会信任度下降,被贴上"问题标签"。

(三)社会、情感回报是中外合作办学知识共享的主要个人调节因素

中外合作办学知识共享的个人调节因素比较个性化。互惠感知是影响中外合作办学知识共享的主要个人因素。中外合作办学组织管理人员和教师都认同中外合作办学引进显性知识资源是公共资产,但都将隐性知识作为个人、组织资产。这就为知识共享的"回报"提出了相应的要求。一定的激励制度会促进一部分中外合作办学组织管理人员和教师的知识共享行为。虽然中外合作办学机构、项目组织管理人员和教师在具有良好文化氛围、结构和领导的组织中更容易实现知识共享,然而,预期的互惠感知是推动中外合作办学组织管理人员和教师日常知识共享行为的更重要因素。共享主、客体彼此的信任、"有应有答的知识回馈""言语的认同"等日常共享回应,是推动中外合作办学知识共享的主要动力。另外,获得职业晋升、扩展个人社会网络、参加会议、获得组织认可等社会、心理回报会促进知识共享的程度。

(四)合作办学动机不纯是中外合作办学知识的主要阻碍因素

合作办学动机不纯是中外合作办学知识共享的主要障碍。知识使用权的共享并不是无边界的。知识共享需要共享主、客体之间有明晰的边界。中外合作办学知识共享是中外合作高校在"合作关系"基础上,遵循契约精神,明确各自角色、责任、权利的条件下进行的知识交流、交换、对话活动。然而,知识本身并不完全是契约的核心,部分中外合作办学机构、项目甚至没有知识共享的任何承诺。这就为中外合作办学机构、项目实施中中外合作高校"合作""共享"责、权、利的划分和担当埋下了隐患。虽然《教育部关于当前中外合作办学若干问题的意见》对中外合作办学课

程和师资明确提出"四个三分之一"①的量化要求,但对相应的组织管理知识和学术性知识质量并没有要求。然而,"核心课程""核心教师"是个笼统的词汇,并没有可操作的具体标准。一些中外合作办学机构、项目未达到上述要求,或将外语类课程作为专业核心课程,或将合作高校原有课程"简单改头换面""东拼西凑""冠以'核心课程'的名称",缺乏中外双方知识资源的整合、创新。"核心教师"的准入标准,困扰中外合作办学始终,到现在仍然是没有解决的问题。这一系列问题背后的深层原因是中外合作办学动机不纯。中外合作办学被视为"赚钱的工具""喊着国际化口号的外交手段",这种办学动机也必然带来了中外合作办学实际过程中对教育规律的漠视和违背。

从过去的实践来看,外方高校的受益是明显的,它们获得了经济收益,通常我们一个项目每年就要给外方高校财务 50 万左右,当然不同项目相差不少;它们还得到了中方的生源;外方教师有机会参与国际交流,挣外快。那我们中方的收益呢?除了具体办学院校,因为审批的垄断造成的相对资源缺乏,从高收费中得到了或多或少的财务收益之外,其他少有收获。具体讲,没有形成办学项目独有的课程体系,有些甚至是原有国内课程的加水和简单化而已,这和中外合作办学的初心完全相悖;外方教师的压缩性教学,甚至有仅上 2 周的,学生根本没有学到东西,完全违背了基本教学规律;所谓的外方教师中,不少是外方学校中较差甚至是临时外聘的,更有甚者,是中国中介临时聘请的;科研合作本应是合作办学的一个自然延伸,但绝大多数项目都未开展。我国的教育开放政策绝对是正确的,我们希望走的是学习、改进、完善,乃至到最后引领这条路。但在实践中,要不断总结经验,完善机制,积极改进,这些方面做得很不够。教育部门对于项目 4 年后的评估基本是走过场。审批和考核是同一个部门,哪有自己打自己脸的。(ABRJ)

---

① 引进的外方课程和专业核心课程应当占中外合作办学项目全部课程和核心课程的三分之一以上。外国教育机构教师担负的专业核心课程的门数和教学时数应当占中外合作办学项目全部课程和全部教学时数的三分之一以上。

合作办学的非教育动机,导致其谈判、申报、运行过程中对事关教育教学的投入承诺关注不够,导致"引进知识资源问题重重""只能看不能用",更无法共享。中外合作办学知识共享在宏观层面上边界不清;中观层面,不是所有中外合作办学的中外举办高校对"优质教育资源"都有清晰的投入和责任划分,这也是造成其知识共享难的原因;微观层面,部分中外合作办学组织管理人员和教师对组织知识和个人知识的边界认识不清,将组织知识视为个人财产,进而转化为权力或其他社会资本。

第二节　中外合作办学知识共享中存在的问题

中外合作办学通过共享知识,带来了我国高等教育发展新的可能性,也产生了新的挑战。中外合作办学机构、项目的知识引进、管理战略、合作高校的承诺及兑现情况,共同决定了中外合作办学知识引进、共享、创造的质量。这需要中外合作高校了解各自运作的社会经济系统,详细地规划和设计合作关系,才能实现有效的知识共享。当前,中外合作办学知识共享过程中还存在以下问题。

一、关键共享主、客体共同缺位

中外合作办学的"中""外"点明了其知识共享主、客体来源,"合作"突出其跨文化对话、共治的本质。知识共享是这种对话、共治的具体形式。

中外合作办学无论要实现哪个层次的知识共享,都依赖于其组织管理人员和教师的参与。实践中,中外合作大学拥有独立的人事权,大部分中外合作办学机构和项目的主要运行机制是"依托院系模式"和"国际学院模式"。这部分中外合作办学机构、项目并没有专职教师和"编制内"长期组织工作人员,而是依托相关学院来共享教师,向社会招聘组织工作人员;外方合作高校几乎不会派遣其核心教师,所派遣的专业课教师基本是"飞行"教学,除了合作办学协议中的教师培训之外,外方教师与中方教师之间并无实质性知识共享。包括《条例》在内的法律法规对中外合作办学教师、教材和教学过程都只做了意识形态方面的原则性规定,但没有详细的任职资格要求。

从管理层来说,中外合作办学举办高校的领导将合作办学视为其任职的"贴金机会",只是在谈判中参与,在审批之后的参与情况不一。对中外合作办学项目来说,中方领导的参与只有两次,即项目合作协议的签署和评估,"其他时候从来不会关心"项目的运行;外方领导"大概不知道这个项目的存在",更不要说参与、推动知识共享。不具有法人资格的中外合作办学机构,其合作高校领导参与治理情况差异较大,部分高校从校级到院系层面都高度重视,并将其纳入高校治理层面,也有一部分高校重视谈判、申报,但不重视参与实施,还有一部分高校领导只出席"仪式性活动",而对其实施从不关注。外方合作高校管理层参与情况和中方高校管理层参与情况高度相关,中方合作高校领导参与治理程度高的合作办学机构,外方高校领导的知识共享程度也较高,反之亦然。对具有独立法人资格的中外合作办学机构来说,外方合作高校领导参与程度较高,而中方合作高校大部分情况下属于该机构"合法性条件",并无较多实质性治理参与,和中外合作办学项目呈相反的治理参与情况。

知识共享和人力资源是高度相关的。然而,大部分中外合作办学机构、项目既没有稳定的中方师资,也没有稳定的外方师资,这些组织管理人员与教师对于合作办学的定位与功能认识存在很大差异,很难达成发展共识,扩大发展规模。[①] 如上所述,中外合作办学机构、项目组织管理人员、教师,其设立、举办高校中外双方领导的共同缺位,导致其知识共享困难重重,这是其治理过程中无法实现共建、共治的原因,也是其无法有效共享的原因。

二、内部治理机制不规范、畅通

《条例》及其实施办法虽然规定了中外合作办学机构、项目的基本运行要求,中外合作办学机构、项目也按要求设立了相应的理(董)事会、联合管理委员会,并按要求制定了相应的章程和系列管理办法。然而,"这些东西只是在评估的时候拿来用用",对中外合作办学机构、项目的实际实施并无指导作用,很多时候还会造成中外合作办学机构、项目无法和中

---

① 陆劲松,丁云伟.关于中外合作办学体制问题的思考[J].江苏高教,2002(1):80-82.

方设立、举办高校职能部门有效沟通,"事事都要打报告、提申请""最后还要跑断腿"。对中外合作办学机构、项目来说,"一校两制"并不总是"优势"和"特权",很多时候,也意味着其既无法和中方合作高校相关部门实现有效共享,也无法和外方合作高校相关部门实现有效共享,从而陷入沟通、共享的"死胡同"。即中外合作办学治理结构存在缺陷。

"比起引进、利用外方教育资源,更难统筹的是中方高校的资源。"中外合作高校学科专业设置逻辑、依据、路径不同,开设课程也就不同,这需要中外合作办学机构、项目统筹多个相关学院资源来完成教育教学任务。然而,这种统筹只能"解决一时的问题",长期问题的解决,还需要中外合作办学机构、项目设立、举办高校构建起规范、畅通、高校的治理机制来保障和落实。改革成型制度的成本和收益都是未知的,只能采取渐进、缓慢的改革步伐。[①] 部分中外合作办学机构、项目的前期申报、筹备人员并不参与后期具体运行,因此,这些机构、项目的具体运作者对"前期办学情况一无所知",导致引进组织管理知识及学术性知识,尤其是学术性知识无法和我国相关学科专业整合,"课程内容不能相互支撑""无法形成系统的体系"。前期申报、筹备人员制定的章程是"抄《条例》,否则申报不下来",但实际运行并不能按照《条例》、章程、协议来进行,只能"临时搭台,走一步看一步""领导走马上任""教师不断更换"。这也造成了中外合作办学机构、项目运行过程中需要寻求其他机构、项目"打政策擦边球"的经验。中外合作办学筹备、申报、运行过程的不规范,导致其运行过程中也很难建立起规范、畅通、高效的治理机制,进而导致中外合作办学知识共享无法有效进行。在这种情况下,组织管理人员和教师选择不分享,这种不分享的背后是无法共享。

三、行动主体责、权、利边界不清

中外合作办学按照我国《条例》及其实施办法等系列法规要求设计了"看似完美的"制度、框架,并配备了相应的人员。然而,中外合作办学自身的合作属性,会导致中外双方高校在某些方面的责、权、利重叠,和另一

---

① 栗晓红.高等教育制度变迁视野中的中外合作办学研究[J].教育研究,2011(10):54-58.

些方面的"真空"。理(董)事会中某一方代表的缺位、"话语权不够""有名无实",都会导致其职能不能有效发挥,也导致其相关制度、措施不能落到实处。中外合作办学知识共享作为其知识管理的重要过程,必然受到其各方行动主体的影响。

本书样本中外合作办学的 24.07% 依托国家外交机制设立、举办,17.12% 通过我国驻外使领馆或外国驻华使馆等国家机构实现,6.95% 和3.72% 通过国际大学联盟、其他国际组织实现,还有 10.17% 是通过第三方商业机构实现的。中外合作办学机构、项目设立、举办的多途径也表明其参与主体的复杂性。中外合作办学参与主体并不仅仅是中外合作高校,各级政府也实质性参与中外合作办学机构、项目,尤其是机构的具体办学过程,还担任了发起人、合作媒介的角色。参与主体的增加也带来中外合作办学利益相关者的责、权、利边界的模糊,然而,中外合作办学协议、章程中并未明确体现政府及其他参与主体的责任、权力边界。这就带来各方参与者对中外合作办学机构、项目教育资源及其他支持性资源的投入不稳定、不持续,知识共享是围绕着中外合作办学投入资源进行的,是保障投入资源增值的重要方式,也是兑现各方责任的行为,而不仅仅是分享办学利益。

并非所有中外合作办学项目的联合管理委员会,机构的联合管理委员会、董事会、理事会都由该项目、机构的有实质参与合作办学主体成员代表组成,也并非以上委员会、董(理)事会成员都会实质性地拥有中外合作办学项目、机构的决策、运行权,履行规定的责任,投入相应的人力、知识、财力等资源,中外合作办学各方利益主体在办学过程中趋向于囤积各自关键性资源和经验,相互观望,等待"搭便车",而不愿意主动、优先投入,从而导致中外合作办学各层次知识共享无法有效展开。

中外合作办学这个多主体共同治理的组织间组织,还存在谁来监督的问题。部分国家(地区)将其跨国高等教育机构、项目纳入到当地教育教学评估,但这种评估是按外方合作高校所在国(地区)标准进行的,其主要目的是维护当地教育质量,为当地教育决策服务。中外合作办学接受我国教育行政部门的监督,也接受社会认证机构的相关认证。当前,教育部学位与研究生教育发展中心在教育部国际合作与交流司统一组织下具体实施中外合作办学评估工作。我国其他教育教学、学科专业评估只负责中外合作办学的"中方部分"。中外合作办学质量认证属于行业自律行为,由认证机构与被认证机构独立签订质量认证合同。由此可见,中外合作办学的监督依然是"两张皮",受访者认为所谓的评估是"政府部门对其审批开绿灯的修补工作",多方评估信息并没有形成有效共享。中外合作办学并没有形成对话、共建、共治的关系,这也是中外合作办学知识共享的问题所在。

> 评估项目过多过细,评估主体过多过滥,评估方式不够科学。很多评估项目完全可以合并,但各级部门都要单独进行评估、检查。我们每天都在反复准备填表、报数据,一件事情要重复好多次。(BCZY)

四、知识创造不受重视,办学质量妥协

知识是动态的。知识的本质不在于储存,而是构建联系,并通过联系产生新的、有价值的意义。中外合作办学不仅要"引进"知识,而且要生产知识,形成创造价值的系统能力。然而,不论是对中外合作高校,还是中外合作办学机构、项目而言,知识创造都不是重要事项。

(一)中方合作高校不关注知识创造

中外合作办学机构、项目知识共享是中外合作高校围绕双方投入教育资源进行的对话,目的是实现引进知识的可转移性。然而,"办学者把'合作'看作是一个时髦的词",而不是知识共享战略。中外合作办学把两种教育体制对接起来并不是简单的事情,其知识生产是一种外在制度,而不是内在制度。

我国高校举办中外合作办学是一种"补亏思维""先看有什么问题""看给了我们什么任务""看差距,我们如何追""看排名,争取更高"。中外合作办学的这种"修补的心态",从负面着手,"着急于找缺点",容易下意识地追求责任,忽略了自己办学的优势和特色。我们要借鉴国外高校的办学经验,但是寻找"最佳"系统,错位嫁接,简单模仿,可能会导致合作办学误入歧途,造成对其他国家(地区)高等教育系统的一维比较,只关注某个变量,忽略了重要的背景,因为一个维度上可取的结果可能导致另一个维度上不可取的结果,还削弱了自身原有优势,从而无法实现中外教育在

对话中的创造。

> 中外合作办学是一个"更容易"的选择，但不一定是更有效的选择。我们的补亏思维往往是简单的线性思维：经济好的，教育也一定好；我们的路，也是发达国家教育走过的路，应该向他们学习。但是我们合作办学的最终目标是什么？我们并没有前瞻性的思维。（ABHY）

另外，我国部分高校在中外合作办学学术方面"监控能力有限"。许多高校主流教学和研究部门出于对转移教育资源的担心，并不会投入其核心教育资源来支持中外合作办学机构、项目的建设。"大多数学者不理解或不关心""他们希望专注于自己的研究"。这也使得中外合作办学无法在引进基础上实现创造，甚至会造成中外知识的共同"贬值"。

（二）外方合作高校关键知识资源投入不足

中外合作办学依赖于其"既能反映外方合作高校质量，又能适应中方环境"的学术人员支持、完成学术交付，但是外方教师认为这种"借调"会影响他们的职业发展，因此选择完成课程交付，而较少参与"共同""合作"创造。

> 这不是一个可持续的模式，你只是填补空白，直到不能填补。我们正在做的是培训下一批中国大学讲师。这相当于中国人过来，并从捷豹（英国汽车品牌）购买"蓝图"。而且中国政府一直在改变规则，限制我们收取费用，我们不知道这个市场是否会在中国持续发展。（ABAB）

另外，外方高校认为其"输出"课程需要相应的"配套资源"来支持，而中方合作高校在合作谈判中"非常谨慎地处理这个问题""寻找替代方案"来解决教科书问题，造成"普遍存在的质量妥协"。为此，一些外国高校甚至推出跨国教育的"全球模板"，从而将教育与社会文化和政治分离开来，将其"输出"课程变成没有特色通用产品，从而避免"再创造"。

（三）中外合作办学机构、项目资源整合能力有限

中外合作办学虽然确实共享资源，但这种共享取决于其现有组织、成员构成，合作高校投入资源的"匹配程度"和其自身整合能力的限制。"再核心的知识资源，如果不用，不会用，就不如不引进。"中外合作办学的核心是通过中外教育的对话、共享，消化、转化和利用外部知识，形成对参与主、客体都具有约束力的知识。只有当合作高校之间产生了共识，形成了具有集体性的规范知识时，组织层面的规范才能形成。

中外合作办学的知识共享不仅需要利用和调整外方合作高校的引进资源，还包括在本土知识基础上研究、开发、创造新的知识。当前中外合作办学高度依赖外方合作高校品牌、学术视野以及课程开发和质量保障体系，但对学术治理、学术监督和核心学术团体的积极参与重视不足。中外合作办学知识共享的目的是通过获取能在水平和结构上与我国高等教育资源具有互补性的世界知识存量，并将这些知识应用于我国教育教学中，以此来增强我国知识传授、创造和应用能力。然而，我国大部分中外合作办学机构、项目还处在对外方合作高校的引进、复制层面，对知识创新重视不足。

> 零碎的培训式的共享，只能看到局部，而我们还总是容易将局部的东西放大化，认为自己短时间看到的东西就是外方的全部。回来就容易矫枉过正。任何教学方法都是和教学目的、内容、学生的情况紧密相连的，单独要素的简单镶嵌是简单粗暴的移植。（BCZQ）

另外，中外合作办学机构、项目的学术交付是以合作国（地区）语言进行的，外语作为教学媒介可能会对教育的真实质量产生影响。教师和学生都没有能够分别使用外语作为教学和学习的全部能力，使用外语作为工作、教学语言可能会以牺牲质量为代价来追求所谓的国际化。

第三节　对策与建议

中外合作办学机构、项目可以跨越国界，为新的学科专业知识增长提

供机会。然而,这种组织间的合作给知识共享创造带来了许多困难。不同的成员、不同的议程、缺乏共同的语言、提供资源的责任,以及增加外部利益相关者的混合,都会增加互动和知识共享的复杂性。根据上述研究结论及存在问题分析,本书提出以下对策建议。

一、构建有效的中外合作办学知识筛选机制

中外合作办学被视为走进世界先进教育体系,提升中国国际化办学能力的手段。然而,教育改革不是简单的理念实验、制度模式移植。我国要构建有效的中外合作办学知识筛选机制,来真正、有效、实质引进我国需要的知识资源,并推动合作高校的共享、创新,而不是简单复制外方组织管理和学术知识。因此,本书提出以下建议:一是明确中外合作办学知识创新标准。依照目前《条例》及其实施办法,以及其他相关管理办法,中外合作办学机构、项目发展的具体实际,针对知识共享模式的创新,在充分考虑知识共享本质特征和中外合作办学实践运作特点情况下,制定知识创新标准。二是进一步规范中外合作办学机构、项目现有知识共享发展的标准。制定中外合作办学知识共享标准,明确合作办学参与主体的责任,提升合作办学发展质量,维护我国教育教学标准和底线。三是修订中外合作办学监管、评价标准,加强对中外合作办学共享发展的监管,增强发展的透明性,避免其知识共享成为"盲区"。

二、完善中外合作办学知识共享制度

中外合作办学机构、项目的有效治理给其中外方设立、举办高校都带来了独特的挑战。对外方合作高校来说,中外合作办学使其学术标准和规范脱离原来的社会、文化、教育土壤;对我国高校来说,如何让这种外来的标准、规范和我国教育衔接、融合,并在此基础上实现融合、创新,都是挑战。这就需要中外合作办学机构、项目设立、举办高校完善其中外合作办学知识共享制度。

(一)明确合作办学目标,引进可共享的知识资源

引进、借鉴国外教育理念、知识,即实现中外教育知识共享,是中外合作办学的初衷,也是目标。但这种共享关系的建立、培养是需要长期坚持并努力推动的,尤其是建立在真正引进可共享、能共享的知识资源基础

上。中外合作办学要满足中外举办高校不同需求。从我国设立、举办高校来说,引进能够从结构、水平上推进其相关学科专业建设的学术性知识和能够推动其组织改革的组织性知识,是中外合作办学的核心目标。如何引进真正的"优质资源",不是单方面要满足"排名的绝对性标准",更要从合作办学双方高校自身办学实际出发,加强对外方合作高校的了解,真正引进和我国高校办学实际相符的"相对性优质知识资源"。另外,任何"优质知识资源"能否真正实现其"优质",还要看是否有相应的人员、制度作为支撑。因此,中外合作办学机构、项目设立、举办高校要明确办学目标,并增强对外方合作高校的了解,这是中外高校发展共同语言、凝聚核心观念、达成原则共识,推动双方知识共享能够服务于其自身国际化办学目标,利用系统思维推动知识创新的前提。

(二)推动中外教师参与共享,实现知识创新

从理论上讲,中外合作办学机构、项目教师之间的有效沟通是其"合作关系"可持续的前提。尽管信息通信技术使全球分散的团队之间的沟通变得更加容易和快捷,但"合作办学"的特殊性要求教师之间的反复沟通,以确保在正确的时间提供正确的教育资源和支持。为此,本书建议:其一,教师知识共享的参与不是在"合作办学"之后,而是要在合作之前就要介入了解合作双方的文化、政策、程序,理解双方合作高校的学科专业文化、教育理念、教育教学方式方法、课程设置等内容,体验对方的教学过程,在此基础上搭建起沟通、共享的"共同语言"。其二,明确教师主体地位。中外合作办学作为教育教学活动,师资水平是保障其办学有效性的重要力量。但是大部分中外合作办学机构、项目在实际运行中并不重视教师,而将教师的教学工作视为"经济交易"。大部分中外合作办学授课教师认为其是"援助者""消防员"。教师身份、角色的不明朗必然带来责任、权利的边界不清,在知识共享中存在"搭便车"现象。其三,及时鼓励教师的知识创造。中外合作办学引进优质教育资源的目的不是复制,而是在此基础上实现创造和创新。教师是知识创新的主体,然而,其创造意愿、态度的激发,需要一定的条件,这就需要及时提供能够满足他们创造性行为的条件,清除阻碍他们知识创造的因素。

三、推动中外合作办学实现知识创新

组织因素是影响中外合作办学知识共享的关键结构性要素,因此,中外合作办学机构、项目要构建合理的结构、文化,实现知识创新。

一是推动知识共享制度化。中外教育的不同是客观存在的。中外合作办学的意义不是"消除这种不同",而是在认同、尊重差异的基础上寻找共同点,实现"强强结合""优势互补"。中外合作办学的"合作"性质决定其合作双方高校不一定保持同步、同等程度,而是渐进和发展的。中外合作办学机构、项目组织成员和教师间的个人关系很难超越中外双方高校的伙伴关系,然而,这种合作关系可能会老化,但不会主动制度化,这需要中外双方的"合作"努力。双方的有效共享既是推动这种合作关系走向成熟的关键,也是合作办学成效的体现。无论什么样的教育成效达成,都需要相应的制度来保障。总体而言,我国"双一流"高校经过长期积累,其教职员工从职业生涯早期开始就意识到需要参与知识共享,并在很大程度上接触了知识共享,以此来推动组织和个人绩效。知识共享也成为他们教学、研究工作的信念和规范,他们在这个过程中更有信心。相比之下,地方高校教师对知识共享的接触程度较低,虽然个别教职员工对知识共享的参与很活跃,但这部分教职员工数量少,并不能带动整体的知识共享行为;大部分教职员工很少有机会参与知识共享,他们的共享技能较少,对参与知识共享信心不足。因此,中外合作办学机构、项目要根据其设立、举办高校自身师资情况,顺应自身发展阶段、发展定位和利益诉求,在前期的运行中就要不断探索、构建和中外双方高校共享的制度,支撑引进资源的有效利用,提升共享能力。

二是建立合理的知识共享激励机制。并非所有的中外合作办学机构、项目组织管理人员和教师都基于自我激励或政策、制度驱动来参与知识共享,相反,他们更多是因为某种互惠感知来驱动的。和经济激励相比,高校教师更愿意基于社会认同、职业晋升、能力肯定、个人成就感获得等社会和心理互惠感知来参与知识共享。大部分高校目前实行的"加倍计算工作量"并不能有效推动中外合作办学机构、项目组织成员及教师的知识共享行为。制定、实施有针对性、可操作的激励措施,才能有效推动教师的知识共享。

三是构建信任的组织文化。组织文化是随着时间的推移而产生的，它决定了人们在不被监视时的行为方式。中外合作办学机构、项目应该是其组织管理人员和教师共同发展的知识共同体。中外合作办学机构、项目需要基于中外合作高校输入资源的共同性来建立坚实的信任氛围，打消"合作关系"中各方成员基于各自身份、角色、认知中对"特殊性"的警惕，力图使得"异质"成员能够建立起认知、情感的信任，从而实现知识共享和创新。

四、提升个人知识共享能力

知识共享不仅是中外合作办学能够持续发展的重要路径，也是其组织管理人员和教师实现自我提升的机会。教师是高等学校知识共享的重要主体，只有教师充分发挥其知识创造的主观能动性，积极参与知识共享，中外合作办学人才培养、科学研究、服务社会的职能才能得以发挥，中外合作办学机构、项目的"合作关系"才能有效维持。因此，中外合作办学组织管理者要能够有效理解、统筹中外教育资源，扮演好共享文化创建的引领者、知识的"筛选人"、知识共享的榜样、组织成员成长的支持者、资源的合理配置者等诸多角色，支持、推动中外教育资源的有效合作和共享，不仅能够分享自身的建议，指导和帮助他人，并且能够为其组织成员和教师创设从思想、方法等方面分享经验的机会。中外合作办学教师应充分发挥个人主观能动性，不仅将"知识共享"视为完成中外合作办学具体工作的需要，更要将其作为个人工作能力提升的途径，丰富个人及组织知识共享网络。

第四节　本书创新及展望

一、本书创新之处

本书的创新之处主要体现在以下几个方面：

一是选题的创新。"知识共享"是 20 世纪 90 年代中后期，经济学、管理学领域逐渐兴起的研究问题，也是把知识管理重点从结果转向过程的重要标志。知识经济的深入发展,高等教育的大众化、普及化,高等教育体制机制改革,共同使高等学校知识共享成为迫切需要解决的现实问题。中外合作办学作为我国高校和其他国家(地区)高校的"合作组织",中外高校的"合作关系"、契约关系决定其知识任务互相依存,必须依靠中外合作办学机构、项目组织管理人员及教师的共享来完成其教育教学活动。因此,以本科及以上中外合作办学机构、项目的知识共享作为研究主题,聚焦中外合作办学知识共享影响因素及其作用关系,通过量化研究和质性研究相结合的混合研究方法,验证、探索中外合作办学知识共享影响因素及其作用关系,在选题上具有创新性。

二是理论应用的创新。本书以 IPO 模型为基础,在综述其他学科知识共享相关理论、分析共同治理理论及其对中外合作办学知识共享的适用性基础上,在分析中外合作办学知识共享现实基础、内涵、特征基础上,构建了中外合作办学知识共享影响因素及其关系分析框架。本书以该研究框架及相关文献综述,在第四章提出并验证研究假设,在第五章进一步探索了中外合作办学知识共享影响因素。

三是研究方法的创新。本书运用了量化研究和质性研究的混合研究方法,同时收集量化和质性数据,并通过量化和质性数据的互证来补充使用单一研究方法的不足,量化研究验证了假设,质性研究提高了量化研究的可理解性和接受度。本书主要使用问卷调查、半结构化访谈、案例分析来分析问题,实现了研究方法的创新和突破,尽可能地保证了研究的科学性。

二、本书展望

本书从中外合作办学知识共享的现实情况出发,跨学科查阅相关理论、文献研究,按照"提出问题—明晰问题—分析问题—解决问题"思路,运用量化研究和质性研究相结合的混合研究方法,验证、探索中外合作办学知识共享影响因素及其作用关系,并在此基础上提出了推动中外合作办学机构、项目知识共享的对策建议。本书最初是要构建"中外合作办学知识共享机制",然而,本书跨学科性质、研究者个人学习背景和跨学科能力,以及研究本身的现实可行性,共同将这一问题留作未来继续探索的课题。

第一,进一步提高样本代表性和完善资料丰富性问题。本书力图通过量化和质性研究相结合的混合研究方法去较为广泛、深入地反映中外合作办学知识共享的真实情况。由于中外合作办学自身组织管理人员和教师分布范围广、流动性高的特点,以及研究者个人获取数据时间、精力、能力的限制,本书按研究计划仅仅收集到 403 份有效问卷。另外,本书主要通过熟人关系访谈了 28 位中外合作办学机构、项目组织管理人员和教师,并且这些访谈对象符合本书设计中对所在地域、学科专业、关键岗位、工作时间等多方面要求。虽然本书的 403 份有效问卷满足本书期望的350~500 份问卷调查样本量,也符合统计学要求,访谈对象满足研究设计的抽样要求,并且本书在这些数据基础上得到了关于中外合作办学知识共享的重要结论,但是随着研究者个人社会关系的逐渐积累、完成学位论文过程中研究能力的不断提升,"中外合作办学知识共享影响因素及其关系"的研究仍需要在增大样本量、提高样本代表性基础上继续完善和丰富。

第二,中外合作办学知识共享影响因素的全面性和深入性问题。中外合作办学的"合作关系"基础,中外合作办学机构、项目的"组织间组织"属性,及其涉及的复杂社会、经济、文化、历史背景,使得中外合作办学知识共享影响因素及其作用关系也非常复杂。由于研究者个人精力、研究可行性限制,本书没有一一呈现影响中外合作办学知识共享的所有因素及其作用关系,而是基于研究问题、分析框架、研究设计进行了处理。今后的研究中,除继续聚焦、探究本书中部分影响因素对中外合作办学知识共享的影响之外,还要进一步完善、丰富中外合作办学知识共享影响因素,并争取完成本书最初要构建"中外合作办学知识共享机制"的夙愿。

第三,继续挖掘研究案例。本书选取英国跨国教育共享发展案例、中山大学中法核工程与技术学院知识共享案例,以期从国际和国内、国家和机构两个视角去分析中外合作办学知识共享影响因素及其作用关系。然而,本书在案例研究中的深入程度不够,仅通过文本资料收集获得了案例的有限资料,对案例的深入分析不够。这也是研究者在以后需要继续追踪研究的问题。

附　录

Questionnaire on the Influencing Factors of Knowledge Sharing of Chinese-Foreign Cooperation in Running Schools in Colleges/Universities

Dear Sir/Madam：

　　I am aPh.D. postgraduate of Xiamen University. I am surveying and investigating the content of my dissertation on the influencing factors of knowledge sharing in China-Foreign Cooperation in Running Schools (CFCRS) in colleges/universities. This questionnaire is very important to the research of my dissertation. Your opinions and suggestions will be of great help to my further explore of the factors affecting knowledge sharing of CFCRS. There are really no right or wrong answers，they are just reflections of your work and feeling. This questionnaire is anonymous and just used only for academic research. All the information you fill in will be processed confidentially. Please feel free to fill in.

　　Thank you for your great support to my dissertation study in your busy schedule！I would like to express my sincerest thanks to you！

I. Basic Information

1. My university/college which I worked in China is (　　).

   A. "World-class" university or "world-class" discipline university

   B. University/undergraduate college which neither "World-class" university nor "world-class" discipline university

   C. Sino-Foreign Cooperative University

   D. Private university/undergraduate college

2. My university/college is located in (　　).

   A. North China (Beijing, Tianjin, Hebei, Shanxi, Inner Mongolia)

   B. Northeast China (Liaoning, Jilin, Heilongjiang)

   C. East China (Shanghai, Jiangsu, Zhejiang, Jiangxi, Anhui, Fujian, Shandong)

   D. South and Central China (Henan, Hubei, Hunan, Guangdong, Guangxi, Hainan)

   E. Southwest China (Chongqing, Sichuan, Guizhou, Yunnan, Tibet)

   F. Northwest China (Shaanxi, Gansu, Qinghai, Ningxia, Xinjiang)

3. I work in the following department (　　).

   A. department of Sino-Foreign Cooperative University

   B. institution of CFCRS without the legal person status

   C. program of CFCRS

   D. international department of university/undergraduate college

   E. academic affair department of university/undergraduate college

   F. development and planning department of university/undergraduate college

   G. other administrative departments of university/undergraduate college

   H. none of the above

4. I am a(multiple choice)(　　).

   A. teacher employed in CFCRS

   B. teacher form foreign cooperative university/undergraduate college

   C. teacher form Chinese cooperative university/undergraduate college

   D. administrator of university/undergraduate college which have an institution/program of CFCRS

E.administrator of institution/program of CFCRS

F.manager of institution/program of CFCRS

5.My nationality is (   ).

A.Chinese   B.non Chinese

6.My professional title is (   ).

A.Senior   B.deputy senior   C.medium-grade   D.primary

7.Which of the following subjects does your university/college host through CFCRS(multiple choice)(   ).

A.Philosophy   B.Economics   C.Law   D.Education

E.Literature   F.History   G.Science   H.Engineering

I.Agronomy   J.Medicine   K.Management   L.Art

8.How long have you worked (   ).

A.0-5 years   B.6-10 years   C.11-15 years   D.16-20 years

E.20 years or more

9.How long have you worked in this department (   ).

A.0-5 years   B.6-10 years   C.11-15 years   D.16-20 years

E.20 years or more

10.How long hasthe institution/program of CFCRS in your university/college been held (   ).

A.0-5 years   B.6-10 years   C.11-15 years   D.16-20 years

E.20 years or more   F.Unclear

11.What is the main purpose of the institution/program of CFCRS in your university/college held(multiple choice)(   ).

A.to promote the internationalization level of university/college

B.to promote the international influence of related disciplines/majors in university/college

C.to promote the quality of education and teaching in university/college

D.to supplement the insufficiency of related disciplines/majors in university/college

E.to cooperates with the overall situation of national diplomacy

F.to achieve economic benefits

G.for other reason

12.Which level of the institution/program of CFCRS have been held in your university/college(multiple choice)(   ).

A.Doctor   B.Master   C.Undergraduate

13.Does the institution/program of CFCRS your university/college held have a foundation for cooperation with foreign university/college before (   ).

A.Yes   B.No   C.Unclear

14.Which of the following ways does your university/college host institution/program of CFCRS(multiple choice)(   ).

A.based on the basis of other forms of international cooperation and exchange between the cooperative university/college

B.depending on the national diplomatic mechanism

C.through the third party commercial institutions to achieve cooperation

D.through foreign affairs department of my university/college

E.through the school of my university/college

F.through the famous professor

G.through overseas alumni

H.through international conference

I.through state institutions

J.through international union of university/college

K.through international organization

J.Unclear

Ⅱ.Influencing Factors Affecting Knowledge Sharing of CFCRS

For each statement, please rate the extent of your agreement or disagreement by ticking the appropriate box.

(1-Strongly disagree, 2-Disagree, 3-Slightly disagree, 4-Neither agree nor disagree, 5-Slightly agree, 6-Agree, 7-Strongly agree)

Questions	1	2	3	4	5	6	7
1. I would like to share my knowledge with other members through the institution/program of CFCRS.							
2. I will share my knowledge in response to the needs of the institution/program of CFCRS.							
3. I will actively provide my suggestions if it is helpful for the institution/program of CFCRS.							
4. I enjoy sharing my knowledge with the members of the institution/program of CFCRS.							
5. It is a pleasant experience to share my knowledge with the members of the institution/program of CFCRS.							
6. I think the members of the institution/program of CFCRS should share knowledge more often with each other.							
7. I will take my initiative to share my thoughts and experiences with the members of the institution/program of CFCRS.							
8. I believe that the members of the institution/program of CFCRS which I work in can share knowledge effectively with me.							
9. When I encounter difficulties in my work, I trust that the members of the institution/program of CFCRS which I work in could help me.							
10. I believe that the members of the institution/program of CFCRS which I work in are sincere to me.							
11. I believe that the members of the institution/program of CFCRS which I work in have a good understanding of their field of work.							
12. I believe in my ability to share valuable knowledge with other members of the institution/program of CFCRS which I work in.							
13. My knowledge sharing always helps the other members of the institution/program of CFCRS which I work in to solve problems.							

续表

Questions	1	2	3	4	5	6	7
14. My knowledge sharing with the members of the institution/program of CFCRS which I work in could strengthens the connection with them.							
15. When I share my knowledge with the members of the institution/program of CFCRS which I work in, I can get corresponding responses from them.							
16. All the members of the institution/program of CFCRS which I work in maintain close contact with each other.							
17. In the institution/program of CFCRS which I work in, all members have a strong sense of "one team".							
18. The members of the institution/program of CFCRS which I work in are often able to consider the positions of others.							
19. The members of the institution/program of CFCRS which I work in regard the establishment and maintenance of academic networks as a priority.							
20. In the institution/program of CFCRS which I work in, all the members have strong loyalty to the subject/major.							
21. The members of the institution/program of CFCRS which I work in can always share valuable discipline/specialty knowledge with me.							
22. The view of the other subjects/majors is very important to me.							
23. The leader of the institution/program of CFCRS which I work in thought that I should share my knowledge with other colleagues.							
24. The leader of the institution/program of CFCRS which I work in promote the establishment of structured work teams to facilitate knowledge sharing.							

续表

Questions	1	2	3	4	5	6	7
25. In the institution/program of CFCRS which I work in, knowledgeable colleagues are always willing to share working knowledge with me.							
26. The institution/program of CFCRS which I work in is in close contact with other departments of the university/college.							
27. The institution/program of CFCRS which I work in have a lot of connections with foreign universities/colleges.							
28. The institution/program of CFCRS which I work in promote collective rather than individual action.							
29. The institution/program of CFCRS which I work in design process to facilitate knowledge sharing across departments.							
30. The managers of the institution/program of CFCRS which I work in expect its members to spread the knowledge to other universities/colleges.							
31. The managers of the institution/program of CFCRS which I work in support its members in actively learning from other universities/colleges.							
32. The institution/program of CFCRS which I work in provides training programs to promote knowledge sharing.							
33. The institution/program of CFCRS which I work in has a clear policy document to promote knowledge sharing.							
34. The institution/program of CFCRS which I work in has a clear set of values.							
35. The values of the institution/program of CFCRS which I work in are well known and generally accepted by its members.							
36. The institution/program of CFCRS which I work in encourages its members to discuss their work across departments.							

续表

Questions	1	2	3	4	5	6	7
37. I believe that the institution/program of CFCRS which I work in has introduced knowledge related to the subject/specialty it is sponsoring.							
38. I will summarize and sort out the working knowledge timely of institution/program of CFCRS which I work in, and summarize and place them.							
39. I will share the good knowledge and practices I have gained from conferences, seminars and other occasions with the members of the institution/program of CFCRS which I work in.							
40. Members of the institution/program of CFCRS which I work in will share their latest working ideas with me.							
41. Members of the institution/program of CFCRS which I work in will share with me the results of their work.							
42. The knowledge shared by the members of the institution/program of CFCRS which I work in has been very helpful to my work.							
43. I usually communicate face to face with the members of the institution/program of CFCRS which I work in.							
44. I usually communicate through written communication with the members of the institution/program of CFCRS which I work in.							
45. I usually communicate through the virtual network platform with the members of the institution/program of CFCRS which I work in.							
46. I think it is necessary to share knowledge through online platforms for the institution/program of CFCRS which I work in.							
47. The institution/program of CFCRS which I work in promote the development of "knowledge" sharing information technology actively.							

续表

Questions	1	2	3	4	5	6	7
48. The institution/program of CFCRS which I work in has introduced the online knowledge base of the foreign partner universities/colleges.							
49. The technical platform of the institution/program of CFCRS which I work in connects its members with relevant external institutions effectively.							
50. I can use the information system of the institution/program of CFCRS which I work in without additional training.							
51. My knowledge sharing will improve the quality of the work of the institution/program of CFCRS which I work in.							
52. My knowledge sharing will enhance the competitiveness of the institution/program of CFCRS which I work in.							
53. My knowledge sharing will make the institution/program of CFCRS which I work in achieve more recognition.							
54. My knowledge sharing will create new opportunities for the institution/program of CFCRS which I work in.							
55. My knowledge sharing will improve my business ability with the members of the institution/program of CFCRS which I work in.							
56. My knowledge sharing will broaden my contacts with the members of the institution/program of CFCRS which I work in.							
57. My knowledge sharing will receive material rewards with the members of the institution/program of CFCRS which I work in.							
58. My knowledge sharing will improve my professional knowledge system with the members of the institution/program of CFCRS which I work in.							
59. My knowledge sharing will can make up for the lack of my work with the members of the institution/program of CFCRS which I work in.							

续表

Questions	1	2	3	4	5	6	7
60. I can get a promotion through sharing knowledge with the members of the institution/program of CFCRS which I work in.							
61. I will be recognized and appreciated by others through sharing knowledge with the members of the institution/program of CFCRS which I work in.							
62. I would be considered a bore if I share knowledge with the members of the institution/program of CFCRS which I work in.							
63. I would have no opportunity to attend meetings or other activities if I share knowledge with the members of the institution/program of CFCRS which I work in.							
64. I will lose my competitive edge if I share knowledge with the members of the institution/program of CFCRS which I work in.							
65. I do not have the confidence to share my knowledge with the members of the institution/program of CFCRS which I work in.							
66. My foreign language proficiency does not allow me to share my knowledge with the members of the institution/program of CFCRS which I work in.							

That's the end of this questionnaire.

Thank you again for your strong support for my doctoral dissertation research!

If you have any other information or information about this study, or need to know the analysis and processing of statistical results, please leave your contact information.

My mobile phone/wechat: 18106989001; email: huirong_chen@126.com.

Research on Semi-structured Interview Outline of Knowledge Sharing of Chinese-Foreign Cooperation in Running Schools (CFCRS) in Colleges/Universities

1. Can you tell me something about your recent experience of sharing knowledge with the colleagues of the institution/program of CFCRS which you work in? What are the important factors when you considering sharing knowledge with them?

2. What factors influence the level of knowledge sharing of the institution/program of CFCRS which you work in do you think in general?

3. What channels do you use to share knowledge with the colleagues of the institution/program of CFCRS which you work in? What knowledge do you share? Do you think that we need different ways to share different types of knowledge?

4. Could you describe the leadership style of the institution/program of CFCRS which you work in? How does this style affect the knowledge sharing of the institution/program of CFCRS which you work in?

5. Do you think the leaders of the institution/program of CFCRS which you work in want you to share knowledge? If so, how do you convey that expectation?

6. What rewards do you value most if there is a reward for sharing knowledge in the institution/program of CFCRS which you work in?

7. What suggestions do you have for your university/college and the institution/program of CFCRS which you work in to encourage knowledge sharing?

8. What reason do you think that the measures of encouraging knowledge sharing might be resisted/accepted?

9. What is the culture and structure of your institution/program of CFCRS? How does this affect knowledge sharing? How to improve?

10. What collaboration technologies (network platforms, etc.) have your institution/program of CFCRS brought you and your colleagues closer together?

11. Have you participated in the knowledge sharing activities of your institution/program of CFCRS? And if so, how do these activities affect your knowledge sharing?

参考文献

一、著作类

[1]阿尔温·托夫勒.第三次浪潮[M].北京:生活·读书·新知三联书店,1983.

[2]艾尔·巴比.社会研究方法基础(第四版)[M].邱泽奇,译.北京:华夏出版社,2013.

[3]埃利诺·奥斯特罗姆.公共事务的治理之道[M].余逊达,陈旭东,译.上海:上海三联书店,2000.

[4]埃文·塞德曼.访谈研究法[M].李政贤,译.台北:五南图书出版股份有限公司,2009.

[5]彼得·德鲁克.知识社会[M].赵巍,译.北京:机械工业出版社,2021.

[6]陈大立.中外合作办学法律问题研究[M].厦门:厦门大学出版社,2014.

[7]陈向明.质的研究方法与社会科学研究[M].北京:教育科学出版社,2000.

[8]黑格尔.小逻辑[M].贺麟,译.北京:商务印书馆,1980.

[9]黑格尔.哲学史讲演录:第四卷[M].贺麟,王太庆,译.北京:商务印书馆,1978.

[10]侯杰泰,温忠良,成子娟.结构方程模型及其应用[M].北京:教育科学出版社,2004.

[11]卡尔·马克思,弗里德里希·恩格斯.马克思恩格斯文集:第八卷[M].中共中央马克思恩格斯列宁斯大林著作编译局,编译.北京:人民出版社,2009.

[12]卡尔·波普尔.通过知识获得解放[M].范景中,李本正,译.北京:中国美术学院出版社,1998.

[13]凯瑟琳·马歇尔,格雷琴·罗斯曼.设计质性研究:有效研究计划的全程指导(第5版)[M].何江穗,译.重庆:重庆大学出版社,2015.

[14]科尔.大学的功用[M].陈学飞,陈恢钦,周京,等译.南昌:江西教育出版社,1993.

[15]柯平.知识学研究[M].北京:国家图书馆出版社,2017.

[16]劳伦斯·纽曼.社会研究方法:定性和定量的取向(第五版)[M].郝大海,译.北京:中国人民大学出版社,2007.

[17]理查德·E.帕尔默.诠释学[M].潘德荣,译.北京:商务印书馆,2012.

[18]李晓辉.中外合作办学:法律制度与实践[M].厦门:厦门大学出版社,2017.

[19]林东清,李东.知识管理理论与实践[M].北京:电子工业出版社,2005.

[20]林金辉.中外合作办学教育学[M].厦门:厦门大学出版社,2011.

[21]罗伯特·斯腾伯格.成功智力[M].吴国宏,等译.上海:华东师范大学出版社,1999.

[22]马丁·海德格尔.存在与时间[M].陈嘉映,王庆节,译.北京:生活·读书·新知三联书店,2006.

[23]迈克尔·吉本斯,卡米耶·利摩日,黑尔佳·诺沃提尼,等.知识生产的新模式.当代社会科学与研究的动力学[M].陈洪捷,沈文钦,等译.北京:北京大学出版社,2011.

[24]麦克·F.D.扬.知识与控制[M].谢维和,朱旭东,译.上海:华东师范大学出版社,2002.

[25]闵维方.高等教育运行机制研究[M].北京:人民教育出版社,2002.

[26]彭向刚,袁明旭.领导科学概论[M].北京:高等教育出版社,

2007.

[27]石中英.知识转型与教育改革[M].北京:教育科学出版社,2001.

[28]田正平.中外教育交流史[M].广州:广东教育出版社,2004.

[29]托马斯·库恩.科学革命的结构[M].金吾伦,胡新和,译.北京:北京大学出版社,2003.

[30]托尼·比彻,保罗·特罗勒尔.学术部落及其领地:知识探索与学科文化[M].唐跃琴,等译.北京:北京大学出版社,2008.

[31]王连娟,张跃先,张冀.知识管理[M].北京:人民邮电出版社,2016.

[32]王众托.信息与知识管理[M].北京:电子工业出版社,2010.

[33]文军,蒋逸民.质性研究概论[M].北京:北京大学出版社,2010.

[34]吴明隆.结构方程模型:AMOS 的操作与应用[M].重庆:重庆大学出版社,2009.

[35]许美德.中国大学 1895—1995:一个文化冲突的世纪[M].张晓军,译.北京:教育科学出版社,2000.

[36]亚里士多德.尼各马可伦理学(修订本)[M].廖申白,译.北京:中国社会科学出版社,1999.

[37]约翰·W.克雷斯维尔.混合方法研究导论[M].李敏谊,译.上海:上海格致出版社,2015.

[38]张维迎.大学的逻辑[M].北京:人民教育出版社,2002.

[39]张兆芹,卢乃桂,彭新强.学习型学校的创建:教师组织学习力新视角[M].北京:教育科学出版社,2011.

[40]中国大百科全书编纂委员会.中国大百科全书[M].2 版.北京:中国大百科全书出版社,2009.

[41]中共中央文献研究室.邓小平论教育[M].北京:人民教育出版社,1995.

[42]朱丽叶·M.科宾,安塞儿姆·L.施特劳斯.质性研究的基础:形成扎根理论的程序与方法[M].朱光明,译.重庆:重庆大学出版社,2015.

[43]竹内弘高,野中郁次郎.知识创造的螺旋[M].李萌,译.北京:知识产权出版社,2012.

[44]ALLEE V. The knowledge evolution[M]. Washington: Butter-

worth-lineman，1997.

[45]DAVENPORT T H，PRUSAK L. Working knowledge：how organizations manage what they know[M]. Boston：Harvard Business School Press，1999.

[46]O'DELL C，GRAYSON C J. If only we knew what we know：the transfer of internal knowledge and best practice[M]. New York：Simon & Schuster，1998.

[47]DEUTSCH M. The resolution of conflict：constructive and destructive process[M]. New Haven：Yale University Press，1973.

[48]EDGAR H S. Organizational culture and leadership[M]. San Francisco：Odyssey-bass a Wiley imprint，2004.

[49]HARGREAVES A. Changing teachers，changing times[M]. Cassell：Teachers College Press，1994.

[50]HARGREAVES A. Teaching in the knowledge society-education in the age of insecurity[M]. New York：Columbia University，2003.

[51]NONAKA I，TAKEUCHI H. The knowledge-creating company：how Japanese companies create the dynamics of innovation[M]. New York：Oxford University Press，1995.

[52]POLANYI M. The tacit dimension[M]. London：Rout-ledge and Keg-an Paul，1966.

[53]QAA. UK quality code for higher education[M]. London：Quality Assurance Agency for Higher Education，2012.

[54]SMITH H A，MCKEEN J D. Instilling a knowledge-sharing culture[M]. London：Queen's Centre for Knowledge-based Enterp-rises，2003.

二、论文集

[55]林金辉.中外合作办学：提质增效、服务大局、增强能力[C].厦门：厦门大学出版社,2017.

[56]陈学飞.第三届中国科学家教育家企业家论坛论文集[C].中国未来研究会,中国管理科学研究院,北京大学教育学院联合印制,2004.

[57]AMIN S H M，ZAWAWI A A，TIMAN H. To share or not to share knowledge：observing the factors[C]. Humanities，Science & Engineering. IEEE，2012.

三、期刊类

[58]包国宪,王学军.以公共价值为基础的政府绩效治理:源起、架构与研究问题[J].公共管理学报,2012(2):89-97,126-127.

[59]蔡宁伟,王欢,张丽华.企业内部隐性知识如何转化为显性知识?:基于国企的案例研究[J].中国人力资源开发,2015(13):35-50.

[60]蔡宗模,毛亚庆.高等教育全球化:逻辑与内涵[J].高等教育研究,2013(7):10-17.

[61]陈洪,陈明学.高校实践教学资源共享策略探讨[J].黑龙江高教研究,2014(10):156-158.

[62]陈慧荣.中外合作办学学科结构与产业结构的平衡性研究[J].高校教育管理,2019(1):90-97.

[63]陈慧荣,刘咏梅.知识资源共享视野下的教育枢纽构建动因、共享体系及举措[J].比较教育研究,2019(9):27-35.

[64]陈慧荣."后脱欧时代"英国跨国教育发展趋势研究:基于《国际教育战略:全球潜力,全球增长》的分析[J].比较教育研究,2020(5):1-10.

[65]储节旺,吴川徽.知识流动视角下社会化网络的知识协同作用研究[J].情报理论与实践,2017(2):31-36.

[66]崔金栋,徐宝祥.产学研联盟中知识生态系统演化机理研究[J].自然辩证法研究,2013(10):68-73.

[67]傅柱,王曰芬,关鹏.概念设计知识管理中的知识流研究:以管理过程为视角[J].情报理论与实践,2017(3):99-106.

[68]郭婧.英国高校国际组织人才培养与输送研究[J].比较教育研究,2019(2):12-19.

[69]李卫东,刘洪.研发团队成员信任与知识共享意愿的关系研究:知识权力丧失与互惠互利的中介作用[J].管理评论,2014(3):128-138.

[70]栗晓红.高等教育制度变迁视野中的中外合作办学研究[J].教育研究,2011(10):54-58.

[71]林金辉.新时代中外合作办学的新特点、新问题、新趋势[J].中国高教研究,2016(12):35-55.

[72]林金辉.中外合作办学的规模、质量、效益及其相互关系[J].教育研究,2016(7):39-43.

[73]林金辉,刘志平.中外合作办学中优质高等教育资源的合理引进与有效利用[J].教育研究,2007(5):36-39,50.

[74]林绚晖,卞冉,朱睿,车宏生.团队人格组成、团队过程对团队有效性的作用[J].心理学报,2008(4):437-447.

[75]蔺楠,覃正,汪应洛.基于 Agent 的知识生态系统动力学机制研究[J].科学学研究,2005(3):406-409.

[76]刘晔.由物到人:财政学逻辑起点转变与范式重构:论新时代中国特色社会主义财政理论创新[J].财政研究,2018(8):40-49.

[77]沈伟.趋同抑或求异:英国高等教育质量保障的过去与未来[J].高等教育研究,2018(10):92-99.

[78]施世兴,陈国宏,蔡彬清.基于阶层线性模型的知识共享行为机制研究:以事业单位为例[J].科技管理研究,2018(2):139-147.

[79]孙秋芬.从主体性、主体间性到他在性:现代社会治理的演进逻辑[J].华中科技大学学报(社会科学版),2017(6):20-26.

[80]万涛.隐性知识转化为显性知识的评价判断规则研究[J].管理评论,2015(7):66-75.

[81]王成端,叶怀凡,程碧英.高等教育资源共建共享:基于成渝经济区现状的考察及思考[J].中国高教研究,2017(2):48-53.

[82]王娟,孔亮.精品资源共享课建设研究:知识资产的视角[J].电化教育研究,2014(12):68-73.

[83]王奇.加强管理、依法规范、促进上海中外合作办学健康发展[J].教育发展研究,2002(9):47.

[84]王展鹏,夏添.脱欧公投与英国国家身份变迁[J].武汉大学学报(哲学社会科学版),2019(1):187-200.

[85]吴士健,刘国欣,权英.基于 UTAUT 模型的学术虚拟社区知识共享行为研究:感知知识优势的调节作用[J].现代情报,2019(6):48-58.

[86]西广明.高等教育资源共享原则与策略研究:以效率为视角[J].

江苏高教,2009(4):40-43.

[87]席酉民,李怀祖,郭菊娥.我国大学治理面临的问题及改善思路[J].西安交通大学学报(社会科学版),2005(1):78-83.

[88]夏甄陶.知识的力量[J].哲学研究,2000(3):3-12,79.

[89]燕继荣.社会变迁与社会治理:社会治理的理论解释[J].北京大学学报(哲学社会科学版),2017(5):69-77,2.

[90]曾建丽,刘兵,梁林.科技人才生态系统的构建研究:以中关村科技园为例[J].技术经济与管理研究,2017(11):42-46.

[91]张飚."全球英国":脱欧后英国的外交选择[J].现代国际关系,2018(3):18-25,63-64.

[92]张国清,何怡.欧盟共享发展理念之考察[J].浙江社会科学,2018(7):28-36,156.

[93]张绘.混合研究方法的形成、研究设计与应用价值:对"第三种教育研究范式"的探析[J].复旦教育论坛,2012(5):51-57.

[94]张向先,郭顺利,李昆.新媒体环境下图书馆学科服务团队知识共享影响因素及实证研究[J].图书馆学研究,2017(13):50-58.

[95]赵凌云,冯兵兵.中国经济改革40年的阶段、成就与历史逻辑[J].中南财经政法大学学报,2018(5):3-11,162.

[96]郑强国,秦爽.文化创意企业团队异质性对团队绩效影响机理研究:基于团队知识共享的视角[J].中国人力资源开发,2016(17):23-32.

[97]钟秉林,周海涛,夏欢欢.中外高等教育合作办学机构和项目的学生满意度分析[J].中国高教研究,2012(9):22-26.

[98]周红云.全民共建共享的社会治理格局:理论基础与概念框架[J].经济社会体制比较,2016(2):123-132.

[99]ADAMS J. Collaborations: the rise of research networks [J]. Nature, 2012(20):335-336.

[100]AKDERE M, ROBERTS P B. Economics of social capital: implications for organizational performance [J]. Advances in developing human resources, 2008(6):802-816.

[101]ALAN R W, WILLIAM L. Gilbert ryle: an introduction to his philosophy [J]. Philosophical quarterly, 1982(12):88.

[102]ALLEN T D. Protege selection by mentors: contributing individual and organizational factors [J]. Journal of vocational behavior, 2004(3): 469-483.

[103]AMAYAH A T. Determinants of knowledge sharing in a public sector organization [J]. Journal of knowledge management, 2013(3):454-471.

[104]ANAND A, SINGH M D. Understanding knowledge management: a literature review [J]. International journal of engineering science and technology, 2011(2):926-939.

[105]ALTBACH P G. Knowledge and education as international commodities: the collapse of the common good [J]. Peking university education review, 2003(3):2-5.

[106]ARDICHVILI A, MAURER M, LI W, et al. Cultural influences on knowledge sharing through online communities of practice [J]. Journal of knowledge management, 2006(1):94-107.

[107]ASELAGE J, EISENBERGER R. Perceived organizational support and psychological contracts: a theoretical integration [J]. Journal of organizational behavior, 2003(5):491-509.

[108]BABALHAVAEJI F, KERMANI Z J. Knowledge sharing behaviour influences: a case of library and information science faculties in Iran [J]. Mlaysian journal of library & information science, 2011(1):1-14.

[109]BAMBURG J D. Unusually effective schools: a review and analysis of research and practice [J]. School effectiveness & school improvement an international journal of research policy & practice, 1990(3):221-224.

[110]BANDURA A. Social foundations of thought and action: a social cognitive theory [J]. Journal of applied psychology, 1986(1):158-169.

[111]VANDEN HOOFF B, DE LEEVW VAN WEENEN F. Committed to share: commitment and CMC use as antecedents of knowledge sharing [J]. Knowledge & process management, 2004(1):13-24.

[112]BARTLETT C A, GHOSHAL S. Beyond strategic planning to organization learning: lifeblood of the individualized corporation [J]. Strategy & leadership, 1998(1):34-39.

[113]BENNELL P. Transnational higher education in the United Kingdom: an up-date [J]. International journal of educational development, 2019(5):29-40.

[114]BELLO O W, OYEKUNLE R A. Attitude, perceptions and motivation towards knowledge sharing: views from universities in Kwara State, Nigeria [J]. African journal of library, archives & information science, 2014(2):123-134.

[115]BIRKINSHAW J, NOBKL R, RIDDERSTRÅLE J. Knowledge as a contingency variable: do the characteristics of knowledge predict organization structure? [J]. Organization science, 2002(3):274-289.

[116]BLAU P M. Exchange and power in social life [J]. American sociological review, 1964(5):789-790.

[117]BOCK G W, KIM Y G. Breaking the myths of rewards: an exploratory study of attitudes about knowledge sharing [J]. Information resource management journal, 2002(2):14-21.

[118]BOCK G W, ZMUD R W, KIM Y G, et al. Behavioral intention formation in knowledge sharing: examining the roles of extrinsic motivators, social-psychological forces, and organizational climate [J]. MIS quarterly, 2005(1):87-111.

[119]BONTIS N, CROSSAN M M, HULLAND J. Managing an organizational learning system by aligning stocks and flows [J]. Journal of management studies, 2002(4):437-469.

[120] BOSTROM R P. Successful application of communication techniques to improve the systems development process [J]. Information and management, 1989(5):279-295.

[121]BURT R S. The network structure of social capital [J]. Research in organizational behavior, 2000(3):345-423.

[122]BUTT M M. Transnational higher education: the importance

of institutional reputation, trust and student-university identification in international partnerships [J]. International journal of educational management, 2018(10):227-240.

[123] TONG C, IP WAH TAK W, WONG A. The impact of knowledge sharing on the relationship between organizational culture and job satisfaction: the perception of information communication and technology practitioners in Hong Kong [J]. International journal of human resource studies, 2013(1):9-37.

[124]CHATTI M A, JARKE M, FROSCH-WILKE D. The future of e-learning: a shift to knowledge networking and social software [J]. International journal of knowledge and learning, 2007(4):404-420.

[125]CHEN C J, HUANG J W. How organizational climate and structure affect knowledge management: the social interaction perspective [J]. International journal of information management, 2007(2):104-118.

[126]CHEN S S, CHUANG Y W, CHEN P Y. Behavioral intention formation in knowledge sharing: examining the roles of KMS quality, KMS self-efficacy, and organizational climate [J]. Knowledge-based systems, 2012(4):106-118.

[127]CHENG M Y, HO J S Y, LAU P M. Knowledge sharing in academic institutions: a study of multimedia university Malaysia [J]. Electronic journal of knowledge management, 2009(7):313-324.

[128]CHENNAMANENI A T, JAMES T C, RAJA M K. A unified model of knowledge sharing behaviours: theoretical development and empirical test [J]. Behaviour & information technology, 2007(11):1097-1115.

[129]COHEN S G, BAILEY D E. What makes teams work: group effectives research from the shop floor to the executive suite [J]. Journal of management, 1997(6):239-290.

[130]COHEN S G, LEDFORD G E, SPREITZER G M. A predictive model of self-managing work team effectiveness [J]. Human relations, 1996(9):643-677.

[131]CONNER M，MCMILLAN B. Interaction effects in the theory of planned behaviour：studying cannabis use [J]. British journal of social psychology，1999(2):195-222.

[132]COUKOSSEMMEL E. Knowledge management in research universities：the processes and strategies [J]. Canadian journal of administrative sciences，2003(4):270-290.

[133]CRONIN B. Knowledge management，organizational culture and Anglo-American higher education [J]. Journal of information science，2000(3):129-137.

[134]CROSSAN，MARY M. The knowledge-creating company：how Japanese companies create the dynamics of innovation [J]. Journal of international business studies，1997(1):196-201.

[135]CUMMINGS J N，CROSS R. Structural properties of work groups and their consequences for performance [J]. Social networks，2003(3):197-210.

[136]DAVID P. The need for context-sensitive measures of educational quality in transnational higher education [J]. Teaching in higher education,2011(6):733-744.

[137]DE V G，CASE P. Rethinking the internationalisation agenda in UK higher education [J]. Journal of further and higher education，2003(4):383-398.

[138]DONATE M J，GUADAMILLAS F. An empirical study on the relationships between knowledge management，knowledge-oriented human resource practices and innovation [J]. Knowledge management research & practice，2015(2):134-148.

[139]DYSON L，RABAN R，LITCHFIELD A，et al. Addressing the cost barriers to mobile learning in higher education [J]. International journal of mobile learning & organisation，2009(4):381-398.

[140]EMERSON R M. Power-dependence relations [J]. American sociological review，1962(1):31-41.

[141]FULLWOOD R，ROWLEY J. An investigation of factors af-

fecting knowledge sharing amongst UK academics [J]. Journal of knowledge management. 2017(5):1254-1271.

[142]FULLWOOD R, ROWLEY J, DELBRIDGE R. Knowledge sharing amongst academics in UK universities [J]. Journal of knowledge management, 2013(1):123-136.

[143]GALUNIC D C, RODAN S. Resource recombinations in the firm: knowledge structures and the potential for schumpeterian innovation [J]. Strategic management journal, 2015(12):1193-1201.

[144]GOH S K, SANDHU M S. The influence of trust on knowledge donating and collecting: an examination of Malaysian universities [J]. International education studies, 2014(2):125-136.

[145]HAYEK F. The use of knowledge in society [J]. American economic review, 1945(4):519-530.

[146] HALL H. Principles of knowledge management: theory, practice, and cases [J]. Journal of the American society for information science & technology, 2009(2):430-432.

[147]HEISIG P. Harmonisation of knowledge management: comparing 160 frameworks around the globe [J]. Journal of knowledge management, 2009(4):4-31.

[148]HEMSLEY B J. Universities in a competitive global marketplace: a systematic review of the literature on higher education marketing [J]. International journal of public sector management, 2006(4): 316-338.

[149]HENDRIKS P. Why share knowledge? the influence of ICT on the motivation for knowledge sharing [J]. Knowledge & process management, 2015(2):91-100.

[150] HOWELL K E, ANNANSINGH F. Knowledge generation and sharing in UK universities: a tale of two cultures? [J]. International journal of information management, 2013(1):32-39.

[151]HOY T M K. A multidisciplinary analysis of the nature, meaning, and measurement of trust [J]. Review of educational research,

2000(4):547-593.

[152]HSIEH H. Challenges facing Chinese academic staff in a UK university in terms of language, relationships and culture [J]. Teaching in higher education, 2012(4):371-383.

[153]ILGEN D R, HOLLENBECK J R, JOHNSON M, et al. Teams in organizations: from input-process-output models to IMOI models [J]. Annual review of psychology, 2005(2):517-543.

[154]IPE M. Knowledge sharing in organizations: a conceptual framework [J]. Human resource development review, 2003(4):337-359.

[155]JAMES H. Britain and Europe: what ways forward? [J]. Economic affairs, 2017(4):1-8.

[156]JASIMUDDIN S M, KLEIN J H, CONNELL C. The paradox of using tacit and explicit knowledge: strategies to face dilemmas [J]. Management decision, 2005(1):102-112.

[157]YI J L. A measure of knowledge sharing behavior: scale development and validation [J]. Knowledge management research & practice, 2009(1):65-81.

[158]YIELDER J, CODLING A. Management and leadership in the contemporary university [J]. Journal of higher education policy and management, 2004(3):315-328.

[159]JOHNSON M, HOLLENBECK J R, HUMPHREY S E. Cutthroat cooperation: asymmetrical adaptation to changes in team reward structures [J]. Academy of management journal, 2006(1):103-119.

[160]JOLAEE A, MDNOR K, KHANI N, et al. Factors affecting knowledge sharing intention among academic staff [J]. International journal of educational management, 2014(4):413-431.

[161]KA H M. The quest for regional hub of education: growing heterarchies, organizational hybridization, and new governance in Singapore and Malaysia [J]. Journal of education policy, 2011(1):61-81.

[162]KANAAN R, GHARIBEH A. The impact of knowledge sha-

ring enablers on knowledge sharing capability: an empirical study on Jordanian telecommunication firms [J]. European scientific journal, 2013(9):237-258.

[163]KANKANHALLI A, TAN B C Y, WEI K K. Contributing knowledge to electronic knowledge to electronic knowledge repositories: an empirical investigation [J]. MIS quarterly, 2005(1):113-143.

[164]KOGUT B, ZANDER U. Knowledge of the firm and the evolutionary theory of the multinational corporation [J]. Journal of international business studies, 1993(4):625-645.

[165]KWONG G, MANJIT S S. Knowledge sharing among Malaysian academics: influence of affective commitment and trust [J]. Electronic journal of knowledge management, 2013(1):38-48.

[166]LAM A. Embedded firms, embedded knowledge: problems of collaboration and knowledge transfer in global cooperative ventures [J]. Organization studies, 1997(6):973-996.

[167]LANE P J, SALK J E, LYLES M A. Absorptive capacity, learning, and performance in international joint ventures [J]. Strategic management journal, 2010(12):1139-1161.

[168]LAU A K W, KONG S L S, BARK E. Research advancement on intellectual property strategy: implications for China under globalization [J]. Journal of science & technology policy in China, 2012(1):49-67.

[169]LEE J N. The impact of knowledge sharing, organizational capability and partnership quality on IS outsourcing success [J]. Information & management, 2001(5):323-335.

[170]LEE P, GILLESPIE N, MANN L, et al. Leadership and trust: their effect on knowledge sharing and team performance [J]. Management learning, 2010(4):473-491.

[171]LEIDNER D E. Review: knowledge management and knowledge management systems: conceptual foundations and research issues [J]. MIS quarterly, 2001(1):107-136.

[172]LEWIS J D, WEIGERT A. Trust as a social reality [J]. Social forces, 1985(4):967-985.

[173]LEVIN D Z, CROSS R, ABRAMS L C, et al. Trust and knowledge sharing: a critical combination [J]. Creating value with knowledge, 2005(9):36-43.

[174]LI J J, POPPO L, ZHOU K Z. Relational mechanisms, formal contracts, and local knowledge acquisition by international subsidiaries [J]. Strategic management journal, 2010(4):349-370.

[175]LI X, MONTAZEMI A R, YUAN Y. Agent-based buddy-finding methodology for knowledge sharing [J]. Information & management, 2006(3):283-296.

[176]LI X, ROBERTS J. A stages approach to the internationalization of higher education? the entry of UK universities into China [J]. The service industries journal, 2012(7):1011-1038.

[177]LIN C P. Gender differs: modelling knowledge sharing from a perspective of social network ties [J]. Asian journal of social psychology, 2010(3):236-241.

[178]LISA C. ABRAMS, Rob C, ERIC L. Nurturing interpersonal trust in knowledge-sharing networks [J]. Academy of management perspectives, 2003(4):64-79.

[179]LUBIT R. The keys to sustainable competitive advantage: tacit knowledge and knowledge management [J]. Organizational dynamics, 2001(3):164-178.

[180]LUHMANN N, BURNS T, POGGI G. Trust and power [J]. Studies in soviet thought, 1982(3):266-270.

[181]LYLES S M A. Explaining IJV survival in a transitional economy through social exchange and knowledge-based perspectives [J]. Strategic management journal, 2000(8):831-851.

[182]MACLNNIS D J, JAWORSKI B J. Information processing from advertisements: toward an integrative framework [J]. Journal of marketing, 1989(4):1-23.

[183] MAGNIER-WATANABE R, SENOO D. Shaping knowledge management: organization and national culture [J]. Journal of knowledge management, 2010(2):214-227.

[184] MARKS M A, MATHIEU J E, ZACCARO S J. A temporally based framework and taxonomy of team processes [J]. Academy of management review, 2001(3):356-376.

[185] MARKS P, POLAK P, MCCOY S, et al. Sharing knowledge [J]. Communications of the acm, 2008(2):60-65.

[186] MATHIEU J, MAYNARD M T, RAPP T, et al. Team effectiveness 1997—2007: a review of recent advancements and a glimplse into the future [J]. Journal of management, 2008(9):410-476.

[187] MATIĆ D, CABRILO S. Investigating the impact of organizational climate, motivational drivers, and empowering leadership on knowledge sharing knowledge management [J]. Research & practice, 2017(3):431-446.

[188] MAYER R C, DAVIS J H, SCHOORMAN F D. An integrative model of organizational trust [J]. Academy of management review, 1995(3):709-734.

[189] MCADAM R, MCCREEDY S. The process of knowledge management within organizations: a critical assessment of both theory and practice [J]. Knowledge and process management, 1999(2):101-113.

[190] MCADAM R, MOFFETT S, PENG J. Knowledge sharing in Chinese service organizations: a multi case cultural perspective [J]. Journal of knowledge management, 2012(1):129-147.

[191] MCINTOSH C. The structure of empirical knowledge [J]. Teaching philosophy, 1988(2):181-183.

[192] MEIER M. Knowledge management in strategic alliances: a review of empirical evidence [J]. International journal of management reviews, 2011(1):1-23.

[193]MESMER M J R, DECHURCH L A. Information sharing and team performance: a meta-analysis [J]. Journal of applied psychology, 2009(7):535-546.

[194] MILLIKEN F J, MARTINS L L. Searching for common threads: understanding the multiple effects of diversity in organizational groups [J]. The academy of management review, 1996(2):402-433.

[195]MOK K H, HAN X. From "brain drain" to "brain bridging": transnational higher education development and graduate employment in China [J]. Journal of higher education policy & management, 2016(3): 369-389.

[196]MOUFAHIM M, MING L. The other voices of international higher education: an empirical study of students' perceptions of British university education in China [J]. Globalisation societies & education, 2015(4): 437-454.

[197] MOULTON S. Putting together the publicness puzzle: a framework for realized publicness [J]. Public administration review, 2009(5):889-900.

[198]NAHAPIET J. Social capital, intellectual capital, and the organizational advantage [J]. Academy of management review, 2000(2): 119-157.

[199]NIELSEN C, CAPPELEN K. Exploring the mechanisms of knowledge transfer in university-industry collaborations: a study of companies, students and researchers [J]. Higher education quarterly, 2014 (4):375-393.

[200] NIEVES J, HALLER S. Building dynamic capabilities through knowledge resources [J]. Tourism management, 2014(1):224-232.

[201]NISTOR N, DAXECKER I, STANCIU D, et al. Sense of community in academic communities of practice: predictors and effects [J]. Higher education, 2015(2):257-273.

[202]NONAKA I. A dynamic theory of organizational knowledge

creation [J]. Organization science, 1994(1):14-37.

[203]NORULKAMAR U, HATAMLEH A. A review of knowledge sharing barriers among academic staff: a Malaysian perspective [J]. Sains humanika, 2014(2):87-91.

[204]OLIVERA F, GOODMAN P S, TAN S L. Contribution behaviors in distributed environments [J]. MIS quarterly, 2008(3):23-42.

[205]OLIVER S, KANDADI K R. How to develop knowledge culture in organizations? : a multiple case study of large distributed organizations [J]. Journal of knowledge management, 2006(4):6-24.

[206] OMERZEL D G, BILOSLAVO R, TRNAVCEVIC A. Knowledge management and organisational culture in higher education institutions [J]. Journal for east European management studies, 2011 (2):111-139.

[207]PEYMAN A S, MAHDI H, MORTEZA A. Knowledge-sharing determinants, behaviors, and innovative work behaviors: an integrated theoretical view and empirical examination [J]. Aslib journal of information management, 2015(5):562-591.

[208]POLACEK G A, GIANETTO D A, KHASHANAH K, et al. On principles and rules in complex adaptive systems: a financial system case study [J]. Systems engineering, 2012(4):433-447.

[209]PRAHALAD C K, HAMEL G. The core competence of the corporation [J]. Harvard business review, 1990(3):79-91.

[210]RACITI M M, DAGGER T S. Embedding relationship cues in written communication [J]. Journal of services marketing, 2010(2):103-111.

[211]RAGAB M A F, ARISHA A. Knowledge management and measurement: a critical review [J]. Journal of knowledge management, 2013(6):873-901.

[212] RAHMAN M, OSMANGANI M A, DAUD N M, et al. Knowledge sharing behaviors among non-academic staff of higher learning institutions [J]. Library review, 2016(2):65-83.

[213]RAMAYAH T, YEAP J A L, IGNATIUS J. An empirical inquiry on knowledge sharing among academicians in higher learning institutions [J]. Minerva, 2013(2):131-154.

[214]REYCHAV I, WEISBERG J. Bridging intention and behavior of knowledge sharing [J]. Journal of knowledge management, 2014(2): 285-300.

[215]RIEGE A. Three-dozen knowledge-sharing barriers managers must consider [J]. Journal of knowledge management, 2005(3):18-35.

[216]ROSEMARY D, LISA L. Research and teaching cultures in two contrasting UK policy contexts: academic life in education departments in five English and Scottish universities [J]. Higher education, 2007(2):115-133.

[217]RUI Y. Transnational higher education in China: contexts, characteristics and concerns [J]. Australian journal of education, 2008 (3):272-286.

[218]RUI Y. International organizations, changing governance and China's policy making in higher education: an analysis of the world bank and the world trade organization [J]. Asia pacific journal of education, 2008(4):419-431.

[219]SALIS S, WILLIAMS A M. Knowledge sharing through face-to-face communication and labor productivity: evidence from British workplace [J]. British journal of industrial relations, 2010(2):436-459.

[220]SCHWEITZER J, GUDERGAN S. Leadership behaviors as ongoing negotiations and their effects on knowledge and innovation capabilities in alliances [J]. International journal of knowledge management studies, 2010(2):176-197.

[221]SEBA I, ROWLEY J, DELBRIDGE R. Knowledge sharing in the Dubai police force [J]. Journal of knowledge management, 2012(1): 114-128.

[222]SENGE P. Sharing knowledge: the leader's role is key to a learning culture [J]. Executive excellence, 1997(11):17-19.

[223]SEONGHEE K, BORYUNG J. An analysis of faculty perceptions: attitudes toward knowledge sharing and collaboration in an academic institution [J]. Library & information science research, 2008(4): 282-290.

[224]SIDDIQUE M C. Knowledge management initiatives in the United Arab Emirates: a baseline study [J]. Journal of knowledge management, 2012(5):702-723.

[225]SIMARD A. Knowledge markets: more than providers and users [J]. The IPSI transaction on advanced research, 2013(2):3-9.

[226]SIMON M. Higher education in East Asia and Singapore: rise of the confucian model [J]. Higher education, 2011(5):587-611.

[227]SOPHIE A, MICKAËL G, DAVID S. Knowledge sharing in a coopetition project team: an institutional logics perspective [J]. Strategic change, 2019(3):217-227.

[228]STEPHEN S. Testing attitude-behaviour theories using non-experimental data: an examination of some hidden assumptions [J]. European review of social psychology, 2003(1):293-323.

[229]SUHAIMEE S, BAKAR A, ZAKI A, et al. Knowledge sharing culture in Malaysian public institution of higher education: a overview [J]. Proceedings of the postgraduate annual research seminar, 2006(9):354-359.

[230]SWART J, KINNIE N. Sharing knowledge in knowledge-intensive firms [J]. Human resource management journal, 2010(2):60-75.

[231]TADA M, YAMAGISHI M, KODAMA K, et al. Social capital and knowledge sharing in knowledge-based organizations: an empirical study [J]. Social science electronic publishing, 2007(1):29-48.

[232]TAN M. Establishing mutual understanding in systems design: an empirical study [J]. Journal of management information systems, 1994(4):159-182.

[233]TAN C N-L. Enhancing knowledge sharing and research collaboration among academics: the role of knowledge management [J].

Higher education，2016(4)：525-556.

[234]TAYLOR A T S. Commentary：prerequisite knowledge [J]. Biochemistry & molecular biology education，2013(1)：50-51.

[235]TEFERRA D，ALTBACH P G. African higher education： challenges for the 21st century [J]. Higher education，2004(1)：21-50.

[236]TEICHLER U. The changing debate on internationalisation of higher education [J]. Higher education，2004(1)：5-26.

[237]TESLUK P E，MATHIEU J E. Overcoming road blocks to effectiveness：incorporating management of performance barriers into models of work group effectiveness [J]. Journal of applied psychology， 1999(7)：200-217.

[238]TILAK J. Higher education in south Asia：crisis and challenges [J]. Social scientist，2015(2)：43-59.

[239]TOIT A D. Knowledge management：an indispensable component of the strategic plan of south African universities [J]. South African journal of education，2000(3)：187-191.

[240]TRIVELATO L F，GUIMAN G. Packaging and unpackaging knowledge in mass higher education：a knowledge management perspective [J]. Higher education，2011(4)：451-465.

[241]TROY H，MARK M，PARIKSHIT B，et al. Cultural differences，learning styles and transnational education [J]. Journal of higher education policy & management，2010(1)：27-39.

[242]TSOUKAS H，VLADIMIROU E. What is organizational knowledge? [J]. Journal of management studies，2010(7)：973-993.

[243]VENKITACHALAM K，BUSCH P. Tacit knowledge：review and possible research directions [J]. Journal of knowledge management，2012(2)：357-372.

[244]VONDERWELL S. An examination of asynchronous communication experiences and perspectives of students in an online course：a case study [J]. Internet and higher education，2003(1)：77-90.

[245]WAMBOYE E，ADEKOLA A，SERGI B S. Internationalisa-

tion of the campus and curriculum: evidence from the US institutions of higher learning [J]. Journal of higher education policy and management, 2015(4):385-399.

[246]WANG S, NOE R A. Knowledge sharing: a review and directions for future research [J]. Human resources management review, 2010(2):115-131.

[247]WANG W M, CHEUNG C F. A computational knowledge elicitation and sharing system for mental health case management of the social service industry [J]. Computer in industry, 2013(3):226-234.

[248]WESTHEIMER J. Communities and consequences: an inquiry into ideology and practice in teachers' professional work [J]. Educational administration quarterly, 1999(1):71-105.

[249]WHITE R S. Working knowledge: how organizations manage what they know [J]. The journal of technology transfer, 2001(4):396-397.

[250]WILKINS S. The international branch campus as transnational strategy in higher education [J]. Higher education, 2012(5):627-645.

[251]WILLEM A, BUELENS M. Knowledge sharing in public sector organizations: the effect of organizational characteristics on interdepartmental knowledge sharing [J]. Journal of public administration research and theory, 2007(4):581-606.

[252]YAN Z, WANG T, CHEN Y. Knowledge sharing in online health communities: a social exchange theory perspective [J]. Information & management, 2016(5):643-653.

[253]ZHANG X, LIU S, DENG Z. Knowledge sharing motivations in online health communities: a comparative study of health professionals and normal users [J]. Computers in human behavior, 2017(5):797-810.

四、报纸文章

[254]原国家教委.中外合作办学暂行规定[N].中国教育报,1995-01-26.

[255]蔡铁峰.中外合作办学:从规模扩张转向质量提升[N].人民日报,2015-04-24.

[256]张烁.坚持中国特色社会主义教育发展道路培养德智体美劳全面发展的社会主义建设者和接班人[N].人民日报,2018-09-11.

五、学位论文

[257]吴越.中国高校联盟运行机制研究:基于多案例的分析[D].武汉:华中科技大学,2011.

[258]李鸿儒.质性研究中的信度与效度[D].哈尔滨:哈尔滨工程大学,2011.

[259]刘英.互联网使用对个体健康行为的影响研究[D].武汉:华中科技大学,2011.